El beneficio que importa

RAMIT SETHI

El beneficio que importa

*Cómo crear valor para todos
y construir empresas duraderas*

EDICIONES OBELISCO

Si este libro le ha interesado y desea que le mantengamos informado de nuestras publicaciones, escríbanos indicándonos qué temas son de su interés (Astrología, Autoayuda, Psicología, Artes Marciales, Naturismo, Espiritualidad, Tradición…) y gustosamente le complaceremos.

Puede consultar nuestro catálogo en www.edicionesobelisco.com

Colección Éxito
El beneficio que importa
Charles G. Koch

Título original: *Good Profit: How Creating Value for Others Built One of the World's Most Successful Companies*

1.ª edición: abril de 2026

Traducción: *David George*
Maquetación: *Juan Bejarano*
Corrección: *Sara Moreno*
Diseño de cubierta: *Enrique Iborra*

Edita: Ediciones Obelisco, S. L.
Collita, 23-25. Pol. Ind. Molí de la Bastida
08191 Rubí - Barcelona - España
Tel. 93 309 85 25
E-mail: info@edicionesobelisco.com

ISBN: 978-84-1172-363-3
DL B 889-2026

Impreso en los talleres gráficos de Romanyà/Valls S. A.
Verdaguer, 1 - 08786 Capellades - Barcelona

Printed in Spain

Le dedico este libro a Liz, mi mujer desde hace cuarenta y tres años. Si hubiera buscado por todo el mundo, no hubiera encontrado una mejor compañera: cariñosa, alentadora, inteligente, perspicaz, valiente y una constante fuente de alegría.

PARTE I

INTRODUCCIÓN

Una filosofía en la que todos ganan

«La posibilidad de que los hombres vivan juntos en paz y en beneficio mutuo, sin tener por qué coincidir en objetivos comunes concretos, y obligados sólo por normas abstractas de conducta fue, quizás, el mayor descubrimiento que hizo la humanidad».

F. A. HAYEK[1]

Paz y «beneficio mutuo»: éstos son requisitos esenciales para la sociedad civil y, a un nivel individual, para el éxito: el tuyo y el mío. Junto con las «normas abstractas de conducta» tan admiradas por Friedrich Hayek, el economista ganador del Premio Nobel, reflejan el objetivo del marco de la gestión de mis negocios: que todos sepan qué hay que hacer y estén motivados para llevarlo a cabo, sin unas indicaciones explícitas ni unas normas excesivamente detalladas.

---

1. HAYEK, F. A.: *Law, legislation and liberty*. Routledge, Abingdon, 1998, pág. 136. (Trad. cast.: *Derecho, legislación y libertad. Una nueva formulación de los principios liberales de la justicia y de la economía política*. Unión Editorial: Madrid, 2014).

Como director ejecutivo de Koch Industries, Inc., me siento orgulloso de trabajar con gente con principios que se ayuda a sí misma ayudando a otros a mejorar su vida. Me dedico a perseguir sólo un cierto tipo de beneficio: lo que llamamos un «buen beneficio».

Por «buen beneficio» no me refiero a unos márgenes elevados ni un rendimiento alto del capital, ni a grandes beneficios obtenidos mediante cualquier medio. Lo que considero que es un buen beneficio procede del Espíritu Empresarial Honesto (Principled Entrepreneurship™), generando un valor superior para nuestros clientes mientras consumimos menos recursos y siempre actuamos con arreglo a la ley y con integridad. El buen beneficio procede de hacer una contribución a la sociedad, y no del bienestar corporativo ni de otras formas de aprovecharse de la gente.

El mayor valor para los consumidores es generado por el escenario descrito por Hayek en la anterior página: uno que maximice la libertad de los empleados obligados sólo «por normas abstractas de conducta». Así es como nos esforzamos por gestionar Koch Industries.

A principios de la década de 1990, cuando Koch Industries introdujo su marco de gestión, la Gestión Basada en el Mercado (Market-Based Management®, MBM), en nuestra planta de fabricación de metal cerca de Bérgamo (Italia), sus líderes sindicales respondieron con preocupación: «Puede que esto funcione en Estados Unidos, pero no va a funcionar en Italia. Aquí los gerentes piensan y los trabajadores trabajan. Nos estás pidiendo que hagamos el trabajo de los gerentes». Pese a ello, esa mentalidad mina el éxito, el bienestar general y el desarrollo y la realización del individuo.

Preferimos fijarnos en una empresa a través de una mentalidad en la que todos ganan, que fue la filosofía orientadora tras el marco de la MBM que empezamos a desarrollar a mediados de la década de 1960. Este marco ha permitido a Koch crecer enormemente: de hecho, resultó esencial para convertir una empresa valorada en 21 millones de dólares en 1961 en una valorada en 100 000 millones de dólares en 2014 (esta cifra de 100 000 millones de dólares procede de la estimación de *Forbes* del patrimonio neto de mi hermano David y del mío).

Tal y como se muestra más abajo, una inversión de 1000 dólares en nuestra compañía en 1960 tendría un valor contable de 5 millones de dólares hoy (asumiendo la reinversión de los repartos): un rendimiento 27 veces superior a lo que habría conseguido una inversión similar en el índice S&P 500.

Vale la pena señalar que nuestro rápido crecimiento en valor ha seguido, incluso al haber crecido para convertirnos en una gran organización con más de cien mil empleados. Tales resultados son infrecuentes entre las grandes compañías. En 1917, por ejemplo, *Forbes* publicó su primera lista de las cien mayores compañías de Estados Unidos. Noventa y seis años despues, sólo trece de esas compañías seguían existiendo y eran independientes, y sólo siete seguían entre las cien más grandes en EE. UU. A pesar de todos sus activos y capacidades, la gran mayoría de las mayores compañías de EE. UU. no pudieron mantener el ritmo.

EL CRECIMIENTO DE KOCH EN COMPARACIÓN CON EL ÍNDICE S&P 500

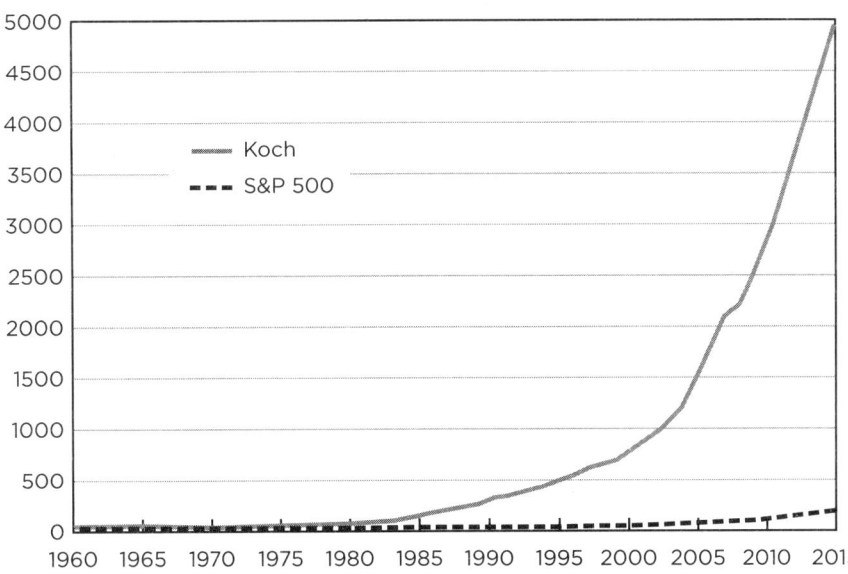

¿Cuál es el secreto de Koch? Creo que es la Gestión Basada en el Mercado, nuestro singular marco de gestión empresarial, que nos ha permitido más que mantener el ritmo a lo largo de medio siglo de impresionantes cambios.

En las décadas desde que empezamos a desarrollar este marco, los precios de la energía han subido y bajado en ciclos repetitivos, la competencia global se ha intensificado, el mapa geopolítico del mundo se ha redibujado, el volumen de la regulación y la litigación se ha disparado, las nuevas tecnologías han transformado los sectores y las empresas, y el ritmo de la innovación se ha acelerado, pero la MBM nos ha permitido ocuparnos de todo eso mientras conseguíamos unos «buenos beneficios»: buenos porque son impulsados por una relación mutuamente beneficiosa con los clientes. No presionamos al Gobierno para exigirle o para que subvencione lo que vendemos: eso genera un mal beneficio. En lugar de ello, obtenemos beneficios generando valor: para los clientes, la sociedad, nuestros socios y para cada empleado que contribuya. Eso es un buen beneficio.

Al avanzar, la visión de Koch consiste en doblar los beneficios cada seis años, de media, aplicando la Gestión Basada en el Mercado (Market-Based Management o MBM), que se bosqueja y detalla en los capítulos de este libro.

Al igual que la mayoría, estoy interesado en el bienestar no sólo de mi familia y el mío propio, sino también en el de otros. Claramente, mi familia y yo nos hemos beneficiado del éxito de Koch Industries, pero también lo han hecho las más de cien mil personas que Koch emplea por todo el mundo, en más de sesenta países, entre los que se incluyen China, México, India, Japón, Canadá, Reino Unido, Alemania, Singapur, Brasil y Malasia, además de la gente que tiene un acceso asequible a incontables productos y servicios valiosos debido a los esfuerzos y descubrimientos de Koch.

Esto incluye a quienes se benefician de combustibles fácilmente disponibles de alta calidad (entre los que se incluyen los biocombustibles) con los que alimentan sus empresas, calientan y enfrían sus hogares y abastecen sus vehículos. Incluye a aquéllos cuyas vidas son ahora más fáciles debido a las innovaciones que hacen que las cosechas sean más productivas, que los vaqueros elásticos sean más cómodos, que las alfombras sean más duraderas y que los pañales para los bebés sean más absorbentes y elásticos. Incluye a aquellos que disfrutan de los beneficios para la salud de los dispensadores sin necesidad de contacto de toallitas de papel para las manos y de jabón en los baños públicos, y los teléfonos inteligentes más pequeños y livianos gracias a unos mejores conectores en su interior. Satisfacemos los deseos de los clientes siempre que tenemos la capacidad de hacerlo, y el cliente confirma ese valor permitiéndonos obtener un beneficio. Y hay mucho más con respecto a la creación de valor por parte de Koch que llegará en el futuro.

En 2007, expliqué el marco de nuestra gestión en un libro titulado *The science of success*. Cuando lo escribí, el valor de Koch Industries (ajustado en cuanto a los repartos) era unas dos mil veces mayor que en 1961, cuando regresé a Wichita (Kansas) para trabajar para mi padre. Tal y como he mencionado anteriormente, el valor contable ajustado es ahora cinco mil veces mayor. Incluso durante la Gran Recesión de 2008 y sus secuelas (uno de los peores períodos económicos desde la Gran Depresión), Koch Industries incrementó más del doble el patrimonio neto de sus accionistas y aumentó su fuerza laboral más de un 40 %.

Las compañías siempre hacen presión política para obtener un tratamiento especial, pero durante esa recesión, un gran número de ellas incrementó su presión sobre el Gobierno para obtener favores. Lo hicieron de forma bastante eficaz, pero a expensas de los contribuyentes y los consumidores, y con una ventaja amañada con respecto a sus competidores. Con demasiada frecuencia, Washington elige a ganadores y perdedores en la economía. Esto es bienestar corporativo, y es lo contrario a la libertad y al buen beneficio. He empleado mucha energía y recursos hablando de los peligros del beneficio mediante coerción, que es la antítesis de nuestra filosofía de la Gestión Basada en el Mercado.

La Gestión Basada en el Mercado pone el énfasis en el Espíritu Empresarial Honesto por encima del bienestar corporativo, la virtud sobre el talento, el desafío sobre la jerarquía, la ventaja comparativa sobre el cargo, y las recompensas por la generación de valor a largo plazo por encima de la gestión con respecto a presupuestos. La MBM ha permitido extender el bienestar a nuestros empleados, a todos aquellos que se benefician de nuestros productos y servicios, *y* a todos aquellos que se benefician de los recursos conservados por nuestra mayor eficiencia y creatividad.

Nadie puede decidir qué productos y servicios valora un cliente mejor que el propio cliente. Dedicarnos a satisfacer lo que él valora equivale a mostrarle respeto. Esto es lo que genera un buen beneficio. El mal beneficio procede de no respetar a los clientes haciendo que subvencionen nuestro negocio con el dinero de sus impuestos y con unos precios más elevados, llevándose el buen beneficio que otras compañías podrían haber ganado.

Ésta es la razón por la cual nuestra compañía se opone a las subvenciones gubernamentales, como las exenciones tributarias especiales, los aranceles a las importaciones, las restricciones a las exportaciones, los mandatos, las regulaciones anticompetitivas y los rescates, incluyendo los que parecerían, en la superficie, ser beneficiosos para nosotros. El bienestar corporativo alivia a los receptores de la presión constructiva para innovar y generar valor para la sociedad, entorpece la competencia subvencionada mediante coerción y limita las opciones disponibles para los consumidores.

Por supuesto, cuando los mercados *están* distorsionados debido al bienestar corporativo, Koch se ve forzado a abordar estas distorsiones para seguir siendo competitivo. Por ejemplo, al igual que prácticamente todo el mundo, nos aprovechamos de las exenciones tributarias legales. Sin embargo, muchas subvenciones (como los aranceles a las importaciones, las restricciones a las exportaciones y las regulaciones y mandatos anticompetitivos) están recogidas en la ley y no son opcionales.

Defendemos la eliminación de todas estas distorsiones, incluso de aquéllas de las que nos beneficiamos actualmente (como los mandatos relativos al etanol, las restricciones a la exportación de crudo y gas natural, y los aranceles a las importaciones). Como productores de etanol y grandes consumidores de crudo y gas natural estadounidenses, sacamos provecho *a corto plazo* de estas distorsiones del mercado. Sin embargo, normas como éstas (que no conducen a un buen beneficio) dejan prácticamente a todos, incluyéndonos a nosotros, peor *a largo plazo*.

Las sociedades libres, que se basan en el respeto por lo que la gente valora, disfrutan de la mayor prosperidad. Los países prósperos, como Nueva Zelanda y Suiza, aunque no son perfectos, aseguran los derechos individuales (incluyendo los derechos de propiedad) para todos. Permiten que todos expresen sus ideas y que los mercados funcionen libremente, algo que es mejor que lo que sucede en la gran mayoría de los países del mundo.

Las sociedades que no abrazan la libertad acaban teniendo la menor prosperidad. Venezuela es un país rico en recursos naturales, pero después de simplemente catorce años bajo un Gobierno socialista, ahora raciona los alimentos, la electricidad, el agua y otros suministros básicos.

Desde la antigüedad hasta la actualidad, las mejores sociedades, además de las mejores compañías han sido las que disponían de un marco de libertad en el que las personas pueden mejorar su vida mediante la mejora de la vida de los demás.

Esta libertad permite que los emprendedores descubran cómo emplear los recursos para satisfacer lo que la gente valora a través de medios económicos. Por ejemplo, cuando se desarrolló la tecnología para transmitir datos mediante la óptica en lugar de a través de la electricidad, las compañías de transmisiones empezaron a pasar del cable eléctrico al de fibra óptica, incrementando la capacidad y la velocidad, y liberando más cobre para que se empleara para otros fines. Esto mejoró enormemente los costes, la velocidad y la calidad de la transmisión de imágenes, voz y datos, generando así un buen beneficio.

Cuando se permite que las señales económicas dirijan las acciones, la gente adquiere los conocimientos sobre lo que es valioso para los demás y la magnitud de ese valor. Entonces se ve motivada a reemplazar los viejos sistemas por los nuevos, que mejoran la vida de la gente. Ésta es la razón por la cual el mundo pasó de los ordenadores centrales a los portátiles y las tabletas: no debido a un subsidio o mandato gubernamental, sino porque los consumidores mostraron que valoraban los segundos más que los primeros.

Si el mercado señalara que los consumidores valoran la energía procedente de los paneles solares más que la energía procedente del petróleo y el gas, el sector de la energía solar no necesitaría perseguir los beneficios mediante medios políticos como hizo Solyndra buscando subsidios de los consumidores de energía y los contribuyentes. El sector de la energía solar, al igual que cualquier negocio, debería esforzarse por obtener beneficios a través de medios económicos, en lugar de mediante medios coercitivos.

En Koch, hacemos hincapié en la importancia de abrazar incesantemente la innovación y reemplazar los viejos productos, servicios y métodos por unos nuevos y mejores, como los dispensadores sin contacto de toallas de papel y jabón de Georgia-Pacific (GP). GP está ahora trabajando en sistemas para prevenir las infecciones alertando a los trabajadores de los servicios sanitarios si olvidan lavarse las manos antes de tratar a un paciente.

Éste es un ejemplo más de nuestra destrucción creativa impulsora (*véase* el capítulo 3) y de obtener un buen beneficio de ella, porque reducir las infecciones adquiridas en los hospitales puede reducir la necesidad de camas y medicamentos en los hospitales (cada mejora es mala para el negocio de alguien, pero nadie puede discutir que menos infecciones suponen una ventaja neta para la sociedad en su conjunto).

Los procesos petroquímicos superiores desarrollados para fabricar nailon por parte de INVISTA son otro ejemplo. INVISTA, adquirida por Koch en 2004, es uno de los mayores productores de fibras, polímeros y productos químicos intermedios. Estamos trabajando para sustituir algunos de sus procesos, y otras cosas, por unos procesos biológicos más eficientes, liberando más recursos que puedan usarse en otros lugares. Los nuevos procesos darán como resultado una reducción de las emisiones, necesitarán menos energía y darán lugar a menos subproductos.

Estos procesos biológicos pueden traer disrupción consigo, dejando obsoletas algunas de nuestras fábricas, provocando pérdidas y requiriendo de un cambio organizativo. Sin embargo, a largo plazo, las fábricas antiguas deberían verse reemplazadas por unas incluso mejores, y serían los consumidores y la sociedad en su conjunto los que se beneficiarían de unos productos de nailon más ecológicos en la ropa, los coches y los electrodomésticos. Esto genera beneficios para el empresario que participa del valor generado para el consumidor.

La MBM da pie a que nos centremos en comprender las necesidades no satisfechas de los consumidores y a que demos con formas de satisfacerlas. Nos esforzamos por hacer esto de forma más rápida y mejor que los competidores existentes y potenciales. Esto requiere que mejoremos continuamente nuestras capacidades existentes, como las ventas, el *marketing,* las operaciones, la distribución, las finanzas, la tecnología y la investigación y desarrollo. La MBM también requiere que añadamos nuevas capacidades más rápidamente que nuestros competidores. Por ejemplo, las adquisiciones de IN-VISTA y GP nos permitieron desarrollar un *marketing* orientado al consumidor y unas capacidades de promoción de la marca *(branding)* que abrieron nuevas oportunidades para los negocios existentes y las adquisiciones futuras.

Cuando me han pedido que comparta nuestros principios de la MBM con otras empresas y organizaciones, lo he hecho gustoso. No creo que el éxito de otros haga disminuir el nuestro. Por el contrario, la MBM es una situación en la que todos ganan. Sin embargo, la MBM no es la receta secreta de una salsa. No puede transmitirse en forma de una lista de cosas que hacer. Tampoco es un paquete de eslóganes originales y creativos que puedan implementarse tras un seminario de un día de duración.

La MBM no es, simplemente, otro sistema de gestión de moda que no consigue nada. «Elimina los eslóganes», pedía el teórico de la gestión W. Edwards Deming después de ver numerosas fábricas llenas de carteles que exhortaban mejoras de distintos tipos. Para él, los eslóganes no hacían sino confirmar lo que los empleados ya sospechaban: que la gerencia no sabía lo que estaba haciendo. Vimos un gran mérito en el sistema de Deming, pero nos encontramos con que era demasiado limitado para cubrir todos los requisitos para el éxito empresarial.

La MBM ayuda a los empleados a responder mejor a la pregunta de «cómo» y luego va incluso más allá. Les ayuda a abordar *qué* debería hacer la empresa para generar el mayor valor también en la sociedad.

Por lo tanto, el lector debería estar advertido: la MBM es extremadamente poderosa, pero aplicarla con éxito no es ni sencillo ni fácil. Después de más de cinco décadas empleadas desarrollando y aplicando estos principios en Koch, he aprendido que no es suficiente con simplemente memorizar la metodología o familiarizarte con la caja de herramientas metafórica. Es esencial comprender los principios subyacentes lo suficientemente como para ser capaces de adaptar estas herramientas para que encajen en el problema.

La aplicación exitosa de la MBM requiere de la interiorización de sus principios a todos los niveles de la organización, especialmente en los puestos directivos. Si nunca has empleado un palo de golf ni conducido un coche, la teoría y la instrucción te harán llegar hasta un cierto punto. Debes tomar un palo de golf o ponerte al volante y seguir practicando hasta que interiorices la mecánica hasta llegar al punto en que puedas hacer estas cosas automáticamente. Deben convertirse en un acto reflejo para ti. De forma similar, la MBM requiere que seas capaz de dirigir las actividades de tu empresa sin ni siquiera tener que pensar en los mecanismos de la MBM.

Algunos aspectos clave de la MBM, como el énfasis en los valores y el espíritu empresarial, son legados de mi padre, Fred Koch, un estadounidense de primera generación. Era un hombre hecho a sí mismo y era un tipo parecido a John Wayne que ejemplificaba buena parte de lo que se encuentra en el corazón de nuestra cultura (y que no puede impartirse en un tutorial rápido): el valor del trabajo duro, la integridad, la humildad y una dedicación durante toda la vida al aprendizaje. A medida que su negocio se volvió rentable, pasó su tiempo libre leyendo y ocupándose de su rancho: no llevó un estilo de vida ostentoso. A pesar de su inteligencia, era el tipo de hombre que admitía sin reparos lo que desconocía, y valoraba la honestidad en todos los asuntos. Lo hizo lo mejor que pudo para transmitir esos valores a sus hijos.

Algunos relatos publicados anteriormente de mi adolescencia que me describen como rebelde y terco no son completamente ficticios. Como hombre idealista en mi veintena, me apasioné por el apremio de encontrar soluciones alimentadas por la libertad a los problemas humanos, incluso aunque las soluciones fuesen radicales.

Cuando me uní a mi padre en el trabajo en 1961, tenía dos objetivos: uno consistía en ayudar a construir una compañía grande, innovadora y honesta centrada en generar valor y obtener un buen beneficio. El liderazgo de mi padre había hecho crecer a la compañía hasta alcanzar un valor neto de 21 millones de dólares, y pensé que podríamos mejorar a partir de eso. De hecho, poco después de que yo me uniera, planeé mi visión para el crecimiento de la compañía (en 2013 habíamos superado el objetivo de mi vida multiplicado por setenta).

Mi otro objetivo era el de descubrir los principios que mejor permiten que la gente florezca mientras vive y trabaja junta. En esto me vi influido por mi madre, que tenía un profundo sentido de la obligación de ayudar a todos los que acudían a ella. Personificaba una consideración ejemplar por la comunidad, lo que para mí refleja la visión de Adam Smith:

«Y por consiguiente sentir mucho por los demás y poco por nosotros mismos, para reprimir nuestro egoísmo y satisfacer nuestros efectos benevolentes, constituye la perfección de la naturaleza humana; y eso, por sí sólo, puede dar lugar, entre la humanidad, a esa armonía de sentimientos y pasiones en la que consiste toda su gracia y honestidad».[2]

---

2. SMITH, A.: *The theory of moral sentiments.* T. Longman, Londres, 1759, 1.1. (Trad. cast.: *La teoría de los sentimientos morales.* Alianza Editorial: Madrid, 2013).

Para Smith, este ideal sólo podía alcanzarse mediante la represión voluntaria de nuestro egoísmo. Mi padre me ayudó a ver las consecuencias adversas del intento del comunismo por obligar a esta «perfección de la naturaleza humana». Coincidía con él sobre los horrores del comunismo, que él presenció de primera mano mientras construía fábricas en la Unión Soviética bajo el Gobierno de Stalin; pero en la década de 1960, mi filosofía sobre el papel del Gobierno divergió de la suya.

Esto empezó a suceder como resultado de que dedicara la mayor parte de las tranquilas noches de Wichita a leer y estudiar. Aunque me especialicé y licencié en Ingeniería, también estudié Matemáticas, Física y Química en el Instituto de Tecnología de Massachusetts (MIT). Aprendí que vivimos en un universo ordenado y que el mundo natural está gobernado por ciertos principios. Para sobrevivir y prosperar, la gente debe comprender y respetar esos principios. Por ejemplo, la tercera ley de Newton dice que para cada acción hay una reacción igual y opuesta (ignoramos las leyes de Newton por nuestra propia cuenta y riesgo).

Empecé a preguntarme si había, igualmente, principios que determinaran el bienestar social. Intenté leer todo lo que podía encontrar al respecto procedente de toda disciplina relevante, incluyendo la historia, la economía, la filosofía, la ciencia, la psicología, la sociología y la antropología. Me encontré con que lo que estas disciplinas tenían en común era que cada una de ellas explicaba cómo distintos sistemas sociales fomentaban o reducían el bienestar de la gente. Estudié a los antiguos romanos y griegos, a los escolásticos medievales, el Siglo de Oro neerlandés de la libertad, el Imperio británico y otras civilizaciones importantes. Al igual que lo que sucede en las ciencias naturales, se hizo obvio que los humanos ignoran, por su propia cuenta y riesgo, los principios fundamentales sobre cómo vivir y trabajar juntos mejor.

Mis lecturas cubrían todo el espectro filosófico desde la «izquierda» hasta la «derecha» y todo lo que había en medio. Descubrí que mi propia orientación política estaba mucho más matizada que un simple «conservador» o «liberal» en el sentido actual de estas palabras.

Platón, Aristóteles, John Locke, Adam Smith, Will Durant, Karl Marx, Vladimir Lenin, John Maynard Keynes y Karl Popper dejaron unas enormes impresiones en mí: algunas buenas y algunas malas. Autores como F. A. Harper, Friedrich Hayek, Abraham Maslow, Ludwig von Mises, Michael Polanyi y Thomas Sowell fueron especialmente útiles para que comprendiera los principios que rigen el bienestar en la sociedad.

Recuerdo, vívidamente, los dos primeros libros que me cambiaron la vida con los que tropecé: *Why wages rise,* de F. A. Harper, y *La acción humana. Tratado de economía,* de Ludwig von Mises.

«Baldy» Harper, antaño profesor en la Universidad de Cornell, mostró que forzar a las empresas a pagar a los empleados más que el valor de su producción no conduce a unos empleados más ricos en su conjunto, como podría asumirse. En lugar de ello, en realidad da lugar a desempleo, que entonces reduce la producción y el bienestar de todos. Harper demostró que los sueldos reales vienen determinados por la productividad de la mano de obra. Las políticas que socavan esta relación entre la productividad y los salarios no puede sino minar el bienestar (para cada acción hay una reacción equivalente y opuesta).

Cuanto mayor es la discrepancia entre los sueldos y la producción, mayor es el desempleo resultante. Esta discrepancia puede ayudar a convertir una recesión en una depresión, como ciertamente hizo en 1929 después de que el presidente Herbert Hoover cometiera, entre otros errores, el de presionar a los empleadores para que pagaran unos salarios artificialmente altos cuando los precios estaban cayendo. En lugar de ello, el bienestar humano se ve maximizado permitiendo unos acuerdos voluntarios (no coercitivos) entre los patrones y los empleados para determinar los sueldos. Cuanto más productivo sea un empleado, más tendrá que pagarle un patrón para conservarlo.

En otra lectura de juventud que me cambió la vida, Mises (un profesor invitado de la Universidad de Nueva York) mostraba, con una profundidad y alcance incomparables, que una sociedad libre basada en un respeto escrupuloso de la propiedad privada, el estado de derecho constante y el derecho al libre intercambio de bienes y servicios es el sistema más favorable para el bienestar humano, el progreso, la cortesía y la paz.

En su obra cumbre *La acción humana. Tratado de Economía*, Mises desarrolla una brillante visión sobre cómo la gente puede vivir y trabajar junta de la mejor manera. Empieza basándose en las respuestas a preguntas básicas como «¿Cómo sabemos las cosas?» y «¿Cómo sabemos lo que es verdad y lo que es correcto?».

Cuantos más libros leo, más apasionadamente abrazo la verdad de que el bienestar humano generalizado requiere de un sistema que defina y proteja claramente los derechos a la propiedad privada, que permita que la gente hable libremente sin intimidación ni repercusiones legales, que se abstenga de interferir en los acuerdos e intercambios entre partes privadas, y que permita que la acción humana (en lugar de unas nociones arbitrarias sobre cuánto «deberían» costar las cosas) oriente los precios.

Permitir a la gente la libertad de dedicarse a sus propios intereses (dentro de los límites de una conducta justa) es la mejor forma, y la única sostenible, de conseguir el progreso social. Para que las personas se desarrollen y tengan una oportunidad de ser felices, deben disponer de la libertad para tomar sus propias decisiones y cometer sus propios errores en lugar de verse forzados a aceptar opciones creadas para ellos por otros.

Mientras asimilaba esto y me dedicaba a mi negocio, caí en la cuenta de que estos principios son fundamentales para el bienestar no sólo de las sociedades (tal y como aprendí en mis estudios interdisciplinares), sino también de las organizaciones, que son, en esencia, pequeñas sociedades. Al encontrarme con un reto en el trabajo (como un costo irrecuperable o una desventaja competitiva), empecé a responder con los principios de una sociedad libre en mente y, en efecto, paso a paso, vi que los principios que funcionaban en la sociedad también funcionaban en una organización.

La experiencia adquirida y las lecciones aprendidas mientras innovábamos, tropezábamos, triunfábamos y crecíamos han permitido que nuestra filosofía y práctica de la Gestión Basada en el Mercado evolucione y mejore. Esperamos que siempre sea así.

Desde la publicación de *The science of success,* Koch ha seguido adaptándose a los retos de la destrucción creativa con pasión e intensidad. Hemos modificado nuestra visión, entrado en nuevos negocios, desarrollado nuevas competencias y mejorado y expandido enormemente nuestros esfuerzos de innovación. Hemos incrementado sustancialmente el tamaño de nuestra fuerza de trabajo y hemos más que doblado el patrimonio neto de nuestros accionistas. Todo esto ha sido posible mediante una destacada mejora en la comprensión y la aplicación de la MBM a lo largo y ancho de nuestras organizaciones.

Hemos realizado cambios, no sólo de nuestra visión, sino de todo nuestro enfoque relativo al reclutamiento y la gestión, nuestros períodos de prácticas, las relaciones con las universidades, la participación de oficiales militares jóvenes, las relaciones con escuelas de oficios, los sistemas de remuneración, las redes de creación de oportunidades, los métodos para alcanzar la excelencia medioambiental y de seguridad, y los programas de formación y aplicación de la MBM. Hemos adquirido nuevas competencias para incrementar el valor mediante adquisiciones como la de Molex, un destacado proveedor global de conectores y sistemas eléctricos, y a través de nuestras muchas innovaciones. Este libro incluye muchos conceptos, conocimientos, aplicaciones y recomendaciones nuevos e importantes para introducir la MBM que no aparecían en *The science of success.*

Y al contrario que en el caso de *The science of success,* este libro incluye orientación sobre cómo implementar la MBM en tu propia organización, independientemente de la que sea. También proporciona respuestas directas a las preguntas (y las ideas equivocadas) sobre la MBM y Koch (especialmente de nuestros éxitos y fracasos).

Lo que ha permanecido constante desde que se publicó *The science of success* es nuestro compromiso con la MBM. El objetivo no ha variado: permitir que un negocio genere más valor e impulsar la destrucción creativa más rápidamente y mejor que cualquier otro competidor existente o potencial.

Para que eso suceda, los empleados necesitan saber qué hacer sin que se lo digan, algo que mis socios cerca de Bérgamo no lograron comprender al principio. Para que la MBM sea un marco eficaz para resolver problemas y captar oportunidades, es necesaria una estructura simplificada. Después de muchas pruebas y errores, organizamos la MBM en cinco dimensiones: visión, virtud y talentos, procesos de conocimiento, derechos de decisión e incentivos. Cada uno de ellos se explicará en su propio capítulo, pero aquí tenemos un vistazo a cada uno de los cinco:

▶ **Visión:** Nuestra visión se basa en lo que creemos que es el papel de los negocios en la sociedad: proporcionar productos y servicios que los clientes valoran más que sus alternativas mientras se usan recursos de forma más eficiente. Como consecuencia de ello, nos esforzamos por sacar provecho no sólo de beneficiar a nuestros clientes y a la sociedad en su conjunto (una vez más, esto es lo que llamamos un buen beneficio).

▶ **Virtud y talentos:** Disponer de habilidades e inteligencia es importante, pero podemos contratar a las personas más brillantes del mundo con un máster en Administración de Empresas y, si no poseen lo valores adecuados, fracasaremos. Por lo tanto, contratamos basándonos en los valores en primer lugar, y después en el talento.

▶ **Procesos de conocimiento:** Una de nuestras mayores prioridades consiste en inculcar a los nuevos empleados que no sólo es posible retar a sus jefes respetuosamente si creen que poseen una mejor respuesta, sino que tienen la obligación de hacerlo; y los supervisores tienen la obligación de crear una cultura que invite a los desafíos.

▶ **Derechos de decisión:** Al igual que los propietarios suelen cuidar mejor de su propiedad que los inquilinos, cuando un empleado «posee» áreas bien definidas en el trabajo, se enorgullece más y asume una mayor responsabilidad por los resultados. Esto mejora enormemente los resultados, especialmente cuando el papel encaja bien con sus talentos y habilidades.

- ► **Incentivos:** En Koch, cualquiera puede ganar más que su jefe si genera más valor. Nuestro objetivo consiste en motivar a todos los empleados para que maximicen su contribución, independientemente de su función.

Otra mejora en este libro es la inclusión de casos prácticos que muestran estas cinco dimensiones. Mediante estos ejemplos quedará claro que la MBM emplea estos conceptos de forma distinta a como lo hace la mayor parte de la literatura dedicada a la gestión. Por ejemplo, para Koch, la «visión» no es una afirmación estática y única de objetivos y aspiraciones. Es un concepto dinámico que siempre está en evolución basándose en el examen continuo de cómo podemos emplear nuestras capacidades en respuesta a las oportunidades cambiantes para generar el mayor valor para nuestros clientes y nuestra sociedad.

Cuando me incorporé a la compañía de mi padre en 1961, su visión consistía en limitar sus actividades de recogida de petróleo principalmente a Oklahoma. Esto apaciguó a nuestros principales clientes, las compañías petrolíferas más importantes, y nos proporcionó la liquidez para pagar los impuestos de sucesiones tras la muerte de mi padre (ésta fue una gran preocupación para él, ya que pensaba que no le quedaba mucho tiempo de vida).

Entonces, Sterling Varner, la persona número dos en el negocio de recogida de petróleo, trabajó conmigo para persuadir a mi padre para expandir nuestra visión más allá de Oklahoma. La nueva visión requería del desarrollo de nuevas competencias, como el transporte, las ventas y la actividad comercial, de modo que pudiéramos tomar los descartes de las principales compañías petrolíferas e identificar nichos de mercado en los que pudiéramos conseguir mejores resultados que ellas. Más adelante, mientras detectábamos nuevas oportunidades para proporcionar valor a nuestros clientes, aplicamos lo que habíamos aprendido de la recogida de crudo a la recogida de otras materias primas: primero líquidos de gas natural y luego gas natural propiamente dicho.

Este tipo de círculo virtuoso (que es fundamental para nuestra visión) no ha parado desde entonces. Estamos mejorando constantemente nuestras competencias, desarrollando capacidades nuevas y encontrando nuevas oportunidades para las que pueden generar valor. Esto supone una desviación de la sabiduría convencional de la mayoría de las compañías, que se centran en sectores que conocen bien.

Para convertir nuestra visión en realidad, también aplicamos las otras cuatro dimensiones de una forma armoniosa. Al igual que el cuerpo humano es más que un mero conjunto de órganos, la MBM es mucho mayor que la suma de sus cinco dimensiones. Cuando estas cinco dimensiones y sus conceptos subyacentes se comprenden integralmente y se aplican de una forma integrada y mutuamente reforzante, cualquier negocio o empresa puede transformarse. La MBM incrementa la vitalidad de una organización ayudando a todos sus miembros a comprender que están ahí para generar verdadero valor. La MBM les enseña cómo pueden hacerlo y los motiva a hacerlo.

Estoy escribiendo este libro para todos los lectores de temas empresariales que estén deseosos de ir más allá de las anécdotas, las palabras de moda y las listas interminables y quieran aprender cómo implementar la MBM para generar un buen beneficio para sí mismos, para sus compañías y para la sociedad en general. Quiero que la compañía de todos y cada uno de los lectores sea tan exitosa como Koch, porque creo que todos nos beneficiamos del poder generador de la destrucción creativa. Espero que este libro sea incluso más eficaz que mi primera obra para ayudar a todos los lectores a mejorar su comprensión y la puesta en práctica de la MBM para maximizar sus contribuciones, darse cuenta de todo su potencial y beneficiarse beneficiando a otros.

Otro público muy importante para este libro son los empleados de Koch (actuales y futuros) que quieran saber cómo tener éxito. En Koch hemos visto que cada empleado puede ayudarnos a experimentar y mejorar nuestra capacidad de obtener resultados mediante la MBM. De hecho, las innovaciones y las contribuciones por parte de los empleados constituyen la mayoría de los ejemplos que aparecen en este libro.

Cualquiera preocupado por mejorar el bienestar humano puede encontrar valor en este libro aprendiendo que mucho de lo que se hace de forma coercitiva (en nombre de hacer que a la gente le vaya mejor económicamente) logra lo contrario. Adam Smith lo expresó de maravilla: «Al perseguir su propio interés [el individuo], frecuentemente promueve eso de la sociedad más eficazmente que cuando de verdad pretende promoverlo».[3]

El éxito de Koch Industries ha atraído un creciente interés por lo que hacemos y por qué lo hacemos, tanto por parte de admiradores como de detractores. Este escrutinio se ha visto complicado por la visibilidad de nuestros esfuerzos para educar y movilizar a la gente para que defienda las políticas basadas en el mercado que mejoren el bienestar humano para todos en la sociedad, especialmente el de los más desfavorecidos.

Puede que te preguntes, como muchos han hecho: «¿Por qué debería Charles Koch preocuparse por ayudar a otros a tener éxito?». Por supuesto, el desarrollo y el florecimiento de los empleados de Koch va en mi propio interés. Sin embargo, para mí, ayudar a los más desfavorecidos (que son los más vulnerables a las desacertadas prácticas y políticas gubernamentales) a levantarse es igual de importante. ¿Por qué quiero que otra persona u organización mejore? La respuesta es porque todos nos beneficiamos cuando otros sacan provecho de una forma honrada.

La MBM es valiosa porque tiene una trayectoria demostrada de éxito en Koch, y se basa en la teoría congruente y válida que está completamente integrada e implementada en cada aspecto de la organización. Ciertamente, ha funcionado bien para Koch Industries, y no hay razón alguna por la cual no pueda funcionar bien también para otras organizaciones. Creo que este libro beneficiará a cualquier persona u organización honrada que se esfuerce por generar

---

3. SMITH, A.: *An inquiry into the nature and causes of the wealth of nations.* 5.ª ed., Methuen & Co, Londres, 1904, 4.2. (Trad. cast.: *Investigación de la naturaleza y causas de la riqueza de las naciones.* Ministerio de Economía y Competitividad: Madrid, 2014).

un valor real a largo plazo, independientemente de su sector, profesión u oficio.

Estoy convencido de que la correcta implementación de nuestra filosofía basada en el mercado ha sido la fuente principal de nuestro éxito. Sin embargo, el rendimiento pasado no garantiza unos resultados futuros. Para seguir consiguiendo un rendimiento superior y un buen beneficio, debemos mejorar continuamente nuestra comprensión y aplicación de la MBM.

Al igual que una economía de mercado experimenta continuamente con formas cada vez mejores de proporcionar a la gente lo que valora y, además, nunca alcanza la inactividad, la MBM es un proceso interminable de aprendizaje y mejora. A todos los lectores de este libro que os esforzáis por comprender y aplicar estos principios (por el bien de vuestro negocio y el bienestar de la humanidad), os deseo todos los éxitos en el viaje.

CHARLES G. KOCH
Wichita (Kansas)
Julio de 2015

CAPÍTULO 1

La gloriosa sensación de logro

Lecciones de vida de mi padre

«Lamentaría mucho que te perdieras la gloriosa sensación de logro,
y sé que no me vas a decepcionar. Recuerda que, frecuentemente,
la adversidad es, en el fondo, una bendición y, ciertamente,
es el mayor desarrollador del carácter».

FRED KOCH[1]

«**P**uedes distinguir a los neerlandeses –bromeaba mi padre
sobre sí mismo–, pero no puedes explicarles gran cosa».
Fred Koch tenía la mandíbula cuadrada y era decidido y persistente,
y se lanzaba de cabeza a incontables emprendimientos, algunos rentables y otros no. Su propio padre, Harry, también era una persona
que asumía riesgos: emigró desde Países Bajos siendo un adolescente con muy poco dinero y la cabeza llena de relatos del «Salvaje
Oeste» estadounidense.

Tanto si su reputación por su terquedad es merecida o no, los neerlandeses se libraron del dominio español en 1581 con sed de paz, tolerancia, conocimiento y nuevas ideas. Durante el Siglo de Oro neer-

---

1. Carta de Fred Koch a sus hijos, 22 de enero de 1936.

landés en el siglo XVII, crearon la primera bolsa de valores, generaron el mejor nivel de vida del mundo, sobresalieron en las artes y las ciencias, y mantuvieron una cultura floreciente. Los neerlandeses medraron gracias a la libertad y a un sistema de ventajas mutuas, mientras que sus vecinos europeos, menos libres, soportaban derramamientos de sangre y pobreza.

Harry Koch llegó a Nueva York como aprendiz de imprenta y mejoró sus habilidades en la lengua inglesa mientras trabajaba para periódicos neerlandeses en Michigan y Chicago. Su trabajo le llevó a viajar Misisipi abajo hasta Luisiana, y luego a Trinity, Austin y Galveston (Texas). En 1891 siguió la vía férrea hasta Quanah, donde compró una imprenta y un periódico semanal en aprietos llamado *The Chief*. Quanah se encontraba en una región muy pobre, por lo que muchos de los clientes de Harry le pagaban, en parte, mediante el trueque. Valoraban las noticias y el espacio publicitario que les ofrecía su periódico, y él valoraba su apoyo. A modo de ejemplo de buen beneficio en el trabajo, lo que ahora se conoce como el periódico *Tribune-Chief* sigue publicándose en la actualidad.

Harry tenía un marcado acento neerlandés, y pronunciaba su apellido «Koch» con una «ch» suave y gutural. La pronunciación del oeste de Texas sonaba más como el graznido de un cuervo. Años después, alguien llamó a mi padre por la megafonía de una estación de tren y pronunció su nombre mal por el micrófono, llamándome «Fred Coke». A mi padre nunca le había gustado la versión del oeste de Texas, por lo que adoptó esa pronunciación en ese preciso momento, haciendo así una importante contribución a la fonología estadounidense.

Fred jugó al fútbol americano en el instituto de Quanah, y era un excelente orador y estudiante. Asistió al Rice Institute, en Houston (una escuela sólo para estudiantes becados en esa época), donde fue elegido como delegado de su curso. Siempre dispuesto a asumir cualquier riesgo que pudiera dar resultados, pasó a estudiar en el MIT, en Cambridge (Massachusetts), tras saber que había creado el primer programa de la historia en Ingeniería Química. En esa época, la matricula en el MIT costaba unos trescientos dólares anuales. Antes de mudarse de Texas a Boston, Fred pasó el verano pasando la fregona por las cubiertas de un barco de vapor mercante sin un itinerario fijo que navegaba entre Nueva York y Londres.

La ingeniería química se ajustaba como un guante a Fred Koch. Su tesis para obtener su licenciatura por la MIT se ocupaba de asuntos medioambientales en una fábrica de papel en Bangor (Maine), que fue, casualmente, adquirida más adelante por Georgia-Pacific (GP vendió esa fábrica de papel, pero sigue poseyendo la planta Acme de yeso cerca de Quanah, donde mi padre tuvo un trabajo veraniego). Las oportunidades que presentaba la fábrica de papel de Bangor (incluyendo el rentable reciclaje de los productos de desecho, además de la conservación de energía, que mejoraban el medioambiente) eran importantes para mi padre y siguen siendo importantes para Koch, ya que son mutuamente beneficiosas para nuestra compañía y nuestras comunidades.

En el MIT, Fred, cuyo padre le había enseñado a boxear, se convirtió en el capitán del equipo de boxeo. Mientras mi madre (que era jugadora de golf, pescadora con mosca, cazadora y diseñadora de joyas) poseía una excelente coordinación visual y manual, mi padre se las arreglaba más que bien con sus rápidos reflejos y un espíritu competitivo. Él animó a sus cuatro hijos a desarrollar algún tipo de habilidad boxística.

Aunque el boxeo es uno de mis deportes olímpicos favoritos, ninguno de nosotros se dedicó a él. Mi hermano Frederick siempre prefirió las artes al atletismo, y acabó estudiando Humanidades en Harvard y Artes Dramáticas en Yale. Pasé una temporada de lo más divertida en mi vida jugando al *rugby* en el MIT, en un equipo que ganó dos campeonatos. Mis hermanos David y Bill se unieron al equipo de baloncesto del MIT. David se convirtió en el capitán y formó parte del equipo nacional estadounidense de las universidades pequeñas. En 1962 marcó un récord anotando 41 puntos en un partido, y conservó esta marca durante cuarenta y seis años.

Después de la universidad, mi padre consiguió un empleo en Texaco (entonces llamada Texas Company) como químico investigador en su refinería de Port Arthur (Texas). Luego trabajó brevemente como ingeniero químico para la Gasoline Products Company, una empresa de Kansas City puntera en el desarrollo de procesos de refinado.

El gran salto de Fred como ingeniero llegó en 1924, cuando Carl de Ganahl, su compañero en el MIT, le recomendó para un trabajo diseñando y construyendo una refinería en Inglaterra propiedad de Charles, el padre de De Ganahl. Al igual que los Koch, los De Ganahl habían emigrado desde Europa en el siglo XIX y acabaron por asentarse en Texas.

Charles de Ganahl era una persona maravillosa, un empresario impresionante con una gran integridad y compasión. Su papel como mentor de mi padre, que tenía veinticuatro años y muy poca experiencia laboral e incluso menos conexiones, cambió la vida de Fred. Mi padre sentía un enorme respeto por De Ganahl, tanto que me puso su nombre. Ese respeto era mutuo. «Fred Koch es el mejor ingeniero químico del mundo –escribió de Ganahl años después– con el par de lóbulos cerebrales más brillantes de cualquier hombre joven que haya conocido».[2]

Mi padre gravitaba hacia personas de calidad y les causó una impresión verdaderamente buena, tanto se tratara de la acaudalada familia De Ganahl como si era Sterling Varner, cuyo padre y abuelo eran contratistas de mulas para los campos petrolíferos. A él no le importaba el estatus social, ya que trataba a todo el mundo de una forma congruente con sus valores. Probablemente sea un reflejo de su carácter que las buenas personas también quisieran estar a su alrededor y que le ofrecieran oportunidades de trabajo.

En 1925, la experiencia de Fred en el MIT, su brillante cerebro y su carácter con la gente volvió a dar sus frutos. Otro antiguo compañero de clase, Dobie Keith, le invitó a unirse a una empresa de

_____

2. Cartas de Charles de Ganahl a su hijo Carl, con fecha de 26 de abril de 1930, y publicadas en *The life and letters of Charles Francis de Ganahl*. Richard R. Smith, Nueva York, 1949, pág. 380; y a Mr. Wilson Cross, con fecha de 17 de marzo de 1933, contenida en el vol. II, pág. 667.

ingeniería y construcción en Wichita (Kansas), que Keith había fundado con Lewis Winkler. Fred aceptó, pagando trescientos dólares para convertirse en socio igualitario. Tres meses más tarde, después de que Keith se marchara de repente para ir tras otra oportunidad, nació la Winkler-Koch Engineering Company.

Los primeros dos años fueron duros para Winkler-Koch. Como la empresa carecía de tecnología patentada o del capital para ofrecer trabajo a tiempo completo (que implicaban el diseño, la compra de equipamiento y la gestión de la construcción), lo único que Winkler-Koch pudo ofrecer fueron pequeños honorarios por labores de ingeniería. Durante un tiempo, mi padre estuvo, tal y como él decía, «completamente sin blanca», y tuvo que dormir en un catre en la oficina.

El negocio mejoró en 1927, cuando Fred desarrolló un mejor proceso térmico de craqueo para convertir el petróleo pesado en gasolina que era menos costoso, proporcionaba unos mayores rendimientos e implicaba menos tiempo de inactividad que los procesos de la competencia. Después de una instalación exitosa en la nueva refinería Rock Island de L. B. Simmons en Duncan (Oklahoma), Winkler-Koch vendió una media de una nueva instalación cada siete semanas durante los dos años siguientes.

El éxito de Winkler-Koch en la venta de este proceso a refinerías independientes captó la atención de las principales compañías petrolíferas, que habían agrupado sus procesos de obtención de gasolina para controlar la tecnología. Esta combinación, llamada el Patent Club, cargaba a las refinerías independientes un canon de treinta centavos por barril en una época en la que la gasolina se vendía por poco más de tres dólares por barril (al por menor).

Por contra, el nuevo proceso de mi padre era totalmente libre de regalías, potenciando así todavía más su atractivo para las refinerías independientes. En 1929, el Patent Club (preocupado por la creciente competencia de las refinerías independientes) presentó cuarenta pleitos de violación de patentes contra Winkler-Koch y contra prácticamente todos sus clientes. Estos pleitos perjudicaron el negocio de la compañía en Estados Unidos y buena parte de Europa.

La supervivencia de Winkler-Koch como compañía dependía de la construcción de plantas en otros países, especialmente la Unión Soviética, donde construyó quince unidades de craqueo entre 1929 y 1931. Como resultado de ese contrato soviético, Winkler-Koch disfrutó de su mayor éxito financiero durante los primeros años de la Gran Depresión. Pese a ello, Fred se mostraba muy receloso de los soviéticos y pidió un pago del 90 % por adelantado.

Los ingenieros soviéticos que trabajaban con mi padre confirmaron sus miedos sobre hacer negocios en la Unión Soviética (y sobre comunismo en general) cuando le hablaron de sus métodos y planes para la revolución mundial. Stalin acabó por purgar a prácticamente a todos los homólogos soviéticos de Fred, junto con decenas de millones de personas de su propio país. Mi padre describía la Unión Soviética como «una tierra de hambre, miseria y terror». Debido a sus experiencias allí, se convirtió en un ferviente anticomunista durante el resto de su vida, incluso uniéndose a la John Birch Society y animándome a hacerlo también (estuve de acuerdo, pero sólo permanecí algunos años porque sentía, al igual que Hayek, que el comunismo era más un «error intelectual» que una conspiración que debiera ser expuesta).

El Patent Club pasó veintitrés años demandando a Winkler-Koch, pero sólo ganó en una ocasión; e incluso ese veredicto fue anulado después de que se descubriera que un juez había sido sobornado. Este chocante comportamiento y el escándalo resultante provocaron que las empresas más importantes donaran su compañía de desarrollo de procesos a la American Chemical Society (Sociedad Estadounidense de Química). Winkler-Koch contrademandó, llegándose a un acuerdo en 1952 por 1,5 millones de dólares.

A pesar de ganar, el consejo que me dio mi padre fue: «Nunca demandes: los abogados se llevan una tercera parte, el Gobierno se lleva una tercera parte y tu negocio acaba destruido». He intentado seguir su consejo y he presentado muy pocas demandas. Lamentablemente, olvidó decirme cómo evitar ser *demandado,* incluso por miembros de mi propia familia. No obstante, hablaremos de eso más adelante.

La fundación de Koch Industries

Las postrimerías de la década de 1930 trajeron consigo más momentos difíciles para la empresa de ingeniería de mi padre. La Gran Depresión estaba en curso, y las demandas del Patent Club evitaron que cosechara los beneficios de su proceso de craqueo térmico en Estados Unidos. Por lo tanto, Fred intensificó su búsqueda de otras oportunidades de negocio.

Una vez más, su buena reputación le hizo un gran servicio. Globe Oil and Refining Co. (una de las mayores refinerías independientes y uno de los mejores clientes de Winkler-Koch) decidió construir una refinería para la producción de diez mil barriles diarios a la vera del río Misisipi, cerca de Wood River (Illinois), unos veinticinco kilómetros río arriba de San Luis.

El propietario de Globe, I. A. O'Shaughnessy, quería que los socios redujeran el riesgo y aportaran una competencia o capacidad adicional a la empresa. Atrajo primero a Hank Ingram, propietario de una de las mayores flotas de barcazas del Misisipi, que podía facilitar el movimiento de crudo y de los productos hacia y desde la refinería. Luego se acercó a Fred para el diseño y la operación de la planta.

Mi padre estuvo de acuerdo, con la condición de poseer una importante participación de la compañía. Fred pagó 230 000 dólares en 1940 por un 23 % de la Wood River Oil and Refining Co., Inc., la compañía que acabaría convirtiéndose en la Koch Industries actual. O'Shaughnessy e Ingram poseían, cada uno de ellos, un 33 % de la compañía, y dos empleados de Globe (implicados en el suministro de crudo y en las ventas de productos de Wood River) poseían un 5 % cada uno de ellos. La construcción de la refinería se completó y empezó a funcionar en 1941. Sus propietarios no podían haber sabido lo que pasaría a continuación.

La Segunda Guerra Mundial apremió al Congreso de EE. UU. a aprobar dos leyes de «beneficios excesivos» entre 1940 y 1943, con impuestos que oscilaban entre el 25 y el 95 %. Como resultado de ello, durante los años de la guerra, el tipo impositivo sobre la renta de Wood River fue de un 70 % de media.

Este tipo impositivo confiscatorio no evitó que el Gobierno presionara a Wood River para que produjera cantidades cada vez mayores de combustible de alto octanaje para la aviación. Además, al igual que cualquier otro recurso en esa época, el crudo era difícil de obtener debido a las escaseces del período de guerra. No fue, entonces, sorprendente, que surgieran conflictos entre los principales accionistas.

Uno de esos conflictos era inherente a la estructura del trato: los empleados de Globe Oil que proporcionaban crudo para sus refinerías y los que vendían los productos de Globe también debían ayudar en el suministro y asistir en las ventas de Wood River. Esto provocó sospechas entre los socios que no pertenecían a Globe de que Wood River no estaba recibiendo un trato igual. Tanto si esto era verdad o no, la lección es que siempre que se introducen conflictos de interés en un acuerdo, es improbable que funcione durante mucho tiempo. En 1944, el grupo Globe Oil acordó transferir sus acciones a precio de coste a mi padre y a Ingram para resolver las diferencias. Como resultado de ello, Fred e Ingram se convirtieron en socios igualitarios.

En 1946, Wood River adquirió la refinería Rock Island, que producía ocho mil barriles por día y sita en Duncan (Oklahoma), y su sistema de recogida de diez mil barriles diarios de crudo (los sistemas de recogida transportan el crudo desde la boca del pozo hasta un oleoducto principal) por seiscientos mil dólares más el derecho de L. B. Simmons, el propietario de Rock Island, a adquirir un 10 % de Wood River. Estos activos se colocaron en una nueva filial llamada Rock Island Oil and Refining. Aunque la refinería de Oklahoma se cerró en 1949, su sistema de recolección se convirtió en la base del mayor negocio de Wood River.

Wood River perdió dinero en 1949, provocando esto la venta de su refinería de Illinois a Sinclair Oil con unas ganancias de 4 millones de dólares. Esa venta permitió la adquisición de las participaciones por parte del resto de los accionistas, excepto mi padre y L. B. Simmons (que había ejercitado su opción de comprar acciones). Conservaron el nombre de Wood River, y a principios de 1954, hicieron planes para construir una nueva refinería cerca de Chicago, pero pronto abandonaron la idea.

Mi padre era inteligente, emprendedor, exitoso, respetado y honrado, y pese a ello era indefectiblemente humilde. En 1948, le escribió a un amigo de Pittsburgh: «Este negocio petrolífero nuestro ha crecido tanto que necesita a un hombre más inteligente y mejor organizado que lo gestione».[3]

Fred sufría físicamente, no sólo debido a la presión sanguínea alta y los problemas cardíacos que acabarían por costarle la vida. En 1940, un médico sospechó que un tumor en el paladar de mi padre era maligno y lo trató con agujas de radio que le destrozaron el paladar. Después de eso, el habla de mi padre empeoró, y comer delante de gente se convirtió en algo dolorosamente embarazoso para él. Le preocupaba tener que buscar un nuevo negocio: uno que no requiriera de mucha interacción con personas. El gestionar una explotación ganadera parecía irle como anillo al dedo.

Por lo tanto, en 1941 compró la mayor parte de la superficie de lo que se convirtió en el rancho Spring Creek Ranch, en las colinas Flint Hills de Kansas, donde planeaba trabajar aislado. «Fue, simplemente, una experiencia horrible», recordó mi madre cuatro décadas después.

«No podía trabajar. No podía hacer nada». Mi madre era una persona muy sensible que se tomaba muy a pecho el sufrimiento de los demás. «Él vivía de esa forma y no se quejaba, pero a veces me lo decía, cuando no podía soportar el dolor», comentaba ella.

Afortunadamente, un talentoso médico de San Luis dio con una forma de reparar el paladar de mi padre, y se recuperó lentamente. Spring Creek tuvo entonces un cometido mucho más alegre para Fred. Quedó fascinado por la ciencia de la ganadería y pasaba semanas allí con todos nosotros, que nos alojábamos en la cabaña familiar. Entre otras innovaciones, ayudó a desarrollar los bloques de sal artificiales, que suponían una forma asequible de asegurar que el ganado vacuno obtuviese suficientes sales.

---

3. Carta de Fred Koch al doctor Walter F. Rittman, 30 de enero de 1948.

Mi padre asumió nuevos intereses fácil y frecuentemente, pero no sistemáticamente: las tuberías de fibra de vidrio, las caravanas o casas móviles («Koch Kampers») y las torres de refrigeración para hogares fueron algunos de sus distintos empeños en esa época. Después de quedar maravillado con el uso del amianto en un viaje a Sudáfrica, pensó en meterse en ese negocio (afortunadamente no lo hizo). Incluso modernizó una pequeña flota de bombarderos de la Segunda Guerra Mundial para que fueran aeronaves corporativas.

Fred también trabajó en el desarrollo de elementos internos en las columnas de fraccionamiento (bandejas usadas en las refinerías y las plantas químicas para separar líquidos de acuerdo con sus diferencias en cuanto a su punto de ebullición), e inventó una especialmente ambiciosa llamada Kaskade Tray que, lamentablemente, resultó funcionar mejor boca abajo que del derecho. Mi padre tenía la capacidad de reírse de sí mismo, y tuvo que hacerlo en este caso.

Ninguno de estos nuevos empeños tuvo éxito, pero el hecho de que comenzara sin nada en 1925 y que desarrollara una compañía que valía 21 millones de dólares cuando me uní a ella en 1961 (usando nada más que ese brillante «par de lóbulos cerebrales») es impresionante. A medida que su prosperidad creció, le compró a sus padres una bonita casa en Quanah y los respaldó económicamente durante el resto de su vida. Junto con mi madre logró criar a cuatro hijos revoltosos: Frederick, que nació en 1933; a mí, que nací en 1935; y a los mellizos David y William, nacidos en 1940.

En una carta fechada de 1948 escrita a un amigo de Pittsburgh, mi padre describía a Frederick como «un joven bastante brillante […]. Tiene una gran capacidad intelectual y sobresale mucho en cuanto a sus dones artísticos». Ciertamente, Frederick se convirtió en un coleccionista de arte y ha restaurado varias mansiones históricas por todo el mundo.

Papa, que era como le llamábamos, me describió como un «muchacho grande y bondadoso», pero mi ética laboral todavía no le impresionaba. «A todo el mundo le gusta Charles, y nada le preocupa, siempre que el trabajo no se le acerque demasiado».[4]

«De los mellizos —escribió mi padre—, David tiene una mente y un cuerpo muy ágiles. Es un atleta nato y es muy práctico. Si cualquiera de los muchachos acaba siendo ingeniero, creo que será él».

El otro mellizo era William (al que llamábamos Bill), a quien mi padre describió como poseedor de «un talante muy cariñoso, pero con un muy mal genio acompañado de una enorme tozudez. Imagino que todo esto es una mezcla de sus orígenes irlandeses y neerlandeses».

«Los hijos de una familia son mucho más importantes que ganar dinero», le escribió mi padre a un amigo de Texas ese mismo año. Finalizó esa carta con su característico humor, burlándose de John D. Rockefeller: «El señor Rockefeller dice: "El dinero no lo es todo. Hay acciones, bonos y otros valores"».[5]

Vida familiar

Por supuesto, Papa no fue la única influencia parental en nosotros. Aunque puede que mi madre fuera apodada «Poderosa Mary» debido a su inagotable energía y su vena aventurera, mi padre era la fuerza dominante en nuestro hogar. Su carácter era incuestionable.

Recuerdo una salida al cine con él y mis hermanos en la década de 1940. Cuando llegamos, la gente que ya estaba arremolinada alrededor de la taquilla no había logrado formar una fila recta. Mis hermanos y yo intentamos colarnos, para así asegurarnos de conseguir entradas, pero mi padre, que siempre nos estaba enseñando a ser íntegros, no iba a aceptar eso. Nos indicó que nos reagrupáramos en un lugar cerca de la parte posterior del grupo de gente.

Nuestro padre se prometió que no permitiría que sus hijos se convirtiesen en «zánganos de un club de campo», por lo que hizo

---

4. Ibíd.
5. Carta de Fred Koch a Mr. C. A. Middleton, 5 de marzo de 1948.

todo lo que pudo para asegurarse de que desarrolláramos una ética de trabajo y sed de conocimiento. Cuando abrí su caja fuerte poco después de su muerte, descubrí la carta que había escrito en 1936 expresando su preocupación por que las pólizas de seguro dejadas para que pagáramos nuestra educación pudieran provocar un detrimento en lugar de un beneficio:

> Podéis usarlas como una herramienta valiosa para vuestros logros o podéis derrocharlas estúpidamente. Si decidís permitir que este dinero destruya vuestra iniciativa e independencia, entonces supondrá una maldición para vosotros, y mi acción de dároslo habrá sido un error. Me arrepentiría mucho de hacer que os perdáis la gloriosa sensación de logro, y sé que no me decepcionaréis. Recordad que, frecuentemente, la adversidad es, en el fondo, una suerte y, ciertamente, es mayor desarrollador del carácter.[6]

Frederick no reaccionó bien al trabajo físico como método de desarrollar una ética laboral, por lo que yo cargué con la peor parte de los esfuerzos de mi padre. Para cuando cumplí los seis años, se aseguró de que el trabajo ocupara la mayor parte de mi tiempo libre. Empecé excavando y plantando dientes de león en nuestra propiedad de sesenta y cinco hectáreas, luego me gradué limpiando, con una pala, los establos de los caballos y las vacas, empacando heno y ordeñando las vacas. Estas actividades se vieron seguidas de un trabajo llevando láminas de acero de un lugar a otro en el taller de Koch Engineering.

Para cuando tuve quince años fui considerado lo suficientemente mayor como para disfrutar de todo un surtido de trabajos veraniegos en nuestros ranchos y otros lugares, como reunir y tratar a los toros enfermos, arreglar vallas, excavar zanjas y hoyos para postes en una tierra que no había visto una gota de lluvia en años, echar trigo a paladas en los cangilones de una cinta elevadora de un silo, etc.

---

6. Carta de Fred Koch a «Mis queridos hijos», 22 de enero de 1936.

Un verano, trabajé en un campamento para trabajadores de un rancho en el Centennial Valley de Montana, a kilómetros de la civilización. Dormí con un caballero llamado Bitterroot Bob, que se pavoneaba de haber sido dado de baja por conducta deshonrosa durante la Segunda Guerra Mundial por haber huido de la línea de fuego. Algunas noches disparaba su revólver a través del techo de nuestra cabaña de troncos. Cuando llovía, los dos nos mojábamos, pero eso no parecía disuadirle. No hubo ningún club de campo para mí en mi juventud.

Aunque no lo parecía en esa época, ahora estoy convencido de que el amor duro de mi padre me salvó. Lo cierto es que yo no era de trato muy fácil. Como era un espíritu libre, ya había asistido a ocho colegios para cuando me gradué en el instituto. Años después, le pregunté a mi padre por qué no había sido tan duro con los mellizos como lo fue conmigo: «Hijo —me dijo—, eras un bobalicón y me agotabas».

Una de las muchas escuelas a las que asistí fue un colegio católico al que me enviaron durante un par de años cuando tenía cinco años, pero yo era un escéptico incluso a esa temprana edad. Rechacé la afirmación de las monjas (cosa que me tomé al pie de la letra) de que Jesús estuviera tras el altar. Ofrecían galletas integrales y leche como recompensa por el buen comportamiento, pero ese incentivo no era lo suficientemente potente para mí.

Avanzamos hasta mi octava escuela, la Academia Militar Culver, de donde me echaron en mi primer año por beber cerveza en el tren que iba de Wichita a Indiana durante mi regreso de las vacaciones de primavera. Como me mostré arrepentido, Culver aceptó readmitirme con la condición de que llevara a cabo todo el trabajo académico del semestre, además de todos los entrenamientos estándar de caballería, durante la escuela de verano.

Ese verano, viví en una tienda de campaña cerca del establo de los caballos. Mi carga de trabajo era cuatro veces mayor que la de los otros cadetes que estaban ahí ese verano, por lo que me despertaba en plena noche para usar la única fuente de luz permitida después del toque de silencio: la que había en el baño comunal en el establo, donde me sentaba en el banco de una ducha y terminaba mis deberes.

En mi último año, me pasé de la raya al intentar golpear la cabeza del capitán de cadetes (que también era el corredor estrella del equipo de fútbol americano) contra mi ventana (él había sacado toda a ropa de mi armario y la había tirado al suelo durante una inspección de la habitación).

Afortunadamente, no me expulsaron una segunda vez, ya que para entonces me había ganado privilegios. Además, la graduación estaba a la vuelta de la esquina, y ya había sido aceptado por el MIT; pero sí que perdí mis privilegios y tuve que pasar todo mi tiempo libre durante las seis últimas semanas del curso desfilando con mi rifle.

Durante mi breve expulsión de Culver, mi padre me envió a vivir con la familia de su hermano, en Texas, para completar el curso académico en el instituto de Quanah. Las Matemáticas siempre se me habían dado bien, y recuerdo haber contestado correctamente las diez preguntas del examen final de esta asignatura. Mis compañeros en Quanah se mostraron incrédulos. ¿Por qué iría a esforzarme cuando un 70 % de respuestas correctas suponían un aprobado? A pesar de ser un adolescente de mentalidad independiente y en ocasiones pendenciero, reconocí que algo no estaba bien en esa mentalidad.

Entré en el MIT sin la intención de regresar a Wichita para trabajar para mi padre. Mi vena independiente no supondría un buen encaje con su estilo dominante (para entonces ya sabía que su chiste de «no puedes explicarles gran cosa a los neerlandeses» no era, en realidad, un chiste). Tampoco era yo el heredero obvio de su compañía. Nunca ofreció ninguna indicación de que deseara mi implicación, excepto la de trabajar durante todo mi tiempo libre.

Al final de mi segundo año, mi media de calificaciones oscilaba alrededor de un aprobado alto, cosa que pensé que estaba bien (me lo estaba pasando muy bien en Boston, por fin liberado de la disciplina de la escuela militar. El MIT sólo requería que los estudiantes superasen los exámenes y completaran proyectos, por lo que aproveché mi nueva libertad al máximo). Sin embargo, cuando regresé brevemente a Wichita durante las vacaciones estivales, mi padre me hizo sentarme y me dijo: «Hijo, tanto me da si acabas cavando zanjas para ganarte la vida, pero si quieres que pague tu educación, vas a tener que aplicarte». Milagrosamente, mis calificaciones mejoraron ostensiblemente.

Durante mi último semestre en el MIT, mi padre adquirió una participación del 35 % de la Great Northern Oil Company, que poseía la refinería Pine Bend, cerca de Saint Paul (Minnesota). Pine Bend se había construido a mediados de la década de 1950 para proporcionar un mercado para el crudo canadiense agrio y pesado recientemente descubierto en Saskatchewan. Con la ventaja que proporciona poder mirar en retrospectiva, resultaría difícil exagerar la importancia de esta transacción para el futuro de Koch.

La fuerza impulsora tras Great Northern eran dos compañías petrolíferas independientes, que eran grandes productoras en el campo de Saskatchewan, y J. Howard Marshall II, un destacado abogado y líder del sector petrolífero. Hacia finales de la década de 1950, las dos compañías independientes habían sido adquiridas por Pure Oil y Sinclair Oil. Ike Moore, el antiguo jefe de ventas de Wood River, había trabajado para Sinclair desde que compró la refinería Wood River en 1950.

Moore sabía que Fred deseaba regresar al negocio del refinado, por lo que cuando Sinclair Oil decidió vender su parte en Great Northern, Ike le hizo saber a Fred esta oportunidad. Mi padre acabó por comprar la participación de Sinclair, sin examinarla, por un valor nominal de 5 millones de dólares. Su instinto y su buen juicio resultaron estar en lo cierto. En esa época (febrero de 1959), Pine Bend estaba produciendo unos treinta y cinco mil barriles diarios: algo más de la décima parte de su capacidad actual.

Ese verano, Wood River Oil and Refining Co., Inc. cambió su nombre por el de Rock Island Oil and Refining Co., Inc. Los negocios de Rock Island no iban mucho más allá de producción ganadera, el sistema de recogida de crudo obtenido de L. B. Simmons, y la nueva participación adquirida en Great Northern. En aquella época, Koch Engineering era una entidad independiente con una única planta en Wichita que producía un solo producto: una novedosa innovación interna para las columnas de fraccionamiento llamada Flexitray® que, al contrario que la bandeja Kaskade Tray, tuvo mucho éxito.

Una oferta que no pude rechazar

Después de acabar mis estudios en el MIT en 1959, me quedé en la región de Boston durante algunos años trabajando en el desarrollo de producto, el desarrollo de procesos y la gestión de servicios para Arthur D. Little, una empresa de consultoría puntera en esa época. La naturaleza de mi trabajo me hacía acreedor de una exención temporal del reclutamiento al considerarse que mi trabajo era esencial (un proyecto interesante consistía en diseñar una planta para que el Gobierno produjera un potente derivado de la marihuana. La idea estribaba en hacer que la guerra fuera más humana controlando a los oponentes con «bombas» de marihuana en lugar de con armas).

Independientemente de las bombas de marihuana, se trataba de un trabajo que encontraba estimulante y educativo. Pese a que sólo estaba a mediados de mi veintena, presentaba frecuentemente proyectos a directores ejecutivos de empresas. Estaba disfrutando de la vida y me mostraba muy feliz de quedarme en Boston. Pero entonces, mi padre me hizo una oferta que no pude rechazar. Después de casi un año sin lograr convencerme para que regresara a Wichita para trabajar a sus órdenes, me lanzó un ultimátum: su salud no era buena, y si no volvía para aprender a dirigir la compañía, no le quedaría más opción que venderla.

No estoy seguro de qué provocó ese ultimátum, aunque ahora creo que había estado contando conmigo, desde hacía algún tiempo, para que le sucediera. Puede que fuera mi exitoso trabajo en Arthur D. Little lo que le convenciera de que poseía una gran aptitud para los negocios. Él era ciertamente consciente de mi ética de trabajo, gracias a los años de labores manuales por los que me había hecho pasar. Mi hermano mayor, Frederick, nunca había mostrado ningún interés ni aptitud por la ingeniería ni los negocios; y aunque mis hermanos, los mellizos, estaban estudiando ingeniería en el MIT, estaban cinco años por detrás de mí y todavía no habían finalizado sus estudios. Por lo tanto, puede que la oferta de mi padre fuera inevitable.

Lo que sí sé con seguridad es que nuestro padre temía que no le quedara mucho tiempo de vida para dirigir la compañía. Me prometió que me permitiría dirigir Koch Engineering (el negocio de elementos internos de las columnas de fraccionamiento, que se encontraba en dificultades) sin interferencias. Cualquier cosa, excepto su venta, no requeriría de su permiso. Ésta era mi oportunidad de, realmente, dirigir una compañía en lugar de actuar como mero asesor, por lo que acepté.

Cuando regresé a Wichita en otoño de 1961, con una licenciatura y dos másteres en Ingeniería (Nuclear y Química) y más de dos años de experiencia como consultor, las primeras palabras que me dirigió mi padre fueron: «Espero que tu primer acuerdo sea un fracaso, ya que de otro modo te creerás que eres mucho más inteligente de lo que eres». No tenía nada de lo que preocuparse: yo mismo nos metería en abundantes tratos perdedores a lo largo de los años (veremos más al respecto más adelante).

En esa época, Koch Engineering tenía menos de 2 millones de dólares en ventas y apenas cubría pérdidas. Su negocio en Europa era un desastre. Mi padre había planeado sanearla, pero como yo iba a dirigir Koch Engineering, me dijo que era yo quien debía arreglarla. Siendo demasiado ignorante como para conocer todos los problemas implicados en desarrollar un negocio exitoso, especialmente uno internacional, estaba ansioso por revisarlo todo y abordar el problema.

Afortunadamente, los problemas con nuestro negocio europeo eran tan obvios que incluso yo pude solucionarlos, a pesar de no haber dirigido nunca una empresa ni trabajado en el extranjero.

El desastre había sido provocado por nuestros esfuerzos por evitar que competidores potenciales copiaran nuestros diseños de los elementos internos de las columnas de fraccionamiento. Múltiples contratistas estaban fabricando distintos componentes en distintos países que luego eran ensamblados en cualquier otro lugar, lo que daba como resultado una complejidad injustificada, unos costes elevados y unos malos rendimientos.

A lo largo de los muchos años siguientes, pasé bastante tiempo en Europa implementando mi solución, que era doble. En primer lugar, organizamos nuestro lugar de ingeniería y fabricación cerca de Bérgamo, en Italia (el hogar de los miembros del sindicato con dudas).

En segundo lugar, desarrollamos una organización que proporcionaría un servicio superior a nuestros clientes. A partir de mi trabajo en Arthur D. Little y de todos mis estudios, tuve una clara comprensión de que el objetivo del trabajo era generar valor para los clientes. Había leído suficiente literatura sobre negocios como para saber que, si eras incapaz de satisfacer a tus clientes, no tenías un negocio. Tal y como es bien sabido que dijo Sam Walton: «Sólo hay un jefe: el cliente. Y él puede despedir a todos en la compañía, desde el presidente a todos los que están por debajo, simplemente gastándose su dinero en cualquier otro lugar».[7]

Los hombros de gigantes

En honor a la verdad, mi padre era un hombre de palabra y me proporcionó una libertad prácticamente completa para dirigir Koch Engineering. Después de reorganizar nuestro negocio europeo, me enviaron a Saint Paul en 1962 para trabajar en la Great Northern Oil Company durante seis meses y para aprender sobre el negocio del refinado. Después de regresar a Wichita, seguí haciendo viajes frecuentes a Europa para impulsar esa transformación todavía más.

Mientras estaba en Koch Engineering, aprendí la importancia de la visión (porque en realidad no teníamos una) y de disponer de las

---

7. Citado en «Sam Walton: Bargain basement billionaire», 8 de octubre de 2008, de entrepreneur.com: www.entrepreneur.com/article/197560

personas adecuadas en los puestos adecuados (porque no las teníamos). A los veintisiete años, reemplacé al presidente, cosa que debía hacerse y se amoldaba a la promesa de mi padre de permitirme dirigir la compañía empleando mi buen juicio.

Empecé, de inmediato, a trabajar para desarrollar las partes no europeas del negocio de Koch, mejorando las ventas y la fabricación, y añadiendo otros productos. Uno de mis primeros pasos consistió en introducir a una persona de desarrollo comercial para que nos ayudara a añadir nuevos productos. Obviamente, como presidente, me encontraba en una posición incluso mejor para hacer crecer a Koch Engineering.

Y eso es lo que hicimos: hacerla crecer. En 1965 sus ventas se habían más que duplicado, llevando esto a la compañía de cubrir pérdidas a conseguir una buena rentabilidad. Empleé, desde el principio, un enfoque que es básico para la MBM: comprender y mejorar y añadir factores constantemente a nuestras capacidades, e ir tras las oportunidades para las cuales podían añadir el máximo valor.

Además de organizar nuestra propia fabricación en Europa y una nueva planta en Wichita (que dio lugar a un mejor *marketing,* ventas, diseño y fabricación de las bandejas Flexitrays en todo el mundo), nos implicamos en líneas de productos relacionados, como el relleno de las columnas de fraccionamiento, los intercambiadores de calor, los eliminadores de vapor, el equipamiento de control de la contaminación y los sistemas de separación por membranas.

1962 fue también el año en el que empecé a trabajar para expandir el mayor negocio de Rock Island: la recolección de crudo. Mi aliado en este empeño fue Sterling Varner, a quién conocí cuando era un adolescente durante mi verano en el Centennial Valley. Sterling compartía mi visión expansiva para Koch. Empezamos a comprar camiones de crudo, compañías de transporte y oleoductos, y construimos oleoductos allá donde otros se negaron asumir riesgos. «¡Cuidado! —me dijo un directivo de una importante compañía petrolífera—. Si te das la vuelta, Koch construirá un oleoducto en tu culo». Nos tomamos eso como un halago.

A medida que el crecimiento de nuestro negocio de recogida de crudo se aceleró, la frágil salud de mi padre se deterioró. En 1966 me hizo presidente de Rock Island, de modo que, tal y como lo expuso, no hubiera controversia alguna sobre la sucesión si le pasaba algo. En mayo del año siguiente sufrió un grave infarto cardíaco que le hizo estar en el hospital dos meses. Padeció otro ese noviembre que resultó fatal.

El 1 de julio de 1968, renombramos Rock Island en su honor, y nuestra compañía se ha conocido desde entonces como Koch Industries. Sigo sintiéndome bendecido por haber trabajado con mi padre esos seis años. Frecuentemente, cuando vemos más lejos no se debe a nuestra buena vista sino, como dijo Isaac Newton, porque estamos subidos sobre los hombros de gigantes. A su propia y singular manera, Fred Koch era uno de esos gigantes.

Prácticamente todos aprendemos lecciones de nuestros progenitores, y mi caso no es distinto. Mis lecciones no fueron específicas de los negocios, pero consistieron en valores fundamentales (integridad, humildad, responsabilidad, ética de trabajo, espíritu empresarial, sed de conocimiento, el deseo de hacer una contribución y la preocupación por los demás) que influyeron en la forma en la que hago negocios y he vivido mi vida hasta la actualidad. Debido a ello, nunca podré agradecérselo lo suficiente a mi padre y mi madre.

CAPÍTULO 2

Koch después de Fred

Construir con piedras que encajan

«La interminable variabilidad humana […] genera la oportunidad de una cooperación inagotable para beneficio mutuo de los participantes. […] Podemos cosechar beneficios de la variabilidad humana y disfrutar de cosas que no sean de nuestra propia creación directa sólo si descubrimos cómo permitir que esta cooperación funcione».

BALDY HARPER[1]

L a escena de Saul Steinberg titulada *A parochial New Yorker's view of the world* es un esbozo icónico de 1975 que muestra una vista esnob de Manhattan hacia el oeste desde la Novena Avenida (fue la portada de la revista *The New Yorker* del 29 de marzo de 1976, y sigue siendo muy divertida en la actualidad).

Antes de que la vista alcance, a través del Pacífico, Japón, China y Rusia, pasa sobre el Medio Oeste y el Oeste de EE. UU., que parecen como el patio trasero, con un tamaño modesto, de Man-

---

1. HARPER, F. A.: *Why wages rise*. The Foundation for Economic Education, New York, 1957, pág. 36.

hattan, limitado por Canadá y México y escasamente polinizado por diminutos puntos insignificantes: Chicago, Kansas City, Nebraska, Texas, Las Vegas y Los Ángeles.

La brillante parodia de Steinberg, que pretendía destacar la tendencia de los neoyorquinos de considerar otras regiones como menos importantes o distinguibles de lo que son en realidad, explica por qué algunas personas asumen que Warren Buffett y yo tenemos mucho en común. Después de todo, vivimos a unas tres horas de distancia en coche del mismo puntito en el mapa (Kansas City). Resulta que Warren y yo nos conocemos, y además de dirigir unas empresas rentables sitas en el Medio Oeste de Estados Unidos, a los dos nos gusta el golf; pero más o menos es ahí donde acaban nuestras similitudes. No sólo nuestras filosofías políticas difieren, sino que sucede lo mismo con nuestras filosofías empresariales y nuestras compañías.

Ciertamente, Berkshire Hathaway, al igual que Koch, tiene su sede en el Medio Oeste, e incluye un surtido de compañías que son aparentemente dispares. Warren compra compañías cuando su posición competitiva es atractiva, y si su gestión es buena, les asegura que no intervendrá excepto para decidir cómo invertir el flujo de caja. Entonces las deja, en gran medida, a su aire para que funcionen como lo hacían antes de su adquisición.

El modelo de Koch es distinto, y lo ha sido desde principios de la década de 1960, cuando yo me impliqué. Desde entonces, nuestra estrategia ha sido la de realizar adquisiciones cuando podemos generar valor adicional mediante la aplicación de nuestras capacidades. Esto es especialmente cierto cuando el potencial de la adquisición puede mejorar nuestros negocios existentes o generar nuevas plataformas para el crecimiento. Nuestras dos mayores adquisiciones (Georgia-Pacific y Molex) hacen todo lo descrito.

Pero no te equivoques: Aunque el modelo de crecimiento de Koch es actualmente más sistemático que el de Fred, sigue tratándose de un proceso de prueba y error. Las pruebas cuidadosamente pensadas son un suceso cotidiano en Koch, y ha habido muchos errores a lo largo del camino.

Desde 1940, Koch ha crecido desde ser una empresa emergente hasta ser la segunda mayor compañía privada de EE. UU., no porque resultara que nos encontrásemos en el sector adecuado en el momento correcto, o porque tengamos amigos en las altas esferas en Washington, cosa que alegan algunos detractores. En lugar de ello, Koch ha crecido mediante la innovación e identificando meticulosamente y adquiriendo empresas que son beneficiosas para nuestros clientes y para Koch en su conjunto.

Frecuentemente pienso en lo que hacemos como en una tarea de albañilería, o quizás, y más exactamente, como de mampostería. Una vez que se ha seleccionado cuidadosamente una piedra y se ha colocado, genera un nuevo espacio en el que el mampostero puede colocar otra piedra bien elegida. Cada piedra es distinta, pero todas encajan juntas para generar una estructura que se refuerza mutuamente.

Aunque los valores de Fred Koch supusieron una gran influencia sobre mí y nuestros Principios Rectores, la visión de negocio dirigida por las capacidades o competencias no formaba parte de su forma de pensar. Sin embargo, cuando seguía sus impulsos en direcciones donde teníamos aptitudes, los resultados solían ser excelentes: Winkler-Koch, Wood River, Rock Island y Great Northern.

Tal y como he mencionado en la introducción, en los últimos años de vida de mi padre, su salud hizo que estuviera cada vez más preocupado por la factura que los considerables impuestos de sucesiones se cobraría de la compañía que había cofundado. ¿Qué quedaría después de que él falleciese? Habiendo trabajado bajo el impuesto a los «beneficios excesivos» durante la Segunda Guerra Mundial, mi padre conocía muy bien la sensación de no ganar prácticamente nada al final de la jornada.

Debido a su preocupación, se resistía a las inversiones de capital, que limitaban las mejoras y la adición de más competencias. Sólo después de que pudiéramos poner en orden la herencia de mi padre de una forma razonable, se eliminó esa limitación, permitiendo esto que nuestro crecimiento se acelerara.

La primera capa de piedras: La recogida de crudo

Tenía treinta y dos años cuando sucedí a mi padre como presidente y director ejecutivo. En los años posteriores, Sterling Varner y yo nos centramos en incrementar el ritmo de crecimiento de nuestro negocio de recogida de crudo, generalmente reinvirtiendo el 90 % de los beneficios, tal y como Koch Industries hace en la actualidad. Bajo el liderazgo de Sterling, Koch creció para convertirse en la mayor empresa compradora y de recogida de crudo en EE. UU. y Canadá, pasando de sesenta mil barriles diarios en 1960 hasta más de un millón de barriles diarios en 1990.

Este excepcional crecimiento comenzó con una nueva visión: convertirse en el principal comprador de crudo siendo los más activos, proporcionando el mejor servicio y desarrollando las mejores relaciones con los productores de crudo. Ser activos, proporcionar el mejor servicio y desarrollar las mejores relaciones sigue describiendo nuestras aspiraciones en la actualidad, independientemente del negocio.

Cuando empezamos a aplicar esta nueva visión, la mayoría de nuestros clientes eran productores independientes, y nuestros competidores en la compra y transporte de crudo eran pequeñas compañías de transporte por camión o grandes compañías petrolíferas. Nuestra visión para obtener los negocios de los independientes consistía en ser más activos y proporcionar un mejor servicio a un coste inferior que nuestros competidores.

El punto de partida consistió en captar el negocio de los productores en cuanto se anunciaba la perforación (en lugar de esperar a que el pozo petrolífero fuera exitoso). También teníamos un camión en el lugar preparado para transportar el crudo en cuanto el pozo empezaba a producir.

Otra competencia que nos proporcionó una ventaja sobre nuestros pequeños competidores era que disponíamos de un balance general que (aunque no era como el de las principales compañías) proporcionaba al productor la confianza de que siempre le pagaríamos por el crudo (y que le pagaríamos rápidamente), incluso en circunstancias adversas. Además, demostramos que disponíamos de la organización y los sistemas para pagar a las personas adecuadas, incluso en los pozos con una propiedad compleja (algunos de esos pozos tenían docenas de propietarios).

Otra clave para nuestro crecimiento consistió en desarrollar la capacidad de construir oleoductos y de gestionar oleoductos y camiones de forma más económica que nuestros competidores. Esto era un curso básico de buen beneficio: proporcionar el mejor servicio sin complicaciones a nuestros clientes al menor coste para ellos y atraer a los mejores empleados basándonos en las oportunidades que ofrecíamos. Nuestro objetivo era (y sigue siendo) ser la contraparte de elección para nuestros clientes, vendedores, comunidades y empleados.

Ciertamente, hubo ocasiones en las que el destino se puso en nuestra contra y nuestras inversiones no rindieron beneficios, pero si no hubiésemos tenido la voluntad de invertir (o si no hubiéramos poseído suficiente capital para hacerlo), nunca nos habríamos distinguido de nuestra competencia.

A medida que nuestro volumen de crudo aumentó, en ocasiones fue difícil venderlo todo. Por lo tanto, empezamos a construir una competencia de negocio de crudo, lo que nos permitía asegurar a los productores que podíamos proporcionar un mercado para su crudo, incluso cuando hubiera un exceso. Éste fue el origen de las empresas de actividad comercial de Koch. El siguiente paso en nuestra evolución como «multicompañía», que es la razón por la cual la revista *Forbes* nos incluye en sus clasificaciones anuales de compañías privadas, consistió en buscar otras oportunidades para aplicar las capacidades que estábamos desarrollando en la recogida de crudo. Esto nos condujo hacia la recogida de líquidos de gas, el fraccionamiento y el negocio comercial, y al final nos convertimos en la mayor empresa de su categoría en Estados Unidos. Para hacerlo tuvimos que desarrollar competencias adicionales como el manejo y el almacenamiento de líquidos muy volátiles y separar la mezcla en productos puros.

Entonces usamos las capacidades desarrolladas para los líquidos de gas para desarrollar un almacenamiento, transporte y procesado de gas natural, y un negocio comercial. A su vez, nuestra posición en cuanto al suministro de gas natural hizo que nos dedicáramos a progresar en cuanto a las oportunidades de integración, como los fertilizantes nitrogenados.

Hacia principios de la década de 1970, Koch tenía tres conjuntos de competencias que nos proporcionaban tres oportunidades para sentar las bases para construir distintas estructuras. Se trataba de la recogida de crudo, el refinado de crudo y el desarrollo de elementos internos en las columnas de fraccionamiento: tres conjuntos de capacidades muy diferentes.

Una vez que empezamos, seguimos construyendo. La recogida de crudo nos permitió desarrollar negocios de recogida y procesado de líquidos de gas y de gas natural, y luego vinieron los fertilizantes.

El refinado de crudo proporcionó una base sobre la que desarrollamos una cierta cantidad de otros negocios relacionados con los procesos químicos: sustancias químicas, polímeros, fibras y pulpa de celulosa y papel, algunos de los cuales nos llevaron a los bienes de consumo.

El negocio de elementos internos de las columnas de fraccionamiento nos posicionó para los intercambiadores de calor, los quemadores, las chimeneas de combustión, la separación por membranas y otros sistemas de control de la contaminación, y el diseño y la construcción de plantas de gas.

La aparición de los productos y los procesos de fabricación inteligentes para estos sectores generó nuestro interés en los conectores y los sistemas eléctricos.

Hacer que todo esto funcionase requería de disponer de la gente adecuada en los puestos adecuados. Esto es algo en lo que empezamos a hacer hincapié incluso antes de codificar nuestro sistema de gestión, y fue una de mis principales prioridades al unirme a la compañía. Pese a su brusquedad, mi padre era, en realidad, un hombre muy bondadoso que tenía tendencia a mantener durante años a la gente en puestos que no se adaptaban a ellos.

Gracias a Dios, Sterling Varner permaneció en Koch durante sus primeros tiempos, cuando teníamos vendedores que bebían todo el día y secretarias que tenían dificultades para mecanografiar tres líneas seguidas. Sterling tenía buen juicio con respecto a estas cosas (y una norma de no beber mientras se está trabajando, excepto por un máximo de dos bebidas por las tardes, cuando los empleados estaban recibiendo a clientes). También ayudó a colocar a la gente adecuada en los puestos en muchos de nuestros nuevos negocios.

De vuelta al refinado y mucho más que eso

No subestimes el valor de la experiencia de trabajo que tengas como adolescente y adulto joven. Como adolescente había trabajado en campos petrolíferos a lo largo de varios veranos. En Arthur D. Little había llevado a cabo trabajo de consultoría para Exxon (llamada Standard Oil of New Jersey hasta 1972).

Y durante seis meses, en 1962, trabajé primero como ingeniero y luego como vendedor en la refinería de la Great Northern Oil Company en Minnesota. Disponía de una ventaja competitiva con un fuerte mercado para productos refinados en las Ciudades Gemelas de Minnesota. También se beneficiaba de una atractiva posición en el suministro de crudo al estar situada cerca de la creciente producción de crudo pesado de Canadá.

Basándome en parte en estas primeras experiencias de trabajo, creía que podíamos triunfar y crecer en el refinado y, ciertamente, la adquisición por parte de Koch en 1969 de una participación mayoritaria de la Great Northern Oil Company (GNOC) fue la plataforma que nos permitió entrar en muchos de los negocios en los que estamos actualmente.

La adquisición de la GNOC no fue una transacción sencilla y sin complicaciones. Requirió de la aplicación de los nuevos conceptos que había empezado a aprender, como el espíritu empresarial y el valor subjetivo, e incluso uno incluso más novedoso: la estructuración de acuerdos.

Después de que satisficiésemos los impuestos de sucesión de mi padre, uno de mis primeros pasos fue el abordar a Union Oil con respecto a la compra de su participación del 40 % en la Great Northern Oil Company. Respondieron con una oferta con un precio considerablemente por encima del mercado que rehusamos. Entonces empezaron a intentar vender su participación a compañías de refinado independientes, sugiriendo que los potenciales compradores podrían conseguir el control adquiriendo también la participación de J. Howard Marshall.

Para contrarrestar este movimiento, acudí a J. Howard, que había sido socio nuestro desde 1959. Yo tenía una idea que sólo funcionaba porque él mantenía la misma confianza inmensa en mí que había tenido en mi difunto padre. Le sugerí que agrupara el 15 % de sus participaciones accionarias con nuestro 35 %, formando un *holding* empresarial con una participación mayoritaria en GNOC. En el futuro, le prometí, intercambiaríamos la participación de J. Howard por acciones de Koch Industries, Inc. (KII), convirtiéndole así en accionista de KII (dadas las peculiaridades del código tributario, si simplemente le hubiera ofrecido acciones de KII o incluso acordado una relación de canje, esto habría hecho que él hubiera tenido que tributar por el intercambio).

A pesar de contar sólo con mi palabra de que llevaríamos a cabo un intercambio justo en el futuro, J. Howard no lo dudó. Negoció de buen grado sus acciones de GNOC (por las cuales otros compradores le habrían pagado una prima de control) por acciones en minoría en una nueva filial de Koch. Una vez que poseímos el 50 % de GNOC, pudimos negociar las acciones de Union Oil a la baja hasta alcanzar un precio razonable: 25 millones de dólares.

Una confianza así es extremadamente rara en el mundo de los negocios (o en la vida), pero le valió muchísimo la pena a J. Howard, multiplicando por mucho su patrimonio neto a medida que Koch creció. «Resultó ser el mejor trato que hice nunca», escribió más tarde. Para Koch Industries resultó ser una pieza fundamental para nuestro extraordinario crecimiento. Esta transacción ilustra claramente por qué las transacciones voluntarias mutuamente beneficiosas basadas en la confianza son el sello distintivo de la libertad económica y son vitales para un buen beneficio.

Great Northern se convirtió en Koch Refining, y sus capacidades permitieron que otras partes de Koch entraran en nuevos negocios. La propia Koch Refining (actualmente Flint Hills Resources) se ha diversificado ampliamente entrando en los sectores de los productos químicos, los polímeros, los lubricantes y los biocombustibles.

Hemos adquirido siete plantas de etanol desde 2010, además de activos y tecnología para producir otros biocombustibles. Al contrario que otros en el sector, hemos defendido poner fin a las desgravaciones gubernamentales por el etanol (que acabaron por eliminarse en 2011), pese a que nos beneficiábamos de ellas; y seguimos defendiendo la eliminación del mandato gubernamental de emplear etanol en la gasolina.

¿Por qué? Porque, tal y como he apuntado en la introducción, creemos que el bienestar corporativo reduce (en lugar de incrementar) el bienestar en la sociedad. En cualquier caso, mediante una combinación de innovaciones, creemos que podemos hacer que nuestras instalaciones de etanol sean constantemente rentables mediante medios económicos en lugar de a través de medios políticos (*véase* el capítulo 8).

Estas nuevas actividades no han significado que hayamos desatendido nuestras refinerías. Por el contrario: seguimos invirtiendo fuertemente para anticiparnos y satisfacer las condiciones de mercado y medioambientales siempre cambiantes relativas al refinado. Esto incluye satisfacer los estándares restrictivos sobre las emisiones y el uso de energía, y el procesado eficiente de los nuevos suministros de crudo resultantes de las innovaciones con la lutita bituminosa y las arenas de alquitrán. Éstas ya se han convertido en una bendición para la economía de EE. UU. y Canadá, proporcionando una energía más barata y fiable a cientos de millones de personas y un considerable buen beneficio a muchas compañías.

Nuestra convicción de que el crudo de las arenas de alquitrán canadienses beneficia a la economía estadounidense es la razón por la cual estamos a favor del Oleoducto Keystone. Algunos de nuestros detractores alegan que obtendremos un beneficio de 20 000 millones de dólares si se construye el Oleoducto Keystone, pero eso es pura fantasía.

Estimamos que Keystone incrementaría el precio que pagamos por el crudo canadiense aproximadamente tres dólares por barril porque reduciría los costes de transporte hasta los destinos distintos a nuestra refinería. Recientemente hemos estado comprando unos 240 000 barriles diarios de crudo canadiense para operar nuestra refinería de Minnesota. Nuestra producción de crudo canadiense ha sido de menos de cien barriles diarios. Por lo tanto, si Keystone hubiera estado en funcionamiento habría reducido los beneficios generales de Koch Industries en 260 millones de dólares anuales.

Para que el oleoducto hubiera hecho que Koch hubiera sido aunque sólo fuera un dólar (y ya no hablemos de 20 000 millones de dólares) más rentable, tendríamos que incrementar nuestra producción canadiense más de 2000 veces, lo que queda fuera del ámbito de la posibilidad.

Una capa de comprensión

En el refinado, al igual que en todos los negocios, desarrollar una comprensión superior de nuestros mercados ha sido fundamental para nuestro enfoque y nuestro éxito. En la década de 1970 empezamos a desarrollar el conocimiento de mercado y el análisis cuantitativo de primer orden, y a extender nuestra cobertura mundial y nuestros activos físicos. Disponer de una buena inteligencia global es esencial en la actualidad, dadas las mejoras en las comunicaciones y el transporte que hacen que los mercados sean globales. Como cada país tiene distintas normas, culturas y lenguas que requieren de experiencia sobre el terreno, operar en multitud de países es mucho más difícil y requiere de un nuevo conjunto de competencias.

Las capacidades cuantitativas y de gestión de riesgos que desarrollamos para el *trading* de materias primas nos ayudó a desarrollar unas capacidades superiores para invertir nuestros sustanciosos activos financieros y fondos de pensiones. Esto resultó tener un valor incalculable para permitir a Koch conservar capital cuando la crisis financiera golpeó en 2008.

Mi hermano David ejemplifica la importancia de una visión y comprensión compartidas. Gracias a su liderazgo y su voluntad de reinvertir los beneficios para un crecimiento continuo, el equipamiento de procesos de Koch y su negocio de ingeniería han crecido multiplicándose por más de mil desde 1961 (la fe de mi padre en el potencial de David como ingeniero dio en el clavo).

David se unió a Koch Engineering en 1970 como gerente de servicios técnicos y se convirtió en presidente de Koch Engineering en 1979. Él y su equipo han expandido y ampliado enormemente sus líneas de producto y sus capacidades, transformándolas en el Koch Chemical Technology Group (KCTG). El KCTG es ahora líder en varios negocios de tecnología de procesos, incluyendo la transferencia de masas, la combustión, el control de la contaminación, la transferencia de calor, la separación por membranas y el diseño y la construcción de plantas de gas. Los procesos y el equipamiento para los procesos de calidad superior como éstos permiten obtener combustibles y sustancias químicas de forma más eficiente, con una mayor pureza y con menos emisiones. Los sistemas de separación por membrana de KCTG permiten que las aguas residuales se transformen en agua potable, lo que supone otro ejemplo de creación de valor.

Un experimento importante

Aunque puede que a un observador externo no le parezca así, el negocio de los productos forestales tiene muchas características en común con el refinado de crudo. La obtención de la pulpa de madera no sólo emplea procesos químicos como el refinado de crudo, sino que ambos procesos pueden implicar una amplia variedad de materias primas para producir una amplia variedad de productos. Ambos negocios se benefician de disponer de unas buenas capacidades de ingeniería, optimización, actividad comercial y logística.

Reconociendo todo esto, en 2004 el grupo de desarrollo de negocio de Koch facilitó la adquisición de una pequeña empresa comercial de productos forestales. Tras andar detrás, sin éxito, de varias otras empresas de este sector, supimos que Georgia-Pacific (GP) estaba insatisfecha con el precio de sus acciones, que la gerencia creía que era bajo debido a la percepción de que GP era una compañía de materias primas (a pesar de que casi la mitad de su negocio consistía en bienes de consumo como papel higiénico y servilletas/toallitas, platos y vasos de papel).

Para cambiar esa percepción, GP ha estado intentando vender activos de materias primas como dos plantas de celulosa. Abordamos a la dirección de GP y tuvimos éxito con la compra de esas plantas por 610 millones de dólares en 2004.

Consideramos esta adquisición como un importante experimento. ¿Aplicarían nuestra MBM y las capacidades de nuestras industrias de procesos químicos también a los productos forestales? El resultado de este experimento determinaría si los productos forestales deberían formar parte de que la visión de Koch avanzara. Determinamos rápidamente que nuestra compra del negocio de pulpa de papel de GP había tenido éxito cuando la aplicación de la MBM incrementó tanto los ingresos corrientes como las oportunidades futuras. Naturalmente, entonces empezamos a buscar mayores oportunidades en ese campo.

En 2005, respiramos hondo e hicimos una oferta por todo GP, lo que requirió que obtuviéramos el mayor segundo gravamen de la historia en esa época. Fue una adquisición por valor de 21 000 millones de dólares: 5 veces mayor que la adquisición que implicó a INVISTA, que era la mayor que habíamos hecho hasta entonces.

Las capacidades adicionales y las plataformas de crecimiento que Georgia-Pacific proporcionó a Koch en los sectores de los productos forestales y los bienes de consumo fueron bastante importantes. GP era el mayor suministrador de pañuelos desechables del mundo y producía muchas de las principales marcas de consumo norteamericanas, como Quilted Northern®, Angel Soft®, Brawny®, Sparkle ® y Dixie®. También era líder en otros segmentos del sector de los productos forestales: especialmente de productos para la construcción y el empaquetado, con marcas destacadas como los productos de yeso Dens® y la madera contrachapada Plytanium ®.

Más diversificación

Usando este mismo enfoque dirigido por las capacidades (de esforzarse siempre por expandir y mejorar las formas en las que entregamos valor a nuestros clientes), nuestro equipo de desarrollo de negocio identificó el sector del vidrio como oportunidad para nosotros en 2006. Esto acabó dando lugar a nuestra adquisición, en 2012, de una participación del 44,4% de Guardian Industries. Guardian, con sede en Michigan, es un fabricante de vidrio a nivel mundial que elabora el vidrio energéticamente eficiente que se usa en los hogares, las oficinas y los rascacielos; vidrio laminado para el sector de la automoción; espejos y otros productos de vidrio con recubrimiento y productos de vidrio especial.

Nuestra segunda mayor adquisición es Molex, un fabricante líder a nivel mundial de conectores electrónicos y de otros componentes para teléfonos inteligentes, ordenadores, automóviles y prácticamente cualquier otro aparato. Molex se esfuerza por identificar y satisfacer necesidades no cubiertas de los clientes mediante la innovación rápida y la comercialización de nuevos productos (incluyendo aquellos importantes para otras empresas de Koch, como Georgia-Pacific y Guardian).

Algunos quedaron sorprendidos por la compra de Molex por parte de Koch: no podían ver la lógica tan fácilmente como en el caso de INVISTA y GP, que pertenecían, ambas, al sector de los procesos químicos. Pero para comprender dónde ve Koch una oportunidad, se debe recordar que somos una compañía orientada por la capacidad. Estamos convencidos de que las cinco dimensiones de las fortalezas fundamentales de la MBM y de Koch, como la excelencia comercial, puede permitir a Molex generar un valor superior y ayudar a convertirla en otra plataforma fuerte para el crecimiento. El beneficio es mutuo. Las capacidades electrónicas y de la tecnología de la información de Molex pueden potenciar considerablemente los otros productos y procesos y sistemas empresariales de Koch.

En la actualidad, Koch Industries está formada por cinco grupos empresariales principales (*véase* el apéndice A), varias inversiones minoritarias y la Matador Cattle Company, todas las cuales se benefician de la MBM y comparten lecciones sobre cómo aplicarla. Estos negocios también se benefician de nuestras seis aptitudes centrales en distintos grados (*véase* el capítulo 6).

Esto incluye nuestro negocio de ganadería, que ha crecido desde las inversiones originales de Fred Koch para convertirse en uno de los mayores negocios de vacas/terneros de Estados Unidos. La Matador Cattle Company se especializa en la crianza de vacunos Akaushi, que es una raza creada por los japoneses a lo largo de noventa años de rigurosa selección genética. El marmoleado de la carne de Akaushi es mucho más monoinsaturado que el de otras razas, haciendo que sea la más sana para el corazón. Además, es la carne de vacuno más tierna y deliciosa.

Los grandes planes frente al descubrimiento experimental

Esta breve historia de la compañía puede que deje la impresión de que nuestra experiencia ha sido una de resultados que siempre mejoraban, con un éxito tras otro, cada uno de ellos desarrollándose sobre el anterior. Nada podría alejarse más de la realidad.

Antes de que Koch encontrara un nicho de mercado con el vacuno Akaushi, nuestro negocio agrícola pasó por una fase de «exuberancia irracional» a mediados de la década de 1990. Nuestro plan consistía en producir unos filetes de calidad superior para venderlos a unos precios elevados, revolucionar la molienda de cereales y su horneado y convertirnos en un líder en el sector del pienso para animales de granja y de rancho (ganado) mediante nuestra adquisición de Purina Mills.

Hablamos de captar «la extensión que va del gas al pan»: un apunte taquigráfico de la cadena de producto que creíamos que podíamos suministrar: desde gas natural hasta abonos nitrogenados, cereales y harina… hasta masa de pizza lista para su venta en las estanterías de los supermercados.

He mencionado anteriormente que ha habido muchos errores en nuestro enfoque de prueba y error. Un buen enfoque de prueba y error analizaría la validez de una aventura tal a gran escala antes de lanzarse de cabeza. El tamaño del experimento debería haberse limitado en proporción al potencial ajustado en relación con el riesgo de la oportunidad.

Pasamos por alto aplicar este modelo experimental de descubrimiento a nuestra teoría de «la extensión que va del gas al pan», y sufrimos unas importantes pérdidas como resultado de ello. Y en un cruel giro de la ironía, nuestro inventario de masa de pizza no vendida fue usado como alimento para los animales de nuestro rancho.

La cuestión es que el progreso (ya sea en una empresa, en una economía o en la ciencia) se manifiesta a través de la experimentación y el fracaso. Aquellos que prefieren un «gran plan» por encima de la experimentación no logran entender el papel que los experimentos fracasados desempeñan en generar progreso en la sociedad. Los fracasos señalan rápida y eficientemente lo que no funciona, minimizando el despilfarro y redirigiendo unos recursos escasos a lo que sí funciona. Una economía de mercado es un proceso experimental de descubrimiento en el que los fracasos de los negocios son inevitables y cualquier intento por eliminarlos no asegura sino fracasos incluso más sonados.

Para que el descubrimiento experimental funcione, debemos no sólo diseñar experimentos adecuadamente, sino también *reconocer* cuándo estamos experimentando, de modo que podamos limitar la apuesta correspondientemente. Las compañías de Koch han sufrido siempre que hemos olvidado que estábamos experimentando e hicimos apuestas como si los riesgos fueran pequeños, cuando no lo eran.

Una de nuestras peores de esas apuestas implicó unas posiciones comerciales exageradas en petróleo y camiones cisterna a principios de la década de 1970. Durante la crisis de la OPEP de 1973-1974, nos vimos atrapados en posiciones que iban más allá de nuestra capacidad de gestión, dejándonos con unas grandes pérdidas al retener los países árabes su suministro de crudo, provocando esto que el mercado de los camiones cisterna colapsase. Eso supuso, ciertamente, una gran experiencia de aprendizaje, pero no estoy seguro de que pudiera volver a soportar esa cantidad de aprendizaje.

Me gustaría decir que éstos fueron los únicos fracasos en los negocios de Koch, pero ha habido muchos otros *(véase* el apéndice B). Irónicamente, un factor clave de nuestro éxito ha sido la voluntad de admitir esos errores y mitigar nuestras pérdidas a tiempo. En lugar de dilapidar nuestro recurso más escaso (el talento) intentando salvar un negocio marginal, hemos aprendido a centrar ese recurso en oportunidades con un potencial real.

Por poner todo esto en perspectiva, aquí tenemos un pensamiento que abre los ojos: las pérdidas de todos nuestros malos tratos juntos son menores que todos los beneficios que nos perdimos de sólo una de las principales oportunidades que no logramos captar. Éstas incluyen refinerías de crudo, reservas de crudo, compañías de fertilizantes y compañías químicas, cualquiera de las cuales habría generado unos beneficios superiores a esas pérdidas si las hubiéramos comprado en el momento adecuado.

Nótese, sin embargo, que muchas de las empresas que hemos vendido o de las que nos hemos salido no fueron fracasos. Fueron éxitos, pero entonces llegaron a un punto en su ciclo vital en el que creíamos que ya no podíamos generar suficiente valor con ellas. Por lo tanto, se volvieron más valiosas para alguna otra persona.

Dadas las diferencias en las capacidades y las circunstancias de cada compañía, el valor de cualquier empresa o planta dada variará enormemente entre una compañía y otra. Todos tenemos razones para valorar un producto, un servicio o una oportunidad por encima de otra. Nuestra práctica de salirnos de negocios con un potencial limitado para nosotros y centrarnos en unos con un mayor potencial ha sido un elemento clave de nuestro éxito.

«La piedra que desecharon los constructores ha venido a ser la piedra angular» es un versículo de la Biblia con relevancia para Koch, teniendo en cuenta todas las piedras que hemos elegido a medida que hemos crecido. Algunas han encajado para nosotros, y algunas no (pero eso no significa que no se vayan a convertir en la piedra angular del edificio de otra persona).

Con cada piedra que escogemos, la forma de la siguiente se vuelve evidente.

CAPÍTULO 3

Reinas, chicas de las fábricas y Schumpeter

Los increíbles beneficios (a veces aterradores) de la destrucción creativa

«El logro capitalista no consiste normalmente en proporcionar más medias de seda para reinas, sino en hacer que estén al alcance de las chicas de las fábricas a cambio de reducir constantemente las cantidades de esfuerzo».

JOSEPH SCHUMPETER[1]

Mi esposa, Liz, bromea diciendo que sabía que cuando nos casamos en 1972 ella tendría una vida muy interesante, pero no se dio cuenta de que habría momentos de *verdadero terror*. Uno de esos momentos llegó no mucho después de que nos casáramos. Estábamos viviendo en mi abarrotado apartamento de soltero, rebosante de libros, donde me había instalado después de regresar a Wichita desde Boston. Como la sede central de Koch se encontraba

---

1. SCHUMPETER, J. A.: *Capitalism, socialism, and democracy*. Harper Perennial, Nueva York, 2008, pág. 67. (Trad. cast.: *Capitalismo, socialismo y democracia*. Página Indómita: Barcelona, 2015).

en Wichita, donde los dos habíamos nacido y nos habíamos criado, Liz y yo teníamos la intención de echar raíces y criar a nuestra familia aquí (Elizabeth nació en 1975 y le siguió Chase en 1977).

En 1974, iniciamos la construcción de la que sería nuestra primera casa, justo mientras Koch Industries estaba experimentando algunos de sus momentos más oscuros como compañía. La crisis del petróleo árabe, que se dio al mismo tiempo que los controles de los salarios y los precios en EE. UU., supuso para la compañía una situación en la que llovía sobre mojado. Me preocupaba mucho que pudiera llevarnos a la bancarrota.

Una noche estaba sentado en el borde de los cimientos de nuestra casa, que se habían acabado de excavar, con mis pies colgando de el agujero, pensando en el gran error que pudiera ser que estuviéramos cometiendo. Me preocupaba que, si la compañía se iba a pique, esta casa también me arrastrara con ella. «Bueno –le dije a Liz–, no es demasiado tarde. Podemos, simplemente, cancelar el resto de la construcción y volver llenar de tierra esta fosa».

A pesar de algunas lecciones dolorosas, tanto la compañía como la excavación lograron sobrevivir. De hecho, seguimos viviendo en esa casa en la actualidad (cierto es que se ha redecorado algunas veces desde la década de 1970, pero nunca se ha remodelado). Pese a que, al final, las cosas salieron bien, esa experiencia me enseñó lo que una pérdida capaz de cambiarte la vida puede hacer con tus nervios.

Liz también comprende esto. Su abuelo, Allen Hinkel, trabajó para el Wallenstein & Cohn Boston Store, y acabó por adquirir toda su propiedad en 1924. Lo renombró como los grandes almacenes Hinkel's, y tuvo catorce locales por todo el sudoeste de EE. UU. en su mejor momento. Liz empezó a trabajar, en la venta al por menor, en dos de los almacenes de Hinkel's en la región de Wichita cuando tenía trece años. Para cuando cumplió los veintidós años, había ascendido hasta el puesto de encargada de compras de prendas para las secciones de mujeres y jóvenes, un papel que implicaba una buena dosis de visión para los negocios y responsabilidad, cosa que recibió rápidamente con los brazos abiertos. No ha hecho sino volverse más diestra con la edad.

En la década de 1970, la mayoría de los grandes almacenes de propiedad familiar siguieron el camino de los dinosaurios mientras los clientes elegían cadenas de comercios minoristas con descuentos, como Kmart, en lugar de los negocios familiares como el de Hinkel's, cuyo servicio al cliente personalizado se ofrecía al coste de unos precios más elevados. En el otro extremo del espectro del comercio minorista, las tiendas especializadas más pequeñas (con unos menores gastos generales) competían exitosamente contra los grandes almacenes de tamaño considerable como Hinkel's, siendo esto otra novedad que llevó a muchos a la quiebra.

Luego llegó la pérdida de los ingresos por intereses generados por las tarjetas emitidas por las tiendas Hinkel's una vez que los consumidores empezaron a usar las tarjetas American Express, Visa y Mastercard para hacer sus compras. Para empeorar más las cosas, Hinkel's tenía que pagar unas comisiones a los bancos por las compras hechas con esas tarjetas (frecuentemente de hasta el 5 %), por lo que el beneficio neto de las tarjetas de crédito se convirtió en una pérdida neta. Eso básicamente acabó con Hinkel's y con numerosos grades almacenes de propiedad familiar como él mucho antes de que Internet amenazara a los minoristas con negocios físicos con la creación destructiva.

Los empresarios de éxito se encuentran sobre un terreno que «se desmorona bajo sus pies»,[2] decía Joseph Schumpeter, que impartió clases en Harvard en las décadas de 1930 y 1940 y es uno de los economistas más importantes el siglo XX. Sus observaciones sobre la endeblez del éxito son una dura realidad a la que se enfrenta todo negocio asentado.

En Koch sabemos, desde hace mucho tiempo, que no hay forma de esquivar esta realidad. Tal y como Adam Smith apuntó hace tres siglos, mucha gente ha intentado proteger sus negocios mediante medios políticos, pero siempre en detrimento de la sociedad en su conjunto. En lugar de seguir esta práctica, Koch se esfuerza por

---

2. Citado en «Joseph Schumpeter: In praise of entrepreneurs», sección de «Libros y artes», *The Economist,* n.º 28, 2007, pág. 94.

impulsar lo que Schumpeter llamaba *destrucción creativa,* generando «el nuevo producto, la nueva tecnología, la nueva fuente de suministro, el nuevo tiempo de organización».[3]

En 2014, Liz y yo disfrutamos de un viaje único en la vida a Francia con nuestros hijos y nietos para celebrar su septuagésimo cumpleaños. Vimos muchas cosas que admirar mientras estuvimos allí, pero negué con la cabeza ante la nueva ley francesa que pretendía mantener la rentabilidad de las pequeñas librerías independientes prohibiendo el reparto de libros con descuento por parte de minoristas *online.*

Soy una persona de buena fe. Mi casa contiene más libros de los que nunca tendré tiempo para contar, y las paredes de mi oficina en Wichita están también recubiertas de ellos. Sin embargo, por mucho que me gusten los libros, creo que obligar a la gente a tratar con condescendencia a las librerías pequeñas es algo irrespetuoso con los consumidores franceses. Además, pasa por alto la realidad de que el suelo se está desmoronando bajo el viejo modelo de la venta de libros.

El papel de las empresas es el de respetar y satisfacer lo que los clientes valoran (incluso aunque sean otras formas de *marketing)* en lugar de ejercer presión política sobre el Gobierno para exigir qué se puede ofrecer y qué no. Tales actividades suponen la principal forma de falta de respeto hacia los clientes. En una sociedad que maximiza el bienestar de la gente, las empresas sólo obtendrían beneficios si estuvieran haciendo un buen trabajo a la hora de escuchar y responder a unas necesidades y deseos cambiantes.

Cuando las compañías hacen eso bien, el negocio se beneficia, y también lo hace la sociedad; pero hacerlo requiere de una profunda aceptación y comprensión del hecho de que las necesidades y los deseos de los clientes están evolucionando constantemente.

Lo que esto significa, por ejemplo, es que los ordenadores centrales se verán reemplazados por ordenadores personales, si se respeta a los clientes. Ciertamente, esto puede parecerte horrible si eres un fabricante de ordenadores centrales (o el propietario de una librería pequeña, o una refinadora de crudo que se enfrenta a una demanda

---

3. SCHUMPETER, J. A.: *Capitalism, socialism, and democracy, op. cit.,* pág. 84.

decreciente de gasolina, si vamos al caso). Sin embargo, esto no hace sino reforzar la importancia de estar en sintonía con los deseos cambiantes de tus clientes, anticiparte a ellos y desarrollar la capacidad de satisfacerlos cuando seas capaz de hacerlo.

No hay forma de esquivar las condiciones necesarias para generar un buen beneficio. El sistema debe permitir que aquellos que lleven a cabo el mejor trabajo a la hora de hacer que los clientes estén satisfechos triunfen. Sólo entonces se beneficiarán tanto las compañías como los clientes. «El [...] proceso de la mutación industrial [...] revoluciona incesantemente la estructura económica desde el interior, destruyendo incesantemente la anterior y creando incesantemente una nueva. Este proceso de destrucción creativa es la verdad esencial del capitalismo»,[4] escribió Schumpeter.

A largo plazo, el concepto de Schumpeter de la destrucción creativa beneficia prácticamente a todos los que viven en una sociedad que la permite, incluso aunque no sea algo inmediatamente evidente para los propietarios o los empleados de un negocio cuyo suelo se ha derrumbado bajo ellos.

Cuando un negocio triunfa mediante la destrucción creativa, se extiende una reacción en cadena a lo largo de toda una variedad de negocios y comunidades, dañando a algunos y ayudando a otros, pero en su conjunto hace que la gente en una sociedad esté mejor.

La lógica frente a los sentimientos

Mientras crecía, vi cómo a mis padres les preocupaba mucho la gente, pero de distintas formas. Mi madre hacía un gran hincapié en las necesidades de otras personas y tenía un profundo sentimiento de compromiso con toda la gente a la que conocía. Era una mujer muy sensible. Para mi forma de pensar, centraba su atención hacia los demás hasta tal punto que a veces iba en su contra. Se sentía culpable si rechazaba invitaciones o peticiones de personas por las que se

---

4. Ibíd., pág. 83.

preocupaba, incluso aunque eso implicara estar en cuatro sitios al mismo tiempo.

En varios sentidos, mi madre era un contrapeso perfecto para mi padre, cuya preocupación (especialmente con respecto a la difusión del comunismo) era más impersonal. «El trabajo técnico no tiende a hacer un individuo muy humano de una persona», admitía en una carta dirigida a uno de sus amigos.[5]

Al igual que mi padre, yo tengo una mente matemática e impulsada por la lógica, y me veo equilibrado por mi mujer, que se centra en la gente y es intuitiva (no permitáis que mi relato sobre Bérgamo os lleve a pensar que no me encantan los italianos. El apellido de soltera de Liz es Buzzi, y me he beneficiado de su cordialidad y lealtad desde que nos conocimos, hace cuarenta y ocho años).

Esta tensión entre la lógica y los sentimientos (siempre presente en la destrucción creativa) me ha intrigado desde hace mucho. Recuerdo un largo y acalorado debate sobre filosofía política que mantuve con la novia neoyorquina de mi hermano David en la década de 1960. Mientas discutíamos, ella adoptó unas posturas cada vez más extremadas en cuanto al grado en el que el Gobierno debería dirigir la vida de la gente, por el supuesto bien de la mayoría, tal y como ella lo interpretaba.

Por último, le pregunté si creía en la protección de los derechos individuales recogidos en nuestra forma constitucional de gobierno. Me respondió que no. El Gobierno, argumentaba, debería ser libre de actuar como desease la mayoría.

La reté: «Si fueras pelirroja, ¿estaría bien que la mayoría votase que se matara a todos los pelirrojos?». Esto acabó con su argumento agresivo y la hizo llorar. Las raíces de su sistema de creencias quedaron tan destrozadas que siguió llorando la mañana siguiente.

Su reacción me causó una impresión tan profunda que sigo pensando en ello cinco décadas después. Me ayudó a comprender qué hace falta para que la gente se enfrente a unas convicciones profundamente arraigadas basadas no en los hechos ni en la lógica, sino en

---

5. Carta de Fred Koch al doctor Walter F. Rittman.

los sentimientos. Puede que esto no le parezca algo cómodo a algunos, pero si el objetivo es proporcionarle a la chica de la fábrica las mismas medias de seda (o incluso las mejores medias hechas de nuestro nailon o LYCRA®) que las que lleva Kate Middleton, la esposa del príncipe Guillermo de Gales, entonces la lógica (y la historia) nos dicen que la destrucción creativa impulsada por el mercado es mucho mejor que el que el Gobierno limite el progreso mediante la protección de las empresas asentadas.

Por supuesto, la parte negativa es la incomodidad de saber que puede que el trabajo de esa chica de la fábrica no exista el año que viene si sus empleadores sucumben a la destrucción creativa. Esa consideración no es cosa menor.

No fingiré que esto no provoque estrés, o incluso verdadero terror, a la chica de la fábrica; pero sí que estoy seguro de esto: su nivel de vida será muchas veces mejor en una sociedad que permita la destrucción creativa que en una sociedad que no la permita, ya que la tasa de innovación y el nivel de productividad serán muy superiores.

La generación de valor es el aspecto positivo de la destrucción creativa. Hace que la vida de la gente sea mejor, contribuyendo así al bienestar en la sociedad. Una compañía exitosa genera valor proporcionando productos o servicios que los clientes valoran mejor que sus alternativas, como unos libros más económicos entregados en casa en lugar de unos libros más caros colocados en estanterías en tiendas pequeñas. Un negocio exitoso no obtiene un buen beneficio intentando obligar a los clientes a comprar sus libros en librerías independientes. Eso es un mal beneficio.

El buen beneficio procede de responder a los clientes que ofrecen su dinero para que una página web sin rostro y sus algoritmos les entreguen libros en su casa, o para adquirirlos en unos grandes almacenes que venden muchas más cosas además de libros.

Una vez más, responder a los clientes es el papel adecuado de los negocios en la sociedad. La antaño popular Blackberry se volvió poco rentable porque, aunque era eficaz para la comunicación directa, tiene muchas menos aplicaciones, lo que hace que el acceso a Internet sea más difícil que con un iPhone. Las antiguas plantas siderúrgicas terminaron perdiendo frente a las miniplantas acereras, más eficientes, que procesaban chatarra en lugar de mineral de hierro. Los colmados y comercios especializados se vieron reemplazados por supermercados. En cualquiera de los casos, los consumidores acabaron ganando.

Cuando un negocio no rentable se ve sostenido por subsidios o protegido mediante medios políticos (como la ley francesa que afectaba a los envíos de libros), no está usando los recursos eficientemente. Las pérdidas indican que los consumidores valoran mejor otros usos para esos recursos. El uso ineficiente de recursos, al repetirse a lo largo y ancho de la sociedad, erosiona gravemente el bienestar. El apoyar artificialmente a empresas es malo para los consumidores de esos negocios, ya que el cambio es inevitable. Las empresas a las que no se les permite experimentar la perturbación natural, suelen estar sujetas a conmociones mucho más graves y a unas adaptaciones más difíciles. Mucha gente en lugares como Detroit saben esto muy bien. Los empleados de empresas que no evolucionen perderán su trabajo pronto.

Al desarrollar la Gestión Basada en el Mercado, no me base en los pensadores y las sociedades que condenan a la gente a toda una vida de pobreza, dependencia y desesperanza. En lugar de ello, la MBM bebe de la sabiduría de filósofos, economistas y psicólogos dispuestos a enfrentarse a la realidad y emplear la lógica, aceptando los sentimientos periódicos de verdadero terror que le acompañan.

La libertad económica como condición para la destrucción creativa

Como las organizaciones son sociedades en miniatura, la MBM, al implementarla correctamente, consigue los mismos resultados positivos que las economías nacionales libres que generan un bienestar y oportunidades generalizados. Las sociedades libres generan estos beneficios incluso cuando no disponen de grandes dotes naturales. Hong Kong y Singapur, por ejemplo, no se vieron bendecidos con unos recursos naturales abundantes, pero su nivel de vida se encuentra entre los más altos de mundo.

Aunque es cierto que no tienen el mismo nivel de libertad social y política que Nueva Zelanda o Suiza, ofrecen a la gente la mayor libertad económica en comparación con el resto de los países del mundo y, así pues, algunas de las mayores oportunidades.

El Índice de Libertad Económica en el Mundo del Fraser Institute tiene en cuenta muchos factores que afectan a la capacidad de la gente de un país concreto de elegir cómo trabaja, produce, consume e invierte. Esos factores incluyen el derecho a la propiedad, el libre comercio, una moneda sólida y unas regulaciones perjudiciales.

Una mayor libertad económica está fuertemente correlacionada no sólo con unos mayores ingresos per cápita, sino con una mayor esperanza de vida, una mejor calidad medioambiental, una mejor salud y educación, menos corrupción y unos mejores estándares de vida, especialmente para los pobres.

ÍNDICE DE LIBERTAD ECONÓMICA Y PIB

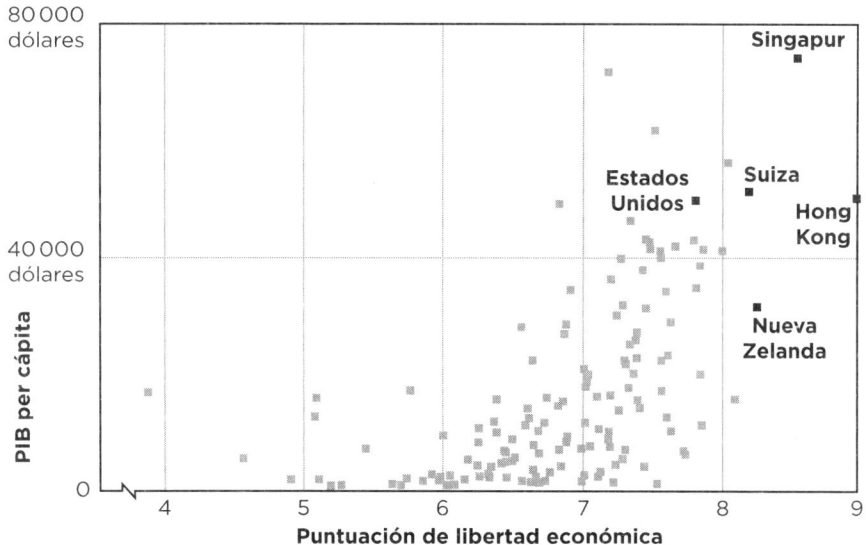

Datos cortesía del *Informe Anual de 2014 de Libertad Económica en el Mundo* del Fraser Institute.[6]

6. Basado en datos disponibles a lo largo del año 2012. Autoría: James Gwartney, Robert Lawson, y Joshua Hall, y publicado por el Fraser Institute (www.fraserinstitute.org).

El estudio empírico debería llevarnos a concluir que el bienestar a largo plazo y generalizado es mucho más probable en las sociedades libres. Del mismo modo, los ejemplos de prosperidad en las sociedades que no son libres (que se basan en cosas como unos recursos naturales superiores) son contados y frecuentemente efímeros. La vida para la inmensa mayoría de las personas que no se han visto bendecidas con una existencia en una sociedad libre ha sido, tal y como expresa Hobbes, «pobre, desagradable, tosca y corta».[7]

Las empresas pueden generar mucho más bienestar en las sociedades libres que están ordenadas mediante la cooperación voluntaria y la competencia que en las sociedades no libres ordenadas mediante mandatos gubernamentales. En una sociedad con unas normas de conducta justa, para beneficiarnos nosotros debemos beneficiar a otros. Adam Smith resumió este proceso cuando escribió: «No es de la benevolencia del carnicero, el cervecero o el panadero de la que esperamos nuestra cena, sino de su consideración por su propio interés».[8]

El propio interés suele confundirse con el egoísmo o el ensimismamiento en los diccionarios y libros de texto actuales. El respeto de Alexis de Tocqueville por el propio interés iluminado que observé en la economía estadounidense del siglo XIX, mientras veía cómo la gente se beneficiaba beneficiando a otros, es evidente: «Los estadounidenses [...] disfrutan explicando prácticamente todas las acciones de su vida mediante el principio del propio interés bien entendido. Muestran, complacidos, cómo una consideración iluminada por sí mismos los impulsa constantemente a ayudarse mutuamente».[9]

7. HOBBES, T.: *Leviathan*. Adamant Media Corp., Boston, 2005, pág. 84. (Trad. cast.: *Leviatán o La materia, forma y poder de una república eclesiástica y civil*. Ediciones Deusto: Barcelona, 2018).

8. SMITH, A.: *An inquiry into the nature and causes of the wealth of nations*. Liberty Fund Inc., Indianápolis, 1981, vol. 1, 2.2. (Trad. cast.: *Investigación de la naturaleza y causas de la riqueza de las naciones*. Ministerio de Economía y Competitividad: Madrid, 2014).

9. DE TOCQUEVILLE, A.: *Democracy in America*. Harper and Row Publishers, Nueva York, 1969, pág. 526. (Trad. cast.: *La democracia en América*. Trotta: Madrid, 2025).

No se trata de una cuestión de si debería haber o no interés propio, ya que lo opuesto al interés propio es la extinción. La cuestión esencial es cómo canalizar ese interés propio hacia el bien general. «Ninguna persona podría sobrevivir en un mundo con unos recursos escasos sin una buena cantidad de interés propio que incluya por lo menos a su familia y a sus socios más cercanos», escribió el afamado profesor de Derecho y prolífico autor Richard Epstein.[10] «Ese interés propio puede manifestarse de una o dos formas al hacer tratos con desconocidos: mediante la agresión o la cooperación».

Tanto en la sociedad civil como en los negocios, el beneficio mutuo se consigue sólo cuando hay normas implementadas para asegurarse de que la gente no emplee la agresión (la fuerza o el engaño) para fomentar su propio interés. Según Vernon Smith, el economista galardonado con el Premio Nobel, estas «normas beneficiosas de intercambio [son] el derecho a la propiedad, su transferencia mediante consentimiento y el cumplimiento de las promesas».[11] Este sistema fomenta el obtener beneficio mediante medios económicos, y no políticos. Las empresas que no generan valor mediante medios económicos están socavando el bienestar de todos.

El economista político Franz Oppenheimer distinguía claramente estos «dos medios fundamentalmente opuestos»[12] mediante los cuales la gente obtiene recursos para satisfacer sus deseos. Los medios económicos para obtener beneficio implican intercambiar voluntariamente tus bienes o servicios con otros por dinero. Las partes no entrarán voluntariamente en un intercambio a no ser que ambas crean que saldrán beneficiadas. Por lo tanto, sólo pueden beneficiar-

---

10. Epstein, R.: «The Limits of Liberty», *Reason*, vol. 35, n.º 10, págs. 40-50 (marzo de 2004).

11. Smith, V.: «Constructionist and ecological rationality in economics», discurso de aceptación del Premio Nobel, Estocolmo (Suecia), 8 de diciembre de 2002.

12. Oppenheimer, F.: *The state*. Fox and Wilkes, San Francisco, 1997, págs. 14-15. (Trad. cast.: *El estado: su historia y su evolución desde un punto de vista sociológico*. Unión Editorial: Madrid, 2014).

se, a lo largo del tiempo, en un sistema de intercambio voluntario (un mercado) haciendo que los demás se beneficien.

Los medios políticos para obtener beneficio transfieren los bienes, los servicios o el dinero de una parte a otra mediante la fuerza o el fraude: por ejemplo, mediante leyes o regulaciones que redirijan las elecciones de los consumidores o que violen las normas de intercambio de Vernon Smith y no consigan responsabilizar a aquellos que no cumplan su parte en un acuerdo.

Cuando todos nosotros actuamos en nuestro propio interés, gobernados por unas normas de intercambio beneficiosas, se genera valor mediante medios económicos. Esto da como resultado el sistema armonioso, no decretado por el Gobierno, que Hayek describía como «orden espontáneo» en la sociedad. En la década de 1940, el polímata Michael Polanyi, nacido en Hungría, que está clasificado, junto con Karl Popper, como uno de los grandes filósofos de la ciencia, vio que las organizaciones poseen su propio orden espontáneo, y que es este orden el que es tan beneficioso para generar valor en la sociedad.

El orden espontáneo de Polanyi es lo que el líder del sindicato cerca de Bérgamo pensaba que era demasiado radical para implementarlo en Italia. «Los trabajadores trabajan, y los gerentes piensan» es un enfoque de mando y control, y las compañías de mando y control son menos innovadoras y competitivas con el tiempo. Tales compañías lo pasan peor a la hora de producir medias de seda que sean asequibles para las chicas de las fábricas que las compañías que las producen mediante incentivos beneficiosos y unas normas de conducta generalizadas.

Smith y Hayek demostraron que la prosperidad puede darse sólo mediante el orden espontáneo, un orden que viene como resultado de la acción humana improvisada, y no del diseño humano. Smith describía esto como «la mano invisible», mediante la cual, en el sistema adecuado, el hombre es conducido «a promover un fin que no forma parte de sus intenciones».[13] Hayek mostró cómo la prosperi-

---

13. SMITH, A.: *An inquiry into the nature and causes of the wealth of nations, op. cit.,* pág. 456.

dad requiere que el conocimiento dispersado por la sociedad se emplee para un uso productivo, diciendo que «no puede reunirse y transmitirse a una autoridad cargada con la tarea de crear orden deliberadamente».[14]

Esta idea fue ilustrada memorablemente por el economista Thomas Sowell en su libro *Knowledge and decisions*: «Cuando las fábricas soviéticas de clavos vieron su producción medida en términos de peso, tendieron a hacer unos clavos grandes y pesados, incluso aunque esos clavos se quedasen sin vender en las estanterías mientras el país pedía clavos pequeños a gritos».[15] En otras palabras, cuando los Gobiernos planifican cómo debería vivir la gente su vida, todos (excepto los que ostentan el poder) pierden.

Pero cuando la gente y las compañías son libres para innovar usando su conocimiento sobre lo que ellos y otros valoran, los consumidores se benefician, permitiendo que el negocio genere un buen beneficio.

Sólo el orden espontáneo, resultante de la acción humana improvisada, puede responder a la demanda de la gente que necesita clavos. Aprovechando los principios de las sociedades libres (que generan conocimiento obtenido de los precios y de los beneficios y las pérdidas), las organizaciones se benefician enormemente. El conocimiento obtenido mediante la comprensión de los impulsores de los beneficios y las pérdidas permite determinar el número y el tipo de clavos necesarios.

Replicar la forma en la que la comunidad científica se organiza, donde el conocimiento se comparte libremente con el compromiso de refutar incluso la hipótesis más preciada, conduce a la innovación. Del mismo modo, proporciona unos beneficios poderosos para las organizaciones. Polanyi establece este paralelismo, compa-

---

14. HAYEK, F. A.: *The fatal conceit*. University of Chicago Press, Chicago, 1989, pág. 77. (Trad. cast.: *La fatal arrogancia los errores del socialismo*. Unión Editorial: Madrid, 2010).

15. SOWELL, T.: *Knowledge and decisions*. Basic Books, Nueva York, 1980, pág. 215.

rando a la comunidad científica con los negocios en su artículo de 1962 titulado «La república de la ciencia» («The Republic of science»):

La comunidad de los científicos está organizada de una forma que se parece a ciertas características de un cuerpo político, y funciona de acuerdo con unos principios económicos similares a aquéllos mediante los que se regula la producción de bienes materiales. Mucho de lo que tendré que decir será un saber popular entre los científicos, pero creo que remodelará el asunto desde un punto de vista novedoso del que se puede tanto sacar provecho como proporcionar una lección para la teoría política y económica.[16]

Ciertamente, Koch se ha beneficiado de las teorías apoyadas en «La república de la ciencia» de Polanyi (yo empleé la metodología que él empleó para escribir este libro, solicitando contribuciones de fuentes expertas a lo largo y ancho de Koch). Podemos generar un valor superior para los clientes porque intentamos replicar una comunidad libre formada por científicos (compartiendo constantemente conocimiento e ideas, poniendo hipótesis a prueba, experimentando y haciendo adaptaciones de acuerdo con lo que honestamente funcione) en lugar de sucumbiendo a las presiones institucionalistas.

La gente solía pensar que el Sol giraba alrededor de la Tierra porque eso encajaba en su idea de que todo debía girar en torno a la Tierra. Después de todo, los humanos vivían en la Tierra. Así pues, tenían un «modelo mental» que asumía, erróneamente, que la Tierra era el centro del universo. Las consecuencias de este modelo incorrecto retrasaron los avances científicos, e incluso hicieron que un físico disconforme (Galileo) sufriera un arresto domiciliario por osar retar el dogma religioso impuesto por el Gobierno.

---

16. POLANYI, M.: «The Republic of Science: Its political and economic theory», *Minerva*, vol. 1, págs. 54-74 (1962).

Los modelos mentales son estructuras intelectuales que nos permiten simplificar y organizar las innumerables contribuciones que obtenemos de mundo que tenemos a nuestro alrededor. Moldean y respaldan nuestro pensamiento, toma de decisiones, opiniones, valores y convicciones. Ludwig von Mises dijo, de los modelos mentales: «Son un requisito necesario para cualquier comprensión de acontecimientos históricos».[17]

Además, Buda nos advirtió que no creyéramos en nada por el mero hecho de que sea algo comúnmente aceptado, o debido a la autoridad de nuestros maestros, sino sólo cuando «después de la observación y el análisis, cuando coincida con la razón y sea conducente al bien y el beneficio de todo el mundo».[18]

La calidad de nuestros modelos mentales determina lo bien que funcionamos en el mundo físico. Lo mismo se aplica en el caso del mundo económico, razón por la cual Koch Industries invierte muchísimo tiempo y esfuerzo para asegurarnos de que nuestro modelo de la MBM encaje con la realidad. Cualquier negocio con un comportamiento basado en modelos mentales incorrectos acabará por fracasar. Debemos recordarnos constantemente que el mero hecho de que creamos en una cosa o que deseemos que sea verdad no hace que sea así.

La señal más fiable de que un negocio está usando unos modelos mentales basados en la realidad y proporcionando un servicio que los clientes valoran de verdad es el beneficio conseguido bajo unas normas beneficiosas de conducta justa. El beneficio a corto plazo, generado mediante la liquidación de activos y evitando los gastos necesarios para el éxito a largo plazo, puede ser ilusorio (se nos presentó la oportunidad de comprar Chrysler Realty en 1979, porque Chrysler, que había estado mostrando «beneficios», estaba, de he-

---

17. VON MISES, L.: *Human action*. Henry Regnery Co., Chicago, 1963, pág. 32. (Trad. cast.: *La acción humana: tratado de economía*. Unión Editorial, Madrid, 2020).

18. BA KIN, T. S. U.: «What Buddhism is», Vipassana Research Association, Office of the Accountant General, Rangún, pág. 4 (1951).

cho, al borde de la bancarrota debido a su incapacidad de hacer las inversiones necesarias).

Cuando una de nuestras empresas es rentable a largo plazo, tenemos una cierta confianza de que estamos consiguiendo nuestro objetivo de generar valor ayudando a la gente a mejorar su vida, y llevando a cabo un trabajo superior del uso de recursos de forma más eficiente que nuestros competidores.

Consumir tan pocos recursos como sea posible mientras se genera valor para los consumidores deja más recursos disponibles para satisfacer otras necesidades en la sociedad. La rentabilidad a largo plazo indica que los recursos consumidos tienen un valor más elevado en ese uso que en otros usos alternativos: los clientes están votando por un uso por encima de otro con su dinero.

Los recursos de un empresario no son sólo el capital, las materias primas y la energía. También incluyen el conocimiento, la mano de obra, el tiempo y otras contribuciones. Se puede generar un valor superior convirtiendo estos recursos en un producto o servicio que tenga un mayor valor para el cliente que sus alternativas, o consumiendo menos recursos, o unos recursos con un valor inferior para proporcionar el mismo producto o servicio.

Por ejemplo, se genera más valor haciendo un tejido con licra que con elastano producido en masa. Los productores de tejidos pueden operar sus líneas de producción más rápidamente porque la fibra de licra se rompe menos. También dura más y se recupera mejor después de su estiramiento que el elastano producido en masa. Cuando la gasolina se obtiene mediante un proceso más eficiente energéticamente, o de una forma que proporcione un mayor rendimiento, el producto resultante puede que sea el mismo, pero se conservan recursos. Aunque frecuentemente tendemos a centrarnos en los beneficios directos que podemos ver, como unos productos más baratos para los consumidores, los beneficios «no vistos» para la sociedad en su conjunto pueden ser incluso mayores con el tiempo.

Las compañías del grupo Koch transforman el crudo en productos como combustibles y asfalto, y los polímeros en fibras para alfombras y ropa. Si podemos elaborar estos productos usando menos materias primas, o unas menos costosas, suceden muchas cosas buenas. Los recursos ahorrados quedan disponibles para satisfacer otras necesidades, permitiendo que la gente de toda la sociedad se beneficie de unos precios inferiores al tiempo que se permite que Koch obtenga unos buenos beneficios. Reinvertimos estos beneficios para crear nuevos productos que nos permitan contratar y recompensar a empleados.

En un mercado libre con derechos de propiedad y unas normas de conducta beneficiosas, la rentabilidad mediante transacciones voluntarias no supone una señal de que una parte se esté aprovechando de otra. Más bien al contrario: una «buena» rentabilidad es la medida adecuada de la contribución de una empresa a la sociedad.

Ésa es la razón por la cual un negocio que siga siendo poco rentable debería reestructurarse, venderse a un propietario más adecuado o cerrarse. Si un negocio requiere de subsidios o de leyes protectoras para sobrevivir o dar empleo a más gente, no está generando un buen beneficio. Aunque no quiero minimizar el estrés y el miedo que suelen acompañar a la pérdida de empleo, prácticamente a todos nos iría mejor si esas personas fueran empleadas donde podrían ser más productivas.

El cambio siempre está presente en la sociedad, la economía y la política. Las compañías, los productos, los métodos y las habilidades individuales se ven continuamente reemplazados por alternativas superiores. Mediante la aplicación incansable de una filosofía del trabajo que busque estas alternativas, en lugar de huir de ellas, todos nosotros, en Koch, hemos trabajado más duro para contrarrestar la tendencia hacia un declive a largo plazo propia de aquellos que no innovan.

Las compañías deben darse cuenta de que no están compitiendo únicamente en cuanto al precio y la producción de productos existentes. Deben esforzarse, incansablemente, por elaborar productos nuevos y mejores, y producirlos de forma más eficiente que las alternativas. También necesitan mejorar constantemente la forma en la que están organizadas, de modo que puedan innovar y eliminar los residuos mejor que sus competidores. Esto es lo que la MBM le permite hacer a Koch, y esto es lo que la MBM puede permitirte hacer a ti también.

Vale la pena repetir la observación de Schumpeter: «No es la competencia [del precio y la producción] lo que cuenta, sino la competencia procedente del nuevo producto, la nueva tecnología, la nueva fuente de suministro, el nuevo tipo de organización: una competencia que exige un costo decisivo o una ventaja cualitativa y que afecta no sólo a los márgenes de los beneficios y las producciones de las empresas existentes, sino sus a cimientos y su mismísima vida».[19]

Nuestro intento por seguir el consejo de Schumpeter es la razón por la cual unos precios inferiores o una mejor oferta no es todo lo que ofrecemos a los clientes. Es la razón por la cual ofrecemos continuamente nuevos productos, como la tubería de nailon Raptor™ de INVISTA para los sistemas de recogida en los campos petrolíferos, que puede reemplazar al acero y otros materiales, es resistente a la corrosión y es más barata y fácil de instalar. Es la razón por la cual seguimos desarrollando nuevas tecnologías, como los procesos biológicos para la elaboración de productos químicos industriales. Es la razón por la cual organizamos nuevas fuentes de suministro, como llevar el crudo del campo petrolífero en expansión de Eagle Ford a nuestra refinería de Corpus Christi; y es la razón por la cual hemos desarrollado la MBM, con el objetivo de convertirnos en un nuevo tipo de organización que sea la contraparte de elección para cada cliente, vendedor, empleado o comunidad.

La MBM nos enseña que debemos impulsar el cambio constructivo en cada aspecto de nuestra compañía o fracasaremos. Como resultado de ello perseguimos constantemente las innovaciones disruptivas y las oportunidades mediante el desarrollo interno y externo, además de mediante las adquisiciones. De forma similar, nos desprendemos de negocios y activos que no son rentables o que valen más la pena para otros. Creemos que debemos impulsar la des-

---

19. Schumpeter, J. A.: *Capitalism, socialism, and democracy, op. cit,* pág. 84.

trucción creativa más rápidamente que nuestros competidores, ya que de otro modo quebraremos.

Cada negocio o empresa es vulnerable a la destrucción creativa, pero la MBM puede permitir a la compañía acometerla en lugar de sucumbir. Los modelos mentales de la MBM de Koch, basados en la realidad, el foco puesto en el cliente y la innovación, nos han convertido en una de las mayores y más exitosas compañías privadas del mundo, generando un rendimiento excepcional a largo plazo.

Aunque nuestra fuerza laboral ha crecido en más de setenta mil personas a lo largo de la última década, también ha habido algunos cierres y reestructuraciones. Para ser competitivos tomamos, a regañadientes, estas decisiones; pero esta moneda tiene dos caras: cuando estas decisiones nos permiten generar más valor, podemos emplear a más gente a largo plazo. También intentamos encontrar oportunidades para los empleados afectados y con las virtudes adecuadas en otras partes de Koch y, si eso no es posible, en otro lugar de la comunidad empresarial.

Incluso a las compañías exitosas les cuesta mantener el ritmo porque, dada la naturaleza humana, todos tendemos a volvernos complacientes, autoprotectores y menos innovadores a medida que tenemos éxito. Puede resultar mucho más difícil superar el éxito que la adversidad. He mencionado en el capítulo anterior que ésta fue una lección que me transmitió mi padre a una tierna edad: «Frecuentemente, la adversidad es, en el fondo, una bendición y, ciertamente, es el mejor desarrollador del carácter».

El recordatorio de Fred Koch de que yo no sabía tanto como creía me ayudó a abrir los ojos e (idealmente) orienta mi pensamiento en Koch Industries hasta la fecha. No le podemos decir al cliente lo que debería valorar, pero podemos sugerir una mejor forma de satisfacerle. La mayoría de las innovaciones se ven impulsadas por proveedores que compiten que sugieren mejores formas para que los clientes satisfagan sus necesidades. Como IBM estaba tan entregada a los ordenadores centrales, no lideró las revoluciones de los ordenadores personales y de Internet. Como resultado de ello, IBM fue víctima de la destrucción creativa impulsada por sus competidores. Lo mismo se aplica en el caso de Kodak, que inventó la fotografía digital.

Si quieres generar un buen beneficio en tu organización, debes esforzarte constantemente por descubrir, respetar y satisfacer lo que los clientes valoran, e incluso anticiparte a lo que valorarán en el futuro. El terreno siempre se está derrumbando bajo tus pies. Las buenas noticias son que Schumpeter tenía razón: en la actualidad, las chicas de las fábricas tienen acceso a las mismas medias de seda que las reinas.

CAPÍTULO 4

Superar la burocracia y el estancamiento

Conceptos económicos para liberarte

«El hombre que asimila los principios puede seleccionar exitosamente sus propios medios. El hombre que prueba métodos, ignorando los principios, puede tener la certeza de que tendrá problemas».

Atribuido a RALPH WALDO EMERSON[1]

Un día, a principios de la década de 1980, estaba sentado en la oficina de un vicepresidente de una importante compañía petrolera, escuchando con consternación sus relatos sobre el enemigo corporativo: la burocracia, la resistencia al cambio, el papeleo, etc. Me sonaba horripilante.

—¿Cómo narices sobrevive alguien aquí? –le pregunté.

—Al cabo de un tiempo simplemente te callas y haces lo que te ordenan –me confió.

Me reí por lo bajo ante la descripción de esta triste realidad: que su propia organización se estaba estancando y que no había nada que él pudiera hacer al respecto, por lo que tuvo que rendirse. En

---

1. Citado por ALWIS, W. A. M.: «Spoon-feeding in "do" disciplines», *CDTL Brief*, n.º 2, pág. 5 (mayo de 2000).

realidad, esto no es un asunto del que reírse. Existe la tendencia, para muchos en compañías de éxito, a dormirse en los laureles y volverse complacientes, autoprotectores y menos innovadores. En estas culturas tan burocráticas, los empleados sólo pueden sobrevivir avanzando con el rebaño. El declive se asienta.

Habiendo sido testigo de mucha complacencia en compañías durante mi tiempo como consultor en Arthur D. Little, nunca podría soportar ver cómo Koch se estanca. Desde muy pronto en la compañía, he querido evitar eso generando las mismas condiciones en Koch que llevaron a la prosperidad a largo plazo en la sociedad. Orientado por las similitudes entre las sociedades y las organizaciones, introduje conceptos económicos básicos como el coste de oportunidad, el valor subjetivo y la ventaja comparativa.

Estos conceptos solían enseñarse en los departamentos de económicas y en las escuelas de negocios, pero rara vez se aplicaban en las propias escuelas o en la mayoría de las empresas. Allá donde miraba (incluso en Koch), la gente frecuentemente tomaba decisiones ignorando conceptos económicos básicos.

Un día, por ejemplo, nuestro equipo de suministro de crudo se estaba planteando cuándo deberíamos vender parte del inventario de crudo. Ellos preferían esperar y no vender de inmediato, apostando por que el precio subiría por encima de su coste.

Los reté. Los costes irrecuperables (o costos hundidos), como el precio que ya habíamos pagado por ese inventario, no deberían influir en las decisiones. En lugar de ello, las decisiones deben verse impulsadas por un análisis con visión de futuro. El único argumento para esperar más tiempo para vender el inventario sería si, en conjunto, las pruebas indicaran que es probable que el precio subiese en lugar de caer más o incluso permanecer igual.

Un coste irrecuperable (o coste «contable») es un gasto pasado hundido. En general, tales costes no deberían tenerse en cuenta al determinar qué hacer en el futuro porque, aparte de posibles efectos tributarios, son irrelevantes para lo que puede recuperarse.

El verdadero coste de cualquier actividad es la actividad de mayor valor a la que se ha renunciado: es decir, el coste de oportunidad. Ésta es la metodología que animo a los empleados a usar al tomar decisiones, y me esfuerzo por practicar lo que predico.

Por ejemplo, mientras escribía este libro, las cuestiones gramaticales frecuentemente me tentaron a detenerme y consultar mi ejemplar de *Strunk & White* (también llamado *The elements of style,* un libro de estilo). Como un equipo de editores profesionales en la editorial Crown acabaría revisando estas páginas, cualquier tiempo que empleara con *Strunk & White* habría tenido un coste de oportunidad demasiado elevado como para justificarlo. De hecho, tendría que haber renunciado a escribir este libro (y a hacer mis contribuciones a Koch) durante esos minutos dedicados a ocuparme de la gramática.

Comprendo por qué los empleados de cualquier lugar cometen este error, incluso cuando comprenden la teoría. Una razón es que sus incentivos están estructurados inadecuadamente. Cuando los empleados son recompensados sólo por unos beneficios contables a corto plazo sin considerar qué beneficios a largo plazo se han perdido, tenderán a tomar decisiones subóptimas. Para contrarrestar esto, Koch trata el beneficio potencial de una oportunidad perdida como una pérdida real al determinar el plan de compensación por incentivos (bonificaciones) de un empleado.

En Koch también apremiamos a nuestros vendedores a *comprender los valores subjetivos de cada cliente y personalizar la forma en la que nos ocupamos de él de acuerdo con ello.* Muchas compañías que cotizan en la bolsa valoran más unos ingresos constantes y predecibles que unos ingresos mayores (de media) que sean más volátiles, ya que unos ingresos constantes tienden a dar lugar a un mayor precio de las acciones. Debido a esta diferencia en los valores subjetivos entre nosotros y nuestros clientes, puede resultar mutuamente beneficioso para nosotros asumir el precio de riesgo en nuestros contratos y que ellos nos compensen por eso.

Por lo tanto, si uno de nuestros clientes de etileno quiere unos márgenes fijos para evitar la volatilidad, acordaremos asumir las fluctuaciones de precio entre el etileno que les estamos vendiendo y el plástico que están produciendo con él. Para que nosotros estemos dispuestos a hacer eso, debemos creer que estamos siendo compensados adecuadamente por el riesgo. Koch siempre está dispuesto a llevar a cabo este tipo de negocio en el que todos ganan.

Nuestra aplicación de la ventaja comparativa, que es un concepto distinto, ha conducido a unos cambios importantes en la forma en la que desempeñamos diversos papeles. Lo que este concepto dice es que cada persona (y cada organización e incluso cada nación, si vamos al caso) puede competir y hacer una contribución, incluso aunque otros puedan hacerlo todo mejor. Ninguna nación, organización ni persona debería intentar hacerlo todo, independientemente de lo buenos que sean. La razón se reduce a la ventaja comparativa.

Imagina que un consultor talentoso abre su propia tienda. Este consultor no sólo es un asesor muy valorado por sus clientes, sino que también es un portento gestionando una oficina: es genial en cuanto a la facturación, la tecnología de la información, la organización de bases de datos, hace sus propios preparativos para los viajes, etc. Puede gestionar su oficina mejor que nadie a quien pudiera pagar por hacerlo y, además de eso, es también espectacularmente más limpio. Puede limpiar el complejo de oficinas mucho mejor que cualquier persona a la que pudiera contratar para hacerlo.

Así pues, ¿debería mantener sus costes bajos no contratando a un gerente de la oficina ni a un conserje, ocupando él ambos puestos? Una persona frugal podría responder instintivamente «Sí», pero las matemáticas nos muestran lo contrario. Imagina que necesitara pagar a un gerente de la oficina 1000 dólares semanales por 40 horas semanales de trabajo y a un conserje 20 dólares la hora por 10 horas semanales. Si él gestionara y limpiara su propia oficina, se ahorraría 1200 dólares semanales.

Pero incluso aunque este consultor fuera el doble de eficiente que cualquier gerente de oficina o conserje, seguiría necesitando dedicar veinticinco horas semanales a actividades distintas a la consultoría (veinte horas gestionando y cinco horas limpiando). Si factura a sus clientes, a los que asesora, quinientos dólares por hora, esto generaría un coste de oportunidad (es decir, el coste, en forma de ingresos, que podría haber generado si no hubiera estado gestionando la oficina y limpiándola) de 12 500 dólares (25 horas x 500 dólares/hora) frente a un ahorro de 1200 dólares semanales. Eso supone una pérdida neta de 11 300 dólares semanales. Claramente, su ventaja comparativa es la consultoría, y no limpiar ni gestionar la oficina.

Una vez que comprendimos cómo este concepto fomenta la prosperidad mediante la división del trabajo y el comercio, empezamos a diseñar funciones para empleados no sólo de acuerdo con lo que mejor encajaba con sus competencias, sino *en relación con los papeles y las capacidades de otros empleados.* Dada la singularidad de cada persona, esta aplicación requiere de una reevaluación continua de los roles y las responsabilidades.

Digamos que Koch ha perdido a Sue, una gerente de ventas que era buena en cuanto a la estrategia, y que entonces contrató a Peg, que tiene unas buenas habilidades de atención al cliente, pero que no es buena con la estrategia. A no ser que diseñáramos a medida el papel de Peg con respecto a eso, su rendimiento sufriría.

Deberíamos pedirle a Peg que se centrara en su ventaja: la atención al cliente. De hecho, le daríamos a Peg una mayor responsabilidad en la atención al cliente y le asignaríamos las tareas estratégicas a otra persona diestra en la en esta área que ya formase parte de la compañía, si tuviéramos esa habilidad disponible.

Cuando la gente cambia de puesto en otras compañías, con demasiada frecuencia se espera de sus sustitutos que asuman exactamente los mismos roles y responsabilidades, a pesar de poseer distintas fortalezas y debilidades. En un entorno tal, las ventajas comparativas ya no son optimizadas, los costes de oportunidad son excesivos y el rendimiento del grupo sufre.

De vuelta a la década de 1970, éramos lo suficientemente pequeños como para infundir estos conceptos de mercado informalmente a lo largo y ancho de los directivos de la compañía. En las reuniones, orientaba a nuestra gente formulando preguntas relevantes como: «¿Hemos tenido en cuenta el coste de oportunidad?» o «¿Cuáles son las ventajas comparativas?». La productividad y el rendimiento empezaron a aumentar.

Un concepto esencial para nosotros es el de la ventaja *competitiva* (la capacidad de una empresa de generar mayor valor que sus competidores), que es distinta a la ventaja comparativa. Ésta es una pieza fundamental en nuestro Marco de Toma de Decisiones usado para analizar las oportunidades para llevar a cabo inversiones *(véase* el capítulo 9).

A medida que Koch siguió creciendo, nuestro fondo de conocimiento y talento se volvió cada vez más amplio y se dispersó más, lo que significó que sólo podía formar a un pequeño porcentaje de nuestros empleados en conceptos como éstos. Como consecuencia de ello, nuestra capacidad para emplearlos para obtener resultados se fue reduciendo, pese a que nuestra oportunidad para beneficiarnos de ellos estaba aumentando a medida que Koch se expandía. Necesitábamos dar con formas para enseñar la teoría y la práctica de nuestros conceptos y modelos mentales a una escala mucho mayor.

Así que, incluso antes de que hiciera el lanzamiento la MBM en Koch, intenté incorporar los valores, el pensamiento económico, la filosofía, los conceptos psicológicos, los modelos mentales y las herramientas resultantes, como los que acabo de describir, en un sistema de gestión ya existente.

Era principios de la década de 1980 cuando elegí el sistema de W. Edwards Deming para esta combinación. Me atrajo porque Deming empleaba métodos estadísticos para mejorar la calidad y hacía hincapié en la mejora continua en una compañía (y, tal y como he mencionado anteriormente, me desagradaba profundamente la idea de que nuestros empleados simplemente se callaran e hicieran lo que les ordenaran).

Deming era un estadístico que había estudiado en Yale que alcanzó la fama mundial después de que el general Douglas MacArthur le llevara a Japón en 1947 para resucitar la industria y las manufacturas después de la Segunda Guerra Mundial. Funcionó. En 1960, el emperador Hirohito otorgó a Deming la Medalla de Segundo Orden del Tesoro Sagrado por diseñar el renacimiento industrial del país y su éxito mundial.

Deming puso énfasis en la necesidad de la compañía de seguir mejorando e innovando (o enfrentarse a la extinción). «Nunca sales de este hospital», advirtió.[2] El enfoque de Deming nos ayudó a sistematizar la mejora continua, que fue un aspecto temprano importante de la Gestión Basada en el Mercado.

Siguiendo a Deming, usamos los diagramas de Pareto, los análisis de causas raíz y el control estadístico de procesos para identificar y resolver los problemas mejor, y para medir nuestro progreso de formas claras y significativas. Parte fue de ayuda. Sin embargo, otra lección importante durante este período procedió no del propio Deming, sino de una vista a nuestra planta de líquidos de gas en Medford (Oklahoma).

Durante la vista me detuve en el taller mecánico de la planta. Debido a mi llegada, todos los electricistas estaban ocupados dibujando diagramas de control (todos en la compañía eran conscientes de mi convicción sobre la utilidad de los diagramas de control) en lugar de haciendo trabajos eléctricos. Para mi consternación, supe que se referían a este ejercicio como «diagramas para Charles» (el puesto de director ejecutivo viene acompañado de una cierta ración de burlas. El chiste entre nuestros empleados en los campos petrolíferos era que Koch significaba, como acrónimo en lengua inglesa, «Mantén al viejo Charlie feliz»: «Keep Ol' Charlie Happy»).

En Medford, las mediciones y la confección de diagramas se habían convertido en el foco, más que el mejorar el rendimiento y eliminar los residuos. Aparentemente, no habíamos dejado claro que los diagramas o la medición de la actividad no eran un fin en sí mismos, sino que su objetivo era el de mejorar los resultados.

Al final, el incidente de los «diagramas para Charles» nos llevó en una dirección mucho mejor. Se volvió obvio que no podíamos, simplemente, injertar nuestros principios y modelos mentales en un sistema de gestión ya existente, incluso en uno tan bueno como el

---

2. Cf. *The Deming videotapes: Quality, productivity and competitive position* (parte de la serie de vídeos del MIT Center for Advanced Engineering Study), MIT, 1983.

de Deming. Teníamos que desarrollar nuestro propio marco: uno que ayudara a convertir nuestros conceptos en herramientas eficaces para la resolución de problemas.

Koch es ahora una compañía enorme que engloba muchas empresas y abarca varios sectores. No podemos despilfarrar recursos haciendo que nuestro valioso talento aplique una mejora constante a largo plazo a algo que generará 100 000 dólares en valor cuando puede realizar una mejora más radical que podría generar 10 millones de dólares en valor.

Ésa es la razón por la cual reemplazamos la mejora continua de Deming por la destrucción creativa de Schumpeter. La destrucción creativa era más fundamental y sustancial. La mejora continua, aunque es beneficiosa, podía significar simplemente hacer mejoras progresivas modestas de algo que se está quedando obsoleto.

La destrucción creativa implica encontrar formas nuevas y mejores, dejando obsoletas las formas de hacer antiguas. Eso es algo que encaja mucho mejor en Koch, o en cualquier compañía que quiera maximizar el valor y el crecimiento.

Aunque nuestro compromiso con Deming no dio como resultado un matrimonio de gestión, fue, de hecho, bastante beneficioso de formas que nunca esperamos. Nos llevó a articular sistemáticamente nuestro propio marco basado en la teoría y la práctica. Ahora sabemos que un marco coherente de cinco dimensiones que se refuerzan mutuamente, como cuatro paredes y un techo, genera muchos más beneficios que cinco planos que no se cruzan.

En 1990, mientras empezamos a codificar nuestro sistema en sus cinco dimensiones, se me ocurrió el nombre de Gestión Basada en el Mercado. Sentí que reflejaba la influencia de los principios del mercado y la necesidad de proporcionar una filosofía y una práctica de gestión coherente. El reto inicial consistió en descubrir o desarrollar los mecanismos que nos permitirían aprovechar el poder de una economía de mercado dentro de la compañía.

Con ese fin, asentamos el Grupo de Desarrollo de la MBM. Este grupo no tenía productos ni servicios en absoluto que vender. Su principal objetivo era el de desarrollar herramientas para la organización a partir de principios del mercado. Se formaron equipos para estudiar cómo las organizaciones pueden captar el poder de los derechos de propiedad, las normas de conducta justa, los valores, la cultura, la visión, la medición, los incentivos, los beneficios y pérdidas, y los precios. Fuimos tan lejos como para tener profesores que no impartieron lecciones sobre la teoría. Francamente, buena parte de esto resultó no ser muy útil.

Al principio tuve un modelo mental fallido sobre quién comprendía la MBM, o incluso sobre qué constituía una verdadera comprensión. Confundí el conocimiento conceptual articulado con el conocimiento sobre cómo aplicar los conceptos para obtener resultados. En otras palabras, el equipo que reunimos fue mucho mejor articulando los conceptos que practicándolos.

Polanyi argumentaba que sólo conocemos de verdad algo, es decir, poseemos un conocimiento personal de ello, cuando podemos aplicarlo para obtener resultados. Tal y como he mencionado anteriormente, conocer la teoría del *swing* en el golf y conseguir un número bajo de golpes son dos cosas distintas.

Esto es congruente con lo que he observado entre los exploradores de petróleo: los hay que pueden explicar maravillosamente los aspectos técnicos de las formaciones subterráneas y los reservorios, pero que nunca son capaces de encontrar petróleo. Por otro lado, están aquellos que no son buenos explicando por qué o cómo, pero que son muy buenos encontrando petróleo.

La explicación de Polanyi de la diferencia entre el conocimiento personal y el conocimiento conceptual puso esto en perspectiva y nos ayudó a acelerar nuestro progreso en el desarrollo y la aplicación de la MBM. Los conocimientos teóricos básicos son necesarios, pero no son suficientes por sí mismos para obtener resultados. El éxito en la aplicación de nuevos modelos mentales, y de ese modo adquirir conocimiento personal, viene sólo tras una práctica correcta, frecuente y prolongada. La práctica hace algo permanente (no perfecto), pero debe llevarse a cabo correctamente.

Además, nuestra necesidad primaria en ese momento no era un mayor conocimiento conceptual de la teoría subyacente, sino que era un mejor conocimiento personal sobre cómo aplicarlo para generar un buen beneficio. Tal y como apuntó la profesora Mary Beard, de la Universidad de Cambridge: «La acción sin estudio es fatal. El estudio sin acción es fútil».[3]

Durante la época del Grupo de Desarrollo de la MBM, los conceptos se convirtieron en algo más que en palabras de moda usadas por los empleados para justificar lo que ya estaban haciendo (o peor, lo que querían hacer). Por ejemplo, alguien que esté manejando una unidad de procesamiento en una planta puede que tome el respeto de la MBM por «el conocimiento local» y lo use como excusa para ignorar cualquier ayuda ofrecida por la oficina central de Wichita. Eso supone una mala aplicación del conocimiento local.

El operario de una unidad de procesamiento puede que sepa optimizar la unidad un cierto día, pero ¿es consciente de las mejoras que se están desarrollando por todo el mundo, incluyendo las procedentes de otros sectores? Puede que sepa operar esa unidad más eficientemente que ninguna otra persona, pero ¿está a la última en cuanto a las mejores prácticas y las últimas normas medioambientales y de seguridad? Superar unas malas aplicaciones similares de conceptos fue una clave para conseguir resultados de la MBM.

Otro problema más, también provocado por la falta de conocimiento personal, fue una tendencia a aplicar la MBM como una fórmula rígida: más bien como una solución buscando un problema, en lugar de al contrario. Definir rígidamente los aspectos concretos y prescribir exactamente cómo debería aplicarse la MBM socava su utilidad y adaptabilidad. Aprender cómo reconocer y resistirse a esta tendencia natural (que es el sello distintivo de las burocracias de todo el mundo) ha sido otro importante paso adelante. «Una coherencia estúpida es el orco de las mentes pequeñas, adorada por los estadistas, los filósofos y los teólogos insignificantes», escribió Emerson.[4]

---

3. www.forbes.com/quotes/author/mary-beard

4. EMERSON, R. W.: «Self-reliance», en *Essays: First and second series*. Digireads, 2007, pág. 21. (Trad. cast.: *Ensayos*. Cátedra: Madrid, 2014).

Ahora somos mejores detectando y lidiando con esas tendencias, pero seguimos estando lejos, y siempre lo estaremos, de ser perfectos. Intentamos ejecutar sólo principios y asuntos generales, liberando a la gente para que cuestione los aspectos concretos. Aun así, «no existe un pudín instantáneo», por citar a Deming.[5]

Para captar plenamente el poder de la MBM, una organización debe no sólo evitar las tendencias improductivas, sino que debería esforzarse continuamente por mejorar su capacidad de asimilar y aplicar modelos mentales beneficiosos. Esto requiere de una voluntad de someterse al más difícil y doloroso de todos los cambios: un cambio en la forma de pensar de uno.

Lograr un cambio así implica un esfuerzo concentrado y prolongado para desarrollar nuevos hábitos de pensamiento basados en modelos mentales válidos. Desarrollar estos nuevos hábitos implica una transformación sostenida, similar a un culturista que vuelve a entrenarse de forma distinta para correr maratones. Es un compromiso a largo plazo. Yo debería saberlo: he estado trabajando en ello durante más de cincuenta años.

Los hábitos muy arraigados son el resultado de vías neuronales en nuestro cerebro que es muy difícil eliminar y reemplazar. Ésa es la razón por la que es tan difícil de cambiar la cultura, y es una gran razón por la cual las empresas se estancan y sus empleados adoptan una mentalidad de rebaño: la tendencia natural es la de ceñirse a modelos mentales y formas de hacer las cosas familiares. Para obtener resultados, la reprogramación cerebral es esencial. Este tipo de cambio es la clave para hacer los descubrimientos que conducen a la innovación y, a su vez, a un buen beneficio.

Aquí tenemos cómo se da ese proceso. Mientras estudiamos un cierto campo, absorbemos cantidades crecientes de conocimientos específicos, incluyendo normas, datos, terminología y relaciones. En algún momento, conocemos estos detalles lo suficientemen-

---

5. DEMING, W. E.: *The essential Deming: Leadership principles from the father of quality*, ed. J. Orsini y D. D. Cahill. McGraw-Hill, Nueva York, 2013, pág. 105.

te bien como para que podamos empezar a enfocarnos en el conjunto.

Entonces empezamos a ver patrones, el significado de las cosas y percibimos cuándo algo está mal, pese a que quizás no siempre seamos capaces de expresar con claridad nuestro conocimiento. Esto mejora nuestra capacidad de percibir los problemas y las oportunidades, ya sea al investigar una nueva tecnología o mercado, al entrevistar a un candidato, al monitorizar una adquisición o al hacer cualquier cosa con el objetivo de aportar valor tanto al cliente como a la compañía.

El proceso de descubrimiento empieza cuando observamos, frecuentemente de forma vaga, una brecha entre lo que es y lo que podría ser. Nuestra intuición nos dice que hay algo mejor justo más allá del alcance de nuestra mente. Para desarrollar una cultura de descubrimiento debemos fomentar, y no desalentar, la búsqueda apasionada de corazonadas (independientemente de su origen).

A continuación, debemos esforzarnos (buscando ayuda cuando sea necesario) para expresar claramente muestras hipótesis, que, cuando se formulen de forma concreta y específica, podrán desafiarse, comprobarse y mejorarse hasta el punto en que creamos que son válidas. Las hipótesis que superen este obstáculo podrán someterse entonces a la prueba más amplia de la implementación.

La génesis de todo este proceso es el desarrollo del conocimiento personal que se aplica apasionadamente para captar una oportunidad o resolver un problema.

Dicho sea en su favor, el Grupo de Desarrollo de la MBM lideró varias mejoras útiles, como el uso enormemente extendido de tarjetas de resultados que miden cómo y dónde genera valor Koch, como estar a la altura de sus competidores en cuanto al uso de recursos y otras mediciones, y si está mejorando y cómo.

Todo esto nos ayudó a apreciar más plenamente el valor de disponer de medidas basadas en la realidad económica. No recordaba que para orientar una actividad correctamente, debemos medir qué conduce a obtener resultados, en lugar de qué es fácil de medir. Ésta es la razón por la cual, si una evaluación del desempeño de un empleado incluye sólo su contribución a los beneficios actuales, en lugar de sus efectos sobre los beneficios y la cultura a largo plazo, estaremos fomentando, inconscientemente, el trabajo dedicado a las cosas equivocadas.

Aunque el Grupo de Desarrollo ya no existe, su formación fue un importante paso temprano en la codificación de la MBM y en la educación de todos los empleados de Koch, no sólo de los líderes. En su lugar tenemos ahora la Capacidad de la MBM, que tiene una visión distinta: desarrollar constantemente nuevas herramientas de MBM y enseñar y asesorar sobre la aplicación de la MBM. Tiene más de cuarenta miembros, muchos de los cuales tienen experiencia empresarial práctica y son conseguidores de resultados probados.

Alrededor de 1995, desarrollamos un avance llamado Caja de Herramientas de la MBM, que aborda cómo aplicar integralmente las cinco dimensiones de una forma que captase todo su potencial. Llamamos a este enfoque el Proceso de Resolución de Problemas, y nos hemos encontrado con que mejora enormemente la capacidad de nuestros empleados de captar oportunidades e innovar. Esto se comentará en mayor detalle en el capítulo 11.

Este éxito se alimentaba de sí mismo, porque les mostraba a todos el poder del marco de la MBM. Como resultado de ello, más gente se volvió deseosa de emprender lo que Polanyi llamaba el «acto automodificador de la conversión»[6] necesario para poner en práctica una nueva forma de pensar. En nuestro caso, esto implicaba aplicar las cinco dimensiones de la MBM para obtener resultados, ya fuera en el trato con un cliente, en el ámbito de la fábrica o en la oficina.

Nuestro ritmo de mejora en la obtención de resultados de la MBM se ha acelerado a lo largo de la última década. Un eje impulsor clave ha sido nuestro reconocimiento de que todos los líderes, y no sólo los miembros de la Capacidad de la MBM, deben poseer la MBM y la cultura en sus grupos. El papel de la Capacidad de la MBM es el de equiparlos y respaldarlos.

---

6. POLANYI, M.: *Personal knowledge: Towards a post-critical philosophy.* University of Chicago Press, Chicago, 1974, pág. 159.

Esto significa que una expectativa clave de todos nuestros líderes es la de comprender y aplicar la MBM ellos mismos, e impulsar esa comprensión y aplicación a lo largo y ancho de la organización, empezando por sus informes directos. Cuando un líder a cualquier nivel no da estos pasos, el rendimiento y el progreso decaen. Para aquellos líderes que emprenden el «acto automodificador de la conversión» para comprender y aplicar la MBM, la mejora a lo largo y ancho de su negocio es rápida y marcada.

Los siguientes capítulos nos mostrarán lo que sucede en una organización cuando la gente adopta un conocimiento personal profundo de la MBM y lo que pasa cuando la gente infrautiliza o simplemente habla de boquilla de la MBM.

CAPÍTULO 5

Aprender de la adversidad

Los principales fracasos de Koch al implementar la MBM

«La adversidad revela mejor la virtud».

FRANCIS BACON[1]

C uando leo esta cita de Francis Bacon, un filósofo de la ciencia llamado el «padre del empirismo», me recuerda lo que mi propio padre escribió en la carta que nos dejó a sus hijos: «La adversidad es, en el fondo, una bendición y, ciertamente, es el mayor desarrollador del carácter».

En mi mente, esta sabiduría fue tan valiosa como la compañía que nos dejó, especialmente cuando recuerdo lo que nos costó superar la década de 1990, la década en la que los peores fracasos en la gerencia y en cuanto al cumplimiento de las mormas por parte de Koch llegaron a los titulares. Ciertamente, a pesar de su éxito, nuestra compañía ha soportado varios eventos horribles, algunos de los cuales fueron resultado de nuestros propios defectos.

---

1. BACON, F.: «Of adversity», en *Essays, civil and moral.* The Harvard Classics. P. F. Collier & Son, Nueva York, 1909-1914, vol. 3, parte 2.

Tales desastres generan, ciertamente, adversidad para todos los que se ven afectados por ellos, pero puede ser «una bendición, en el fondo» para aquellos que, como resultado de ellos se ven salvados de adversidades futuras. Por supuesto, es doloroso para mí. Nunca podré deshacer todo el mal que se ha hecho, pero puedo comprometerme a mejorar como resultado de estos fallos de gestión y a ayudar a otros a evitar los mismos errores.

Estas experiencias me hicieron comprender el hecho de que si Koch Industries se vuelve complaciente, la destrucción creativa no sólo nos llevará a la quiebra, sino que como resultado de ello puede provocarse un daño grave a otros. Así pues, no es de extrañar que nos esforcemos por mantener una sensación palpable de inquietud dentro de la compañía y que nos guardemos de la seguridad en nosotros mismos. Ninguno de nosotros en Koch puede nunca cantar victoria y perder el foco con respecto a lo que importa. Este capítulo tiene que ver con las lecciones que aprendimos de esos fracasos devastadores y cómo esas lecciones informaron y orientaron nuestro refinamiento y mejora posteriores en la aplicación de la MBM.

En agosto de 1996 sucedió algo terrible. Una fuga de una de nuestras tuberías de líquidos de gas provocó una explosión en Lively (Texas). He visto informes de muchos accidentes industriales a lo largo de los años, incluyendo algunas fatalidades, pero el horrible accidente de Lively fue, que yo sepa, la primera y la única vez, desde la fundación de nuestra compañía en 1940, en la que una de nuestras tuberías provocó la muerte de transeúntes inocentes.

Dos adolescentes, Danielle Smalley y Jason Stone, olieron algo sospechoso cerca de la tubería y se metieron en su coche para ir a alertar a las autoridades. Cuando la chispa del encendido del coche hizo que prendieran los gases de la tubería con la fuga, murieron debido a las llamas resultantes. Koch era culpable y lo admitió de inmediato. Lo que sucedió era inaceptable y provocó la muerte de dos adolescentes inocentes y un enorme dolor a sus familias y su comunidad.

Ése fue uno de mis días más negros en el trabajo. Soy padre y abuelo, y si le sucediera algo así a mis propios hijos o nietos sé que quedaría destrozado. También soy un ingeniero que dedica la máxima prioridad a la seguridad y el cumplimiento de las normas. De hecho, insisto constantemente en que éste es el «Trabajo Número Uno» de cada empleado de Koch. ¿Por qué? Porque tengo en gran estima el valor de la vida humana.

El sufrimiento y la muerte no me son ajenos. Mi hermano David, al que he estado muy unido durante toda mi vida, casi perdió la vida en una pista de aterrizaje en Los Ángeles en 1991 cuando su vuelo de US Air aterrizó sobre otro avión: un accidente provocado por el error de un controlador del tráfico aéreo. Mi hermano escapó de la cabina en llamas por los pelos y pasó los dos días siguientes en la unidad de cuidados intensivos. Veintitrés de los pasajeros perecieron debido a las llamas y el humo tóxico.

En 1959, ayudé a sacar a un amigo de su coche, que había volcado y quedado boca abajo, mientras sangraba profusamente. Minutos antes había estado de visita en mi casa de Boston con su pareja. Ella sobrevivió al choque, pero mi amigo murió al cabo de media hora.

Como empleador de muchos veteranos del Ejército, suelo oír sus relatos de mutilaciones y muertes, algunas debidas a causas accidentales y otras por los combates. Quedo horrorizado por el sufrimiento del que han sido testigos y que han soportado.

He mencionado todos estos sucesos por una razón. A lo largo y ancho de Estados Unidos hay miles de fatalidades en el sector de la industria y una cifra mucho mayor de heridos graves en el trabajo cada año. En Koch, rechazamos la idea de que las lesiones graves o las pérdidas de vidas sean una realidad inevitable para los empleados de una gran compañía manufacturera. Ésta es la razón por la cual hemos mejorado, desde entonces, nuestra implementación de la MBM para asegurarnos de esforzarnos siempre por ir más allá de la práctica industrial estándar en cuanto a la seguridad cuando resulte adecuado, y sólo contratar a líderes (directivos) y a otros empleados que cumplan con eso.

La tragedia de Lively nos enseñó varias lecciones importantes que han mejorado nuestro enfoque con respecto a la seguridad. El gasoducto en cuestión tenía quince años y había sido cerrado en 1992 debido a preocupaciones relativas a la corrosión. En 1995 se reabrió después de que reemplazáramos las partes corroídas del gasoducto y luego lleváramos a cabo una prueba hidrostática para demostrar que era seguro usarlo.

La corrosión que condujo a la explosión fue provocada por bacterias en el terreno que actuaban más rápidamente de lo que los mejores expertos en EE. UU. habían visto antes (en el juzgado, el perito del demandante tuvo que ir a buscar a Canadá para encontrar un caso de unas bacterias tan corrosivas y de rápida acción). Esa rápida corrosión en Texas nos pilló con la guardia baja y provocó el desastre.

En términos de la MBM, esto suponía un fracaso en cuanto al conocimiento. Al darnos cuenta de eso, aplicamos los principios de la MBM para identificar la fuente y la causa del problema y trabajamos con la Junta Nacional de la Seguridad en el Transporte para compartir este conocimiento por todo el sector de las tuberías/oleoductos/gasoductos. Koch empleó entonces los conocimientos aprendidos de este incidente para modificar los procedimientos operativos para ayudar a evitar cualquier repetición de un accidente trágico así. Estas mejoras no se han introducido, sin más, en el manual empleado ni se han colgado en una página del sitio web de la empresa. Se han incorporado en la MBM y se han transmitido por todo Koch. Además, hemos dedicado recursos de I+D a desarrollar nuevas medidas contra la corrosión, como sensores de corrosión en cooperación con Molex y la nueva tubería de nailon de INVISTA mencionada en el capítulo 3.

Lamentablemente, Koch se enfrentó a otra crisis (a Dios gracias, no fatal) más o menos en la misma época en Corpus Christi (Texas). Esta crisis fue provocada por fallos en la plena aplicación de las dimensiones de la virtud y los talentos y los derechos de decisión de la MBM.

En la primavera de 1995, un empleado del Koch Petroleum Group (ahora llamado Flint Hills Resources) rellenó un informe falso sobre los flujos de desechos de la refinería de Corpus Christi, tal y como requería la recientemente ampliada Ley de Aire Limpio. El empleado (un ingeniero medioambiental que no llevó a cabo las mediciones necesarias, sino que, en lugar de eso, se inventó las cifras para despachar el informe) afirmaba que Corpus Christi cumplía las nuevas regulaciones. Más adelante determinamos que esto no era cierto.

Cuando averiguamos lo que había hecho, le despedimos, y Koch Petroleum Group (KPG) reveló voluntariamente el expediente incorrecto a la agencia de protección medioambiental del estado de Texas en una reunión que solicitamos el 27 de noviembre de 1995. En esa reunión presentamos nuestros hallazgos y prometimos volver a informar sobre los detalles del incumplimiento mientras desvelábamos más información. Los diez Principios Rectores de la MBM (*véase* el capítulo 7) son fundamentales para todo lo que hacemos, y los dos primeros son la Integridad y el Cumplimiento de las Normas. El informe rellenado por un empleado de Koch suponía una clara violación de estos dos principios y no podía tolerarse ni permitirse que volviera a suceder.

En reuniones posteriores, KPG proporcionó la información prometida sobre el incumplimiento, propuso una multa similar a la que habían recibido otras compañías y habló de una metodología de entrega de información para el siguiente reporte, que debía presentarse en abril de 1996.

Sin embargo, lo que pareció ser un problema que debería haberse resuelto a nivel estatal, con una reparación civil, acabó convirtiéndose en una causa penal federal que mostró a Koch las muchas imperfecciones del sistema de justicia penal estadounidense. Esta experiencia influyó en parte en nuestra decisión de tener en cuenta las solicitudes de empleo de personas con condenas por delitos anteriores, en lugar de desecharlas desde el primer momento.

Más de cuatro años después de la revelación del problema al estado, Koch, KPG y cuatro empleados fueron procesados por el Departamento de Justicia de EE. UU. en Washington por supuestas violaciones de la ley medioambiental federal y declaraciones falsas.

Lo que convirtió esto en un caso penal en lugar de uno civil fue la creencia errónea de que Koch había ocultado aspectos de la transgresión cuando hizo su revelación a la agencia de Texas. Teníamos confianza en que un gran jurado comprendería que eso no era verdad. Después de todo, habíamos revelado nuestro quebrantamiento por completo a los legisladores estatales allá en 1995.

Para nosotros, sabiendo que KPG se había sincerado sobre este problema por voluntad propia, la afirmación de que nuestra gente había intentado engañar a los legisladores parecía sospechosa desde el principio, y aunque no supimos sobre esto hasta mucho después de que se emitieran las imputaciones y el caso se encaminara hacia un juicio, nuestras sospechas se vieron confirmadas por un sorprendente acontecimiento: los abogados del Departamento de Justicia presentaron al gran jurado un documento del estado de Texas que había sido modificado de una forma que hacía parecer a Koch culpable de encubrimiento.

El documento original que resumía la discusión de noviembre de 1995 de KPG con los legisladores estatales concluyó con la información de que KPG se había sincerado al respecto de que se encontraba fuera de la norma. «Investigarán más y regresarán con un seguimiento a principios de febrero con el [sic] cuán lejos y durante cuánto tiempo han estado fuera de la norma».

Sin embargo, al gran jurado se le presentó otra versión de ese documento, reescrito prácticamente palabra por palabra, excepto por la inexplicable omisión de las palabras «cuán lejos y durante cuánto tiempo han estado fuera de la norma». Dicho de otra forma, el gran jurado había imputado a la compañía y a cuatro empleados inocentes basándose en lo que parecía ser un fraude intencionado.

Experimentar de primera mano lo que el sistema de justicia penal puede hacerle a una compañía (y peor todavía, a sus empleados a nivel individual) me ha vuelto más escéptico con respecto al sistema de justicia penal y a algunas condenas; pero también reforzó nuestro compromiso, ya de por sí firme, para no volvernos nunca complacientes en relación con el cumplimiento de las normas.

La imputación por noventa y siete cargos por parte del Departamento de Justicia se redujo a siete cargos. Expertos externos aconsejaron a KPG que se declarara culpable de un delito penal, pagara una multa y siguiera adelante. Estos expertos también aconsejaron que la compañía dejara que los empleados se defendieran por su cuenta del Gobierno y que entregara toda la información entre abogado y cliente al Gobierno, lo que entonces podría usarse contra los empleados.

Rehusamos hacerlo porque no creíamos que los cuatro empleados imputados hubieran hecho nada malo. Para nosotros, tratar a nuestra gente de esta forma hubiera supuesto una violación de nuestros Principios Rectores. El caso siguió adelante hacia un juicio, con el Gobierno presionando infructuosamente a nuestros empleados para que implicaran falsamente a directivos de mayor rango de Koch a cambio de indulgencia. La fiscalía incluso llamó como testigo al empleado que había sido despedido que había presentado el informe falso.

La fiscalía, además, confió en gran medida en el testimonio de otra antigua empleada de KPG que era ingeniera medioambiental. Antes de dejar el trabajo se le informó de que su rendimiento había sido inaceptable y se le advirtió de que sería despedida si no mejoraba. Ahora, actuando como «denunciante», le dijo al estado que nuestro informe medioambiental posterior también era falso. Esta empleada testificó que estaba preocupada porque la pudieran despedir meses antes de denunciar, y que había consultado con muchos abogados demandantes acerca de demandar a KPG (cosa que hizo, y llegamos a un acuerdo).

Además, le dijo a un compañero de trabajo que cuando acudiera al estado, tenía un plan para forzar a la compañía a despedirla. Cuando ese plan falló, dimitió, pero tergiversó ese hecho al estado para recibir subsidios de desempleo.

Aquí, una vez más, había lecciones que aprender. Principalmente, KPG no había seguido la dimensión de la virtud y los talentos de nuestro MBM al no despedir a esta empleada por su mal rendimiento después de que ella se resistiera a los esfuerzos para ayudarla a mejorar. En lugar de tomar decisiones difíciles, sus supervisores la habían transferido de un lugar a otro de la refinería, intentando trabajar con ella para mejorar su rendimiento.

Además, la forma en la que la refinería de Corpus Christi gestionó el problema del incumplimiento de las nuevas normativas era incongruente con la dimensión de los derechos de decisión de la MBM. Las personas responsables de los problemas cotidianos intentaron investigar el incumplimiento y luego lidiar con el legislador gubernamental. Esto también fue un error. Hoy, Koch solicitaría que unas personas distintas (personas que no estuvieran implicadas en los asuntos subyacentes o las operaciones cotidianas de la refinería) investigaran el incumplimiento

Presentar un informe falso al Gobierno puede constituir un delito, por lo que resulta esencial traer a empleados de la compañía con un mejor conocimiento o, incluso mejor, a expertos externos para que investiguen y respondan a los legisladores.

La causa del Gobierno acabó derrumbándose algunas semanas antes del juicio en una vista frente a un juez federal, después de que, finalmente, Koch tuviera la oportunidad de desafiar al perito clave del Gobierno: un investigador de la Agencia de Protección Medioambiental (APM) que admitió que las muestras de las aguas residuales recogidas por la «denunciante» y usadas como prueba del incumplimiento por parte de KPG no eran fiables, ya que su recogida no se ajustaba a las normas de la APM para la recogida de muestras. Aparte de la información que Koch aportó como parte de su sinceramiento voluntario a la agencia medioambiental de Texas, el Departamento de Justicia no aportó ningún otro respaldo con respecto a sus alegaciones. Por lo tanto, todos los cargos contra Koch y los cuatro empleados imputados fueron desestimados.

En abril de 2001, KPG se declaró culpable de un único delito: el informe falso emitido por el antiguo empleado y que había presentado en noviembre de 1995. El Gobierno hizo que los cuatro empleados inocentes firmaran un acuerdo prometiendo no demandar por una acusación falsa como condición para retirar los cargos contra ellos. Aunque al final fueron exonerados, lo que le sucedió a estos cuatro empleados fue totalmente inaceptable.

Así pues, ¿cómo empleamos las lecciones obtenidas de este desafortunado incidente para aplicar mejor la MBM en todas nuestras compañías? Para empezar, dimos pasos adicionales para asegurarnos de que todos nuestros negocios estuvieran implementando completamente nuestra dimensión de la virtud y los talentos. Tal y como leerás más acerca de esto en el capítulo 7, incrementamos nuestros esfuerzos por contratar, en primer lugar, basándonos en los valores, y sólo después de eso en el talento y la experiencia. En la actualidad, si nos encontramos con que hay empleados cuya integridad es cuestionable o no están comprometidos con la seguridad o el cumplimiento de las normas, los despedimos.

Ésta es una obligación de cada líder a cada nivel. Si un líder o directivo no satisface plenamente este difícil papel, no encaja en un puesto con responsabilidades de supervisión. Si nuestra instalación de Corpus Christi hubiera funcionado de esta forma, no habría habido problemas. Tras este incidente, tuvimos que enfrentarnos a la realidad de que necesitábamos mejorar nuestras prácticas internas y externas.

Hay decenas de miles de leyes y regulaciones que se aplican a nuestras empresas, muchas con el potencial de imponer responsabilidades penales a la compañía y sus empleados. Basándonos en esta realidad y estos incidentes a mediados de la década de 1990, desarrollamos nuestro sistema de cumplimiento de las normas al 10 000 %, que recuerda a los empleados que es necesario un cumplimiento del 100 % el 100 % del tiempo. Está diseñado para evitar que incidentes como ése vuelvan a ocurrir, ayudando a los empleados a recordar «pararse, pensar y preguntar» siempre que surja un problema sobre el que no estén seguros al 100 %.

Aunque nunca podemos cantar victoria, me alivia que Koch no se haya enfrentado a ninguna imputación o acusación más durante más de una década. Convertir el modelo del 10 000 % en una realidad requiere hacer que todos en la cadena de gestión sean responsables del rendimiento, incluso aunque no sepan que hay un problema.

Estos incidentes también nos impulsaron a fijarnos en cómo lidiábamos con los legisladores y si los tratábamos con el nivel adecuado de respeto y con el foco puesto en el cliente. Tratamos con muchos legisladores a diario en nuestras instalaciones. Nos dimos cuenta de que necesitábamos comprender y satisfacer mejor sus necesidades, tal y como lo haríamos con un cliente comercial. Nuestros modelos mentales debían tener en cuenta la realidad de que sin la aprobación gubernamental un negocio no puede funcionar en EE. UU.

Me enorgullece decir que, desde esos incidentes, la Agencia de Protección Medioambiental (APM) ha reconocido el desempeño y administración ecológicos de las compañías de Koch en muchas ocasiones, haciendo comentarios sobre el enfoque productivo y colaborativo que las compañías de Koch emplean al trabajar con dicha agencia. Por ejemplo, las emisiones de nuestras refinerías son un 31 % inferiores que las de las homólogas en nuestro sector tomando como base el proceso por barril. En su informe del Inventario de Emisiones Tóxicas publicado en 2015, la APM clasificó a Koch como la mejor compañía de matriz estadounidense en cuanto a la implementación de iniciativas para la prevención de la contaminación. Debemos darle las gracias a la MBM por estas mejoras.

Koch ha implementado las lecciones aprendidas de estos problemas legales pasados a nuestras empresas actuales y a la diligencia debida que empleamos al evaluar adquisiciones potenciales. Estos incidentes refuerzan el gran énfasis que la MBM pone en la cultura y en contratar a gente basándose no sólo en sus habilidades, sino en sus virtudes, con el objetivo de asegurarnos de que nuestras empresas y nuestros líderes fomenten la integridad, la valentía, el cumplimiento de las normas y el respeto. Ésta es la razón por la cual los líderes principales de Koch viajan por el mundo a reuniones en ayuntamientos con sus empleados para hablar de la importancia de la cultura del cumplimiento de las normas.

Debido en parte a estos incidentes, en cualquier momento en el que nos encontremos con un problema, sea donde sea, aplicamos inmediatamente el marco de la MBM para remediar el asunto, especialmente si implica a la seguridad, el medioambiente o el cumplimiento de las normas. Esto incluye cerrar un negocio o incluso liquidarlo si no creemos que pueda hacerse que cumpla con nuestros estándares.

Como no hay forma más potente de comunicación que el compartir cara a cara, ahora también les pedimos a los empleados que vivieron los incidentes de Corpus Christi y de Lively que se reúnan con los empleados nuevos que no estaban en la compañía en esa época. Los líderes de mayor nivel les explican a los empleados el dolor y el estrés que estos incidentes provocaron a todos los implicados, incluyendo a sus familias.

El objetivo no es sólo el de educar a los empleados acerca de los hechos de estos casos, sino transmitir su pesado peaje emocional. Este proceso es clave para alcanzar el corazón y la mente de nuestros empleados y ayudarles a comprender por qué hacemos tanto hincapié en un cumplimiento de las normas al 10 000 %. Empleamos el mismo enfoque después de los accidentes, independientemente de lo menores que sean, para asegurar que la gente interiorice el coste humano de estos incidentes de primera mano.

No puedo abordar plenamente el asunto de la adversidad sin mencionar un tercer caso que implicó a Koch que llegó a los titulares a lo largo de la década de 1990. No creo que fuera motivado por un fallo en la virtud y los talentos o en los derechos de decisión, sino más bien por una disputa entre accionistas.

En 1989, Koch fue demandada por un caso relacionado con la Ley de Reclamaciones Fraudulentas en un juzgado federal de Ohio. Este caso lo presentó mi hermano Bill, el gemelo de David, que era un antiguo accionista que había demandado a la compañía repetidamente y sin éxito a lo largo de la década de 1980. El caso giraba alrededor de las prácticas de medición de crudo de Koch en terrenos federales y de los nativos norteamericanos desde 1975 hasta 1988.

Durante esa época, Koch Oil se había convertido en la mayor empresa de recogida de crudo de EE. UU. debido a su superior servicio al cliente. Dadas las condiciones de campo y las imprecisas mediciones manuales en esos tiempos, creemos que nuestras prácticas eran por lo menos congruentes con (y en muchos aspectos mejores que) las prácticas del sector. De hecho, las pruebas mostraron que las prácticas de medición de Koch tenían una precisión de prácticamente el 99,5 %, lo que se encontraba por encima del estándar en el sector. Teniendo en cuenta que Koch se centraba en dar servicio a productores independientes, muchos de los cuales estaban ubicados en zonas remotas con unas condiciones de campo desafiantes, esa precisión es incluso más impresionante. La incrustación, el gas en el crudo, el BS&W (el acrónimo, en inglés, de «sedimento básico y agua» en el fondo de un depósito de crudo), la variación de la temperatura en el depósito, los depósitos deformes y un conjunto de otras variables entran en juego, haciendo que no sea posible conseguir una precisión del 100 %.

Como las ventas de crudo de Koch superaban a sus compras de crudo registradas, la demanda afirmaba que nos llevábamos el crudo deshonestamente, e iba tan lejos como para afirmar que Koch había «robado» el crudo.

Ninguno de nuestros clientes nos demandó ni se unió a este litigio, y ninguno testificó contra Koch en este caso judicial. De hecho, algunos clientes testificaron a nuestro favor en el juicio, diciendo que, si alguna vez habían tenido preocupaciones con las mediciones de Koch, formulaban preguntas y cualquier problema se resolvía amigablemente mediante un acuerdo mutuo.

Incluso la tribu nativa norteamericana de los osage expresó su apoyo a Koch a lo largo de todo el caso, y la Oficina Federal de Gestión de Tierras no encontró ningún delito por nuestra parte, informando de que no se habían encontrado «discrepancias ni irregularidades en la rendición de cuentas de la producción».[2]

Afortunadamente, algunos antiguos empleados contrariados (la gran mayoría de los cuales fueron despedidos por robos u otras violaciones de las políticas de la compañía) testificaron contra Koch. Estos antiguos empleados aportaron unas alegaciones vagas de que habían «robado» crudo, pero nunca habían afirmado eso antes de la demanda. De hecho, no se «robó» crudo, y no se encontraron pruebas de robo en este caso.

---

2. eu.oklahoman.com/story/news/1990/03/23/blm-finds-no-proof-koch-stole-indian-royalties/62571111007/

Pese a ello, el Tribunal Estadounidense de Distrito para el Distrito Norte de Oklahoma informó al jurado de que los clientes de Koch no podían quejarse al Gobierno, y que era irrelevante si nuestros clientes habían aprobado las mediciones en el momento en el que se hicieron. Debido a las normas especiales que rigen los arrendamientos petrolíferos controlados por el Gobierno federal, todo lo que importaba, según el tribunal, era si la cantidad de crudo presentado en un impreso de reclamación era distinta a aquélla por la que se había pagado. Después de más de una semana de deliberaciones, el jurado emitió un veredicto contra Koch. El caso se resolvió en 2001.

Aplicando la MBM en retrospectiva a este caso, creo que empezó con un conflicto relativo a la visión entre los accionistas de Koch Industries. El desacuerdo que surgió de ese conflicto condujo a la desconfianza, luego degeneró en forma de demandas, en una compra en 1983 y en años de todavía más demandas.

La falta de una visión eficaz o, como en este caso, un conflicto en cuanto a la visión, es una raíz del fracaso de muchas grandes empresas. Ésa es la razón por la cual, en la actualidad, con cada contratación que hace Koch, buscamos a gente honesta que comparta una visión para un mundo mejor: un mundo en el que las empresas tengan éxito haciendo que a la gente le vaya mejor.

El siguiente capítulo explica la primera de las cinco dimensiones de la MBM: la que es absolutamente esencial para acertar al principio, antes de abordar las otras cuatro. Es la visión.

PARTE II

CAPÍTULO 6

Visión

Guía hacia un futuro desconocido

«Independientemente de lo que puedas hacer o de aquello en lo que puedas soñar, inícialo. ¡La valentía posee genialidad, magia y poder!».

Atribuido a GOETHE[1]

Hacía ya bastante de mi septuagésimo cumpleaños cuando vi por primera vez las palabras «hermanos Koch» emparejadas en los medios. Aunque somos cuatro, la mayoría de la gente que usa esta expresión sólo se refiere a David y a mí: los dos que permanecimos en la compañía después de que Frederick y Bill vendieran sus acciones en 1983.

David vive en Manhattan con su mujer y sus tres hijos, donde es un notorio mecenas de las artes y benefactor de los principales hospitales y centros de investigación del cáncer en Nueva York y Estados Unidos. Así pues, no es de extrañar que Barbara Walters incluyera a David en su programa especial de televisión

---

1. Del *Yale Book of Quotations,* ed. Fred R. Shapiro, pág. 315 (2006). Atribuido primeramente a Goethe en *The Scottish Himalayan expedition,* de William Hutchinson Murray (1951).

The 10 most fascinating people of 2014 (Las 10 personas más fascinantes de 2014).

La selección de David subraya la diferencia en nuestros estilos de vida. El suyo es interesante, y el mío no. Cuando no estoy en la oficina, estoy estudiando praxeología, ejercitándome en el gimnasio que tenemos en nuestro sótano, analizando los veinticuatro componentes del *swing* en el golf, disfrutando de una de las comidas «sanas para el corazón» de Liz en nuestra cocina o intentando entender lo que mis pequeños nietos dicen cuando hablamos por FaceTime (Charlie, el mayor, me llama Papito, que es algo mucho más amable que la forma que tienen de llamarme en los medios. Copió eso de Liz, que me llamaba Papito incluso antes de que fuese abuelo).

A pesar de nuestras diferencias superficiales, además de las muy fundamentales (a David le gusta el *ballet* y a mí el fútbol americano), David y yo nos hemos llevado bien como socios empresariales durante medio siglo porque siempre hemos compartido la misma visión para Koch: innovar, crecer y reinvertir para maximizar el valor a largo plazo mediante la aplicación de nuestras capacidades medulares.

Una visión compartida por socios

Los beneficios a corto plazo, aunque necesarios, no son suficientes para el éxito a largo plazo en los negocios. Cada empresa debe tomarse en serio lo que Schumpeter llamaba el papel esencial del capitalismo: impulsar «el perenne vendaval de la destrucción creativa».[2] Para triunfar a largo plazo, una empresa debe innovar y mejorar por lo menos tan rápidamente como su competidor más eficaz. David y yo comprendemos que la destrucción creativa debe formar parte integral de la visión de Koch Industries. Ésta es una diferencia esencial que nos diferencia de muchas otras compañías.

Nuestro compromiso con la rentabilidad a largo plazo se ve fortalecida por nuestros socios, la familia Marshall, que son accionistas

---

2. Schumpeter, J. A.: *Capitalism, socialism, and democracy, op. cit.,* pág. 84.

importantes. J. Howard Marshall II, su hijo Pierce, y la viuda de Pierce, Elaine, han sido unos aliados nuestros firmes, incluso cuando nuestra visión se convirtió en blanco de las críticas.

Los Marshall siempre se han unido a David y a mí en nuestra visión de aspirar a mantener una tasa de crecimiento de aproximadamente el 12 % o superior. Al combinarla y acumularla (como sucede con el interés compuesto), esa tasa de crecimiento nos permite duplicar nuestros ingresos cada seis años de media. El modificador «de media» tiene una importancia crítica, ya que, si intentamos alisar, reducir las diferencias (como se sienten obligadas a hacer algunas compañías que cotizan en la bolsa para defender el precio de sus acciones) nuestro futuro no sería tan brillante. El énfasis de Koch en la combinación y acumulación, como en el caso del interés compuesto (a veces se llama a esto «la fuerza más poderosa del universo»), es otra diferencia entre la visión de nuestra compañía y la de muchas otras.

Duplicar nuestros ingresos cada seis años requiere de que mejoremos nuestra capacidad de aplicar la MBM más plena y ampliamente; que añadamos y desarrollemos el talento para funcionar de forma eficaz como una compañía mucho más grande y compleja; que sigamos siendo una compañía de capital privado, de modo que podamos centrarnos en el largo plazo; que generemos las oportunidades que nos permitan reinvertir el 90 % de nuestros ingresos con unos rendimientos superiores; y que nos aseguremos de que todos los empleados, en cualquier lugar, se comporten con integridad y cumpliendo las normas (estos dos principios se encuentran en la parte superior de nuestra lista de Principios Rectores de la MBM, que se describirán en el siguiente capítulo).

Para que cualquier compañía incremente sus beneficios a este ritmo, la visión correcta (junto con los valores adecuados) es esencial. Esto empieza por tener a los socios adecuados, aquéllos que comparten la visión y los valores. Cuando los socios no comparten la visión ni los valores, puede que resulte necesaria la disolución de ese matrimonio. Mi consejo es obtener un «contrato prenupcial comercial».

Estar atrapado en una asociación hostil sin un mecanismo de separación es una pesadilla. En el mejor de los casos se convierte en un punto muerto en el que no puede decidirse nada y el negocio se atrofia. Teníamos una empresa conjunta en la que el socio hostil empezó a presentarse una hora y media tarde a las reuniones de la junta sólo para vetarlo todo. Afortunadamente, nuestro acuerdo incluía un procedimiento de divorcio y pudimos conseguir la separación. Aprendimos, hace ya algún tiempo, a evitar entrar en asociaciones sin un mecanismo de salida.

Cuando las partes comparten una visión y unos valores y contribuyen de acuerdo con sus ventajas comparativas, la asociación puede ser un vehículo poderoso para una creación superior de valor. Nuestra adquisición de Chrysler Realty mencionada en el capítulo 3 fue posible debido a la asociación que formamos con George Ablah, un empresario de Wichita. Gracias a nuestra visión compartida de comprar y mejorar empresas con problemas, y a los valores que teníamos en común, esa asociación fue muy exitosa.

Crear una visión eficaz es la primera dimensión de la MBM, y la génesis del buen beneficio que conduce al éxito a largo plazo. Eso es porque hasta que imagines cómo debería ser tu negocio y cómo generará valor para otros, no hay forma de saber qué talentos, procesos de conocimiento, derechos de decisión e incentivos serán necesarios (las virtudes necesarias para un buen beneficio permanecen constantes, independientemente de la visión). La visión es fundamental para las otras cuatro dimensiones.

Estableciendo tus visiones

Están aquellos que ven el beneficio como un mal necesario en el mejor de los casos: un signo de avaricia y algo que se consigue mediante la «explotación» o embaucando al consumidor. Para ellos, todo beneficio es malo.

Thomas Sowell se opone elocuentemente a esta suposición cuando escribe: «Para los económicamente ignorantes, si una compañía consigue un millón de dólares en beneficios, esto significa que sus productos cuestan un millón de dólares más de lo que costarían sin beneficios. A esta gente nunca se le ocurre que estos productos podrían costar varios millones más [....] sin los incentivos para ser eficiente creados por la expectativa de los beneficios».[3]

Podemos decir, sin temor a equivocarnos, que algunos de los que sostienen esta visión nunca han experimentado lo que significa de verdad obtener un beneficio a largo plazo haciendo que la vida de los demás sea mejor. Si lo hubieran hecho, agradecerían, igual que hago yo, el buen beneficio. Verían que, en una sociedad verdaderamente libre, la gente y los negocios ganan sirviendo a los demás.

«El consumo es el único fin y objetivo de la producción, y el interés del productor debería atenderse sólo hasta el punto en el que pueda ser necesario para promover el del consumidor»,[4] escribió Adam Smith.

El consumo impulsa la visión de Koch. Dicho eso, con el mismo espíritu con que lo hizo Smith, con respeto por el consumidor, que se encuentra al otro lado de la ecuación, guiando mis acciones. Tanto si «consume» combustibles, alimentos, productos de papel, libros, biotecnología o tecnología de la información, mi objetivo en los negocios es servir a esa persona.

Si los productores supieran no sólo lo que los consumidores quieren ahora, sino lo que querrán en el futuro, su trabajo sería bastante fácil. De hecho, si los *consumidores* supieran lo que los consumidores quieren ahora y querrán en el futuro, el trabajo de un productor sería muy sencillo.

Sin embargo, nadie lo sabe. A veces, los consumidores ni siquiera son conscientes de que necesitan un nuevo producto o servicio, o tienen una frustración con un producto antiguo, hasta que se les presenta el nuevo. Tener una visión de negocio para esta evolución

---

3. SOWELL, T.: «Profits without honor», en *Ever wonder why? and other controversial essays*. Hoover Institution Press, Stanford (California), 2006, pág. 82.

4. SMITH, A.: *An inquiry into the nature and causes of the wealth of nations, op cit.*, vol. 4, 8.49.

con final abierto de los deseos del consumidor es crítica para el éxito a largo plazo.

Cuando se preguntó a grandes usuarios de la tecnología de la información en la década de 1970 qué ordenadores usarían en el futuro, el 70 % dijo que los ordenadores centrales de IBM. Nunca imaginaron la idea de unos ordenadores personales de quinientos dólares en red para dar lugar a Internet, por no hablar de los teléfonos inteligentes y las tabletas. Con una dependencia excesiva en la visión del dominio de los ordenadores centrales, IBM fue lenta entrando en el negocio de los ordenadores personales, e incluso entonces no tuvo éxito.

«La solución al problema económico es un viaje de exploración hacia lo desconocido, un intento por descubrir nuevas formas de hacer las cosas mejor. Los problemas económicos son generados por cambios no previstos que requieren de adaptación»,[5] escribió Hayek.

Hayek comprendía que el futuro es desconocido y que no se puede conocer, por lo que nunca podemos predecir con certeza qué inversiones serán rentables. Para impulsar la destrucción creativa internamente debemos desarrollar numerosos experimentos fundados para determinar qué nuevos productos, procesos, métodos, formas de organización y negocios serán exitosos.

Al decidir a qué negocios dedicarse, Koch se fija en cómo podemos obtener un buen beneficio a largo plazo. Esto es fundamental para nuestra visión, porque a no ser que un negocio genere valor para otros, dejará de existir (a no ser que esté implicada la coerción).

La historia ha mostrado que las organizaciones continuamente rentables son aquellas que proporcionan lo que la gente valora. Los negocios que no lo hagan, como las noventa y tres compañías que han desaparecido de la lista Forbes 100 original desde 1917, tienden a extinguirse.

Sospecho que una visión con fallos fue parcialmente culpable de la desaparición de esas compañías. No lograron comprender cómo

---

5. Hayek, F. A.: *Individualism and Economic Order.* Chicago, University of Chicago Press, 1948, pág. 101.

seguir generando un valor superior en la sociedad a largo plazo. Como resultado de ello, lo hicieron cada vez menos a medida que el tiempo pasaba. Para que cualquier negocio, incluyendo Koch, alcance el éxito, debemos disponer de una visión que nos oriente para hacer más y más para nuestros consumidores y nuestra sociedad.

Personas, no cosas

La visión de Koch es distinta a la de la mayoría porque está centrada en la generación de valor y la gente. Te darás cuenta en nuestra declaración, en la siguiente página, de que ni siquiera mencionamos un producto o un sector. En lugar de ello nos centramos en lo que podemos hacer por la *gente* cumpliendo el papel de los negocios en la vida de la gente. La visión de Koch aborda las capacidades concretas que nuestra gente debe desarrollar y aplicar, y los beneficios que proporcionamos a la gente en la sociedad cuando lo hacemos.

En una economía verdaderamente libre, para que un negocio sobreviva y prospere a largo plazo debe desarrollar y usar sus capacidades para generar un valor real, sostenible y superior para sus clientes, para la sociedad y para sí mismo. Sólo haciéndolo así podrá seguir inspirando y atrayendo a los clientes, los proveedores y los socios.

Cuando cualquiera de estas partes tiene la opción de elegir con quién trabaja, queremos que sea con Koch. Si Koch no es su contraparte de elección, no les estamos ofreciendo más valor que nuestros competidores y no seremos tan exitosos como podríamos ser.

Tener una visión clara también es crítico para atraer el mejor talento. Comprender lo que una empresa está intentando conseguir y cómo genera valor (en otras palabras, su visión) no sólo permite a los empleados centrarse y priorizar, sino que les ayuda a desarrollar y encontrar su realización personal. Disponer de una visión compartida orienta el desarrollo de los roles, las responsabilidades y las expectativas. Ésa es la razón por la cual acertar con la visión, ayudar a los empleados (especialmente a los líderes) a interiorizarla y actualizarla tan frecuentemente como sea necesario es esencial.

La visión de Koch se actualizó en 2013 para reflejar de forma más precisa nuestra práctica y lo que es necesario para seguir con nuestro éxito en el futuro:

> El papel de las empresas en la sociedad es el de ayudar a la gente a mejorar su vida proporcionando productos y servicios que valoran más que sus alternativas, y hacer eso mientras consumen menos recursos. En la medida en la que una empresa haga esto mediante medios económicos, sus beneficios reflejan el valor que genera en la sociedad. La destrucción creativa es algo inherente en un sistema de mercado, por lo que un negocio no sólo debe mejorar continuamente el valor que genera para los clientes y la sociedad, sino que debe hacerlo significativamente más rápido que sus competidores.
>
> Así pues, para seguir triunfando, nuestra visión es la de mejorar el valor que creamos para nuestros clientes más eficiente y rápidamente que nuestros competidores. Esto debería permitirnos generar el rendimiento del capital invertido y las oportunidades de inversión necesarias para conseguir un ritmo de crecimiento a largo plazo que duplique las ganancias cada seis años de media. Esto requiere acelerar significativamente la aplicación de la MBM, tener mucha más visión de futuro en cuanto a la adquisición y el desarrollo de talento, seguir siendo de capital privado y continuar reinvirtiendo el 90 % de las ganancias mientras se gestionan los asuntos legalmente y con integridad.

Para alcanzar estos objetivos debemos mejorar nuestro rendimiento del capital invertido e incrementar sustancialmente la generación y captación de oportunidades de inversión. El foco de nuestra inversión se encontrará en aquellas oportunidades que, mediante el uso de capacidades ya existentes o añadiendo unas nuevas, proporcionen la mayor creación de valor, las mejores ganancias y contribución y nuevas plataformas de crecimiento.

Ésta es la visión de Koch, pero cada compañía, independientemente de su tamaño o de qué tipo sea, debería esforzarse por desarrollar y comunicar claramente su propia visión singular.

De las toallitas de papel al Internet de las cosas

Al desarrollar una visión son necesarios varios pasos. El primero consiste en crear una perspectiva de cómo la organización puede generar un valor superior para sus clientes y la sociedad y captar una parte de él. La visión es una descripción de cómo planea exactamente la organización generar ese valor.

Algunas de las capacidades que son críticas para la aptitud de Koch de generar valor superior son la excelencia comercial, la excelencia en las operaciones, el talento, la innovación, una mentalidad para hacer negocios y la eficacia en el sector público. La MBM es la capacidad dominante que es vital para alcanzar la visión de Koch. Otros negocios tienen distintas capacidades, y comprender cuáles son y cómo pueden generar un valor superior son clave para desarrollar una visión eficaz.

Cualquier organización interesada en el buen beneficio debería comenzar con una valoración realista de lo que puede hacer especialmente bien que le permita conseguir mejores resultados que otras. Entonces debería abordar cómo mejorar esas capacidades y adquirir las nuevas necesarias para seguir el ritmo en el futuro. Esto incluye trabajar o asociarse con otras organizaciones que tengan unas capacidades complementarias superiores, como las veinte organizaciones con las que INVISTA tiene alianzas para acelerar el progreso al desarrollar procesos bioquímicos.

Por último, la visión debería servir como guía para otras oportunidades para las cuales cualquier combinación de estas capacidades pueda generar un valor superior.

Lo que es fundamental para esta visión centrada en las capacidades es el Espíritu Empresarial Honesto, que debe abrazar la naturaleza de la destrucción creativa. Para maximizar el crecimiento a largo plazo, las empresas deben comprometerse a una gran tasa de reinversión que reconozca el poder de la combinación y acumulación (como en el caso del interés compuesto). Tomados juntos, estos factores son lo que diferencia la Visión de Koch de la de muchas otras compañías. Éstos fueron los elementos que nos llevaron a Sterling Varner y a mí a alejarnos de la visión de recoger crudo en el sur de Oklahoma para convertirnos en los líderes de la recogida de crudo en Norteamérica. Estos elementos han sido la base de las visiones de nuestros negocios desde entonces.

Teniendo en cuenta todas las nuevas capacidades que Koch ha adquirido y desarrollado a lo largo de los años, es imposible predecir todas las formas en las que aplicaremos nuestra filosofía en el futuro. Como el futuro se desconoce y es incognoscible, la visión de una compañía debe ser abierta y abrazar la destrucción creativa a un nivel fundamental.

Por nuestra experiencia, una compañía tiende a estar mejor servida cuando se centra en las capacidades más que en el sector. En el sector del crudo, por ejemplo, no hay razón alguna por la cual una compañía de prospección exitosa también deba estar en los campos del refinado y el *marketing*. Pese a que todas éstas son facetas del mismo sector, las capacidades necesarias para la prospección de crudo son bastante distintas de las necesarias para otras partes de la cadena de valor. Una compañía no tiene por qué poseer o controlar su suministro de materia prima cuando, como sucede en el caso del crudo, es fácil de encontrar en los mercados líquidos. Una compañía sólo necesita hacer eso cuando el suministro no es líquido, o cuando ostentar el control sobre una ubicación concreta proporcione a esa compañía una ventaja en términos de coste o calidad.

Debido a esta razón, aunque el refinado de crudo es un negocio importante para nosotros, no hemos sentido la necesidad de tener nuestra propia producción de crudo para suministrar a nuestras refinerías, o nuestras propias gasolineras para proporcionar una salida a nuestros productos. En lugar de ello, hemos desarrollado capacidades comerciales, de distribución y de transporte.

Estamos implicados en una modesta cantidad de prospección de crudo sólo porque hemos logrado ser una empresa independiente aplicando nuestra mentalidad para el comercio, que implica la modificación continua de nuestras estrategias de inversión a medida que los mercados relativos a las parcelas y las reservas cambian *(véase* el apéndice C).

Un ejemplo de la imprevisibilidad de nuestras direcciones futuras (y del papel de la visión al dirigirlas) es nuestra adquisición de Georgia-Pacific (GP), que puso en marcha un camino evolutivo que empezó con las toallitas de papel y condujo a la exploración de cómo la conectividad ilimitada y de bajo coste entre objetos, máquinas y personas (el Internet de las cosas) puede generar valor tanto en las plantas de fabricación como en las oficinas.

No resulta muy difícil imaginar un «cuarto de baño del futuro», con sensores monitorizando los momentos de mayor uso, los patrones de higiene y el potencial de crecimiento de moho mientras solicita automáticamente de nuevo papel higiénico, toallas y jabón. Esta tecnología podría mejorar los sanitarios, reducir los costes y optimizar las comunicaciones entre GP y los propietarios de edificios comerciales.

¿Cómo llegamos de las toallitas de papel a una idea así? Cuando Koch adquirió Georgia-Pacific en 2005, su dispensador de toallitas de papel sin contacto enMotion® había estado ayudando a la gente a evitar los microbios en los baños públicos desde 2002. GP ha conseguido mantener su negocio fundamental de productos de papel al tiempo que su cuota de mercado para los productos de enMotion ha crecido impresionantemente.

Sin embargo, en el espíritu de la destrucción creativa, la nueva visión de Koch para GP fomentó múltiples tipos y generaciones de descubrimientos experimentales en el mundo de los productos dispensadores de papel. Las innovaciones incluían nuevos diseños de cabinas, versiones más silenciosas con un menor impacto, toallitas con cualidades mejoradas, la ampliación hacia la dispensación de jabón, y mejoras de rendimiento y piezas de recambio gratuitas para las instalaciones de enMotion existentes. La introducción de los dispensadores de toallitas SofPull® proporcionó una alternativa con un menor precio. Entre 2005 y 2009, las ventas de papel de la empresa enMotion original se duplicaron.

Pero entonces, en 2009, las ventas de GP alcanzaron una meseta mientras el «perenne vendaval» de Schumpeter soplaba. Seguir siendo competitivo requiere de algo más que simplemente innovaciones de producto. También requiere de nuevas tecnologías, nuevas fuentes de suministro y nuevos tipos de organización.

Por lo tanto, empezamos a tener en cuenta cómo los sensores (no sólo las toallitas de papel) podían ayudar a la gente a mejorar su vida. La gente valoraba no tener que tocar la manivela de un dispensador con las manos mojadas en un baño público, donde abundan los gérmenes. ¿Cómo podría proporcionar valor la tecnología de los sensores a los clientes?

Manteniendo su foco en la *gente,* GP ha iniciado un trabajo emocionante en la monitorización inalámbrica del uso de los dispensadores, de modo que los hospitales puedan ayudar a mejorar los hábitos de la higiene de las manos de los profesionales de la salud antes de tocar a alguien. Recordando al personal del hospital que se lave las manos antes de tocar a alguien, esta tecnología puede desempeñar un papel fundamental en la reducción de la tasa de infecciones en los pacientes.

Aunque el aumento en las ventas de papel con respecto al dispensador enMotion original se ha ralentizado desde 2009, innovaciones adicionales han permitido que las ventas de toda la empresa crezcan más de diez veces más rápidamente que el mercado. Los sistemas electrónicos sin contacto tienen ahora más de un 15 % de la cuota del mercado de secado de manos fuera de casa, poseyendo GP bastante más de la mitad de esa cifra.

El Internet de las cosas también tiene un interés obvio para Molex, la segunda mayor adquisición de Koch. Molex, que es un innovador fabricante de componentes electrónicos, está explorando sus «techos digitales» en edificios comerciales. Estos techos incorporan luces led con sistemas de sensores integrados, conectados en red usando un cable Ethernet de categoría 5 estándar, lo que reduce los costes de instalación para los consumidores, ahorra energía optimizando el voltaje de acuerdo con el uso detectado, y puede personalizarse para satisfacer las necesidades locales de los empleados.

Molex está liderando una iniciativa para desarrollar nuevos sensores y encontrar aplicaciones innovadoras a lo largo y ancho de Koch. En 2015, Molex empezó a trabajar con la refinería de Corpus Christi de Flint Hills Resources, y con la planta de Victoria (Texas) de INVISTA para explorar nuevas oportunidades para usar sensores para mejorar los procesos de fabricación.

En ambas compañías se está desarrollando una nueva tecnología de sensores para potenciar la seguridad y la conservación detectando potenciales escapes de las tuberías/oleoductos/gasoductos y los contenedores antes de que provoquen un problema. También se están desarrollando sensores para monitorizar vibraciones y prever fallos, prevenir el mal funcionamiento de los purgadores de vapor, detectar gases peligrosos en áreas de procesos y ayudar a controlar variables de los procesos: todo ello contribuye no sólo a la fiabilidad, sino a unos lugares de trabajo y unas comunidades más seguros.

Mediante la combinación de la nueva tecnología de sensores de Molex con otras capacidades electrónicas, Koch tiene una oportunidad para potenciar la seguridad, reducir los costes y generar valor para otros. Esto se debe, en gran medida, a que seguimos una visión que se centra en lo que nuestros empleados pueden hacer para aprovechar las oportunidades para generar valor para nuestros clientes.

La optimización de recursos

«Condúcelo llevándolo al límite, deja que se rompa y repáralo». Probablemente no usarías tu coche de esta forma, pero a mediados de la década de 1990, la mentalidad en la dirección de Flint Hill se centraba en maximizar la producción diaria en lugar de en maximizar el valor a largo plazo. Los operarios llevaban la maquinaria al límite, durante todo el día, y cuando acababa rompiéndose, los operarios cerraban las unidades hasta que se disponía de un mecánico para que hiciese las reparaciones.

Los operarios y los mecánicos eran recompensados principalmente por maximizar la rentabilidad a corto plazo, lo que significaba que los factores a largo plazo eran subestimados. Sin embargo, el pensamiento a largo plazo es un aspecto crítico del Espíritu Empresarial Honesto: el componente más fundamental y distintivo de la Visión de Koch.

Para alcanzar esa visión de generar valor para otros mientras se ahorran recursos, los empleados deben pensar a largo plazo como propietarios honestos. El ahorro es fundamental para el Espíritu Empresarial Honesto. No estamos generando valor en la sociedad si los recursos que estamos consumiendo tienen más valor en otro uso que el valor de los productos que estamos produciendo a partir de ellos. También destruimos valor cuando despilfarramos recursos al no usarlos de la forma más eficiente posible.

Si el Espíritu Empresarial Honesto fuse una moneda, una cara sería la creación de valor para el cliente, y la otra sería el ahorro o conservación de recursos (capital, materias primas, energía, mano de obra, habilidades especializadas, propiedad intelectual y tiempo), de modo que estén disponibles para satisfacer otras necesidades en la sociedad. Maximizar ese diferencial entre la creación de valor para el cliente y el consumo de recursos es lo que intentamos conseguir practicando el Espíritu Empresarial Honesto.

A finales de la década de 1990, las finanzas y la seguridad estaban sufriendo en Flint Hills Resources (FHR). La dirección de FHR respondió desarrollando una mayor valoración de lo que significa practicar el Espíritu Empresarial Honesto. Esto requirió cambiar a un sistema en el que tanto las operaciones como el mantenimiento se unían con una visión compartida: proporcionar unas operaciones seguras y predecibles con una gran confiabilidad y un mantenimiento proactivo y eficiente.

La nueva visión, llamada sistemas de trabajo basados en la propiedad, incluía la aspiración de ser el «operario de elección», lo que significa que si una comunidad fuera a permitir sólo una planta de procesos, elegiría la nuestra.

La diferencia en los resultados aportada por este cambio de visión en FHR fue espectacular. La refinería de Pine Bend redujo las pérdidas debidas a sucesos no planeados más de un 50 %. Tanto la refinería de Pine Bend como la de Corpus Christi se convirtieron en referentes del sector en cuanto a su rendimiento en lo tocante a factores medioambientales, de salud y de seguridad, su confiabilidad y sus resultados económicos. Otras compañías de Koch han trabajado con la Capacidad de Excelencia en las Operaciones para aplicar este mismo modelo y han conseguido unas mejoras similares.

El ahorro de energía es otra área en la que Koch ha logrado avances fundamentales en los últimos años. Hasta 2009, cuando se formó el Koch Energy Team, este importante recurso se trató simplemente como un «coste debido al hecho de hacer negocios» y fue clasificado por detrás de otros costes operativos como el mantenimiento y el personal.

Después de estudiar referentes relacionados con la energía y las mejores prácticas, el equipo de energía descubrió que ciertas compañías no pertenecientes a Koch habían conseguido un mayor progreso en esas áreas. Esos estudios y el compromiso en cuanto a nuestra visión con respecto al consumo de menos recursos permitió al equipo aprovechar el conocimiento interno y externo para desarrollar un modelo de energía mejorado y un conjunto de mejores prácticas.

El modelo incluía herramientas de medición, una multitud de proyectos e ideas de ahorro de energía integrados correspondientes a cada lugar, una valoración anual de las mejores prácticas relativas a la energía para valorar el progreso, y conferencias relacionadas con la energía para promover el compartir conocimientos. Cuando los empleados de una planta de celulosa de GP sita en Brunswick (Georgia) monitorizaron el consumo de fueloil de su caldera con una tarjeta de resultados diaria, vieron una oportunidad para reducir costes y ahorrar energía al mismo tiempo haciendo funcionar la caldera de otra forma. El compartir información entre el departamento de servicios públicos, el fabricante de la caldera y el grupo de gestión de riesgos de GP dio como resultado una reducción del 70 % del fueloil consumido y un ahorro de 1,6 millones de dólares anuales.

Durante los últimos cuatro años, hemos identificado y conservado más de 200 millones de dólares en ahorros anuales en energía. A lo largo y ancho de Koch Industries, nuestras empresas han llevado cabo varias innovaciones importantes para el ahorro de recursos, todo ello mientras se proporcionaba un nivel superior de seguridad y desempeño medioambiental, obteniendo permisos incluso teniendo unos requisitos cada vez más farragosos y desarrollando nuevas técnicas de construcción para aliviar la escasez de mano de obra cualificada. Se pueden encontrar ejemplos concretos de estas mejoras impulsadas por la visión en cada compañía de Koch.

Por su parte, Koch Ag and Energy Solutions desarrolla nuevos productos que incrementan los rendimientos de las cosechas al mejorar considerablemente la utilización de nutrientes por parte de los cultivos. Se estima que hasta un 40 % de todos los fertilizantes nitrogenados que se aplican en los campos no son utilizados por la planta. Sin embargo, con las innovaciones como AGROTAIN®, la cantidad perdida se reduce a menos de un 10 %. Koch Ag está incrementando la producción de los cultivos, reduciendo el efecto de los fertilizantes sobre el medioambiente y ahorrando recursos costosos.

Koch-Glitsch, una filial que construye ensamblajes internos de columnas de fraccionamiento, usa ahora una tecnología robótica de soldado mucho más eficiente. Flint Hills Resources ha desarrollado formas innovadoras de transporte, procesamiento y comercio de los grandes nuevos suministros de crudo norteamericano. El departamento de recursos humanos de Koch ha desarrollado métodos más eficaces para el reclutamiento de talento a nivel mundial y para la gente en nómina, beneficiándose de las capacidades globales superiores de Molex en este campo. Estas mejoras demuestran la visión de Koch de consumir menos recursos a lo largo y ancho de todas nuestras empresas.

El capital también es un recurso crítico que nos esforzamos por conservar y optimizar, de forma congruente con nuestra visión, destinándolo a su mejor y más elevado uso. Esto se aplica a nuestros activos líquidos además de a nuestras empresas.

Antes del entorno actual con unos índices de interés artificialmente bajos, nuestra filosofía era la de invertir la liquidez sobrante en instrumentos de bajo riesgo a corto plazo. Para obtener un rendimiento atractivo de nuestra creciente liquidez en este nuevo entorno, nuestros grupos de desarrollo de negocio, tesorería y gestión de pensiones crearon las capacidades para hacer unas inversiones más complejas y con un mayor rendimiento.

Éstas incluyen hacer inversiones o las participaciones minoritarias pasivas en compañías como American Greetings, y hacer préstamos en el mercado intermedio. Hemos tenido éxito en estas estrategias nuevas porque estamos atentos a las necesidades concretas de nuestras contrapartes y luego diseñamos estructuras que se adecúan bien a ambas partes. Especialmente en el entorno actual, cuando Koch puede invertir el rendimiento de su liquidez y nuestra contraparte puede obtener un financiamiento necesario en unos términos que sean más favorables que sus alternativas, se trata de una situación en la que todos ganan. Nos esforzamos por ofrecer velocidad, certidumbre, confidencialidad y una evaluación eficiente del trato, y por ceder en términos que sean importantes para el vendedor, pero no tanto para nosotros.

La optimización del capital también requiere de la selección adecuada de empresas y activos en la cartera, y reconocer si venderlos y cuándo. En general, un activo debería venderse cuando un comprador pague más que la estimación del propietario de su valor restante. Esto puede darse cuando el ritmo de cambio de un sector supera la capacidad de un propietario de innovar.

Por ejemplo, el rápido aumento de las plantas de poliéster que se están construyendo en China dio como resultado unas innovaciones espectaculares que redujeron los costes de construcción de las plantas más nuevas y mejoró su eficiencia operativa. Así pues, en 2010, INVISTA vendió sus plantas de poliéster a Indorama Ventures, ya que se adaptan a la consolidación global a gran escala de esa compañía en el sector del poliéster y a su estrategia de innovación.

En cambio, INVISTA Performance Technologies (IPT), la empresa líder de licencias relacionadas con el poliéster, se benefició de ese mismo crecimiento e innovación en China, lo que ayudó a IPT a expandir su negocio de licencias en las tecnologías globales de la licra y el nailon.

En Koch Industries, rara vez vendemos activos que proporcionen una capacidad fundamental o una plataforma para el crecimiento. A medida que la producción de crudo en el sur de Texas se redujo a lo largo de la década de 1990, pensamos en vender nuestros sistemas de recogida de crudo de Corpus Christi. Tuvimos la suerte de conservar las principales, ya que más adelante nos dejaron en una mucho mejor posición para gestionar las grandes cantidades de crudo que aparecieron en Eagle Ford.

Naturalmente, cada empresa quiere captar el máximo valor por algo que venda. Para hacerlo, necesita pensar en las distintas razones por las cuales un activo o un negocio valdrían más para alguien distinto. Los compradores potenciales puede que no crean que la empresa empeorará tan rápidamente como sí lo ve el vendedor. Puede que vean sinergias con una empresa complementaria que posean; o puede que posean unas capacidades o innovaciones relevantes que el vendedor no tenga. En resumen, un comprador casi siempre tiene una visión distinta.

El punto de vista

Para que una visión sea eficaz, debe basarse en el mejor conocimiento que una organización pueda desarrollar. En Koch, esto empieza con la mejor comprensión posible de nuestras capacidades existentes y potenciales. Incluye el mejor conocimiento posible de los clientes y de lo que valoran, el mejor conocimiento posible de los competidores y de sus estrategias, y el mejor conocimiento posible de cualquier cambio que afecte al sector. Para conseguir todo esto, los líderes deben intentar obtener el mejor conocimiento, interna y externamente, y generar una cultura en la que se emplee el mejor conocimiento independientemente de la fuente.

Antes de hacer una compra tan grande como la de Georgia-Pacific, satisficimos este requisito mediante nuestra experiencia con el negocio de la pulpa de papel de GP, los negocios de bienes de consumo de marca de INVISTA, y el conocimiento adquirido de nuestros esfuerzos por comprar otras compañías de productos forestales y bienes de consumo. De hecho, fuimos capaces de adquirir todo GP a un precio aceptable sólo porque habíamos investigado y sabido que se encontraba en una transición de su equipo directivo y la obtención de crédito estaba complicada tras el crac del sector puntocom. De hecho, Koch era el único postor.

Una parte vital de la elección de las oportunidades más atractivas implica desarrollar un punto de vista relacionado con escenarios realistas en sectores de interés. Como el futuro es desconocido e incognoscible, ésta no es una tarea que pueda llevarse a cabo con certeza alguna. Después de todo, si las empresas pudiesen usar una fórmula para determinar el futuro, el valor de la actividad empresarial sería eliminado.

Sin embargo, aunque el futuro es incognoscible, no es inimaginable. Tal y como lo expresaba Ludwig von Mises: «La idea empresarial que prosigue y aporta beneficio es precisamente esa idea que no se le ocurrió a la mayoría. No es una previsión correcta como tal que genere beneficios, sino una previsión mejor que la de los demás. El premio sólo se lo llevan los inconformistas, que no se permiten verse desorientados por los errores aceptados por la multitud».[6]

Por supuesto, una previsión superior no hace, por sí sola, ganar el premio. El empresario debe tener la convicción, la valentía y las capacidades para *reaccionar ante* esa percepción. Esto es lo que hicimos cuando invertimos miles de millones de dólares para mejorar y

6. Von Mises, L.: *Human action: The scholar's edition.* Ludwig von Mises Institute, Auburn (Alabama), 2008, pág. 871. (Trad. cast.: *La acción humana: tratado de economía.* Unión Editorial: Madrid, 2020).

ampliar nuestras refinerías cuando otros no lo hicieron, o adquirimos la empresa de fertilizantes Farmland cuando estaba en la bancarrota durante un período bajo para ese sector.

Tener un mejor punto de vista que nuestros competidores ha sido un impulsor clave de nuestro éxito, pero hay bastante camino para la mejora. Hay muchos ejemplos en los que, si hubiéramos desarrollado un punto de vista algo mejor, podríamos haber evitado pérdidas importantes o disfrutado de unos beneficios mucho mayores.

Un ejemplo es el descenso precipitado del precio de las fibras técnicas de poliéster que se ha mencionado anteriormente en este capítulo. Otro es la profundidad y la duración del colapso de la burbuja inmobiliaria de 2008 que vino como resultado de la combinación de las políticas monetarias de la Reserva Federal y de las distorsiones provocadas por las regulaciones de los préstamos de la Asociación Nacional Federal Hipotecaria y la Corporación Federal de Préstamos Hipotecarios. Podríamos haber disfrutado de unos beneficios incluso mayores anticipando la acusada caída de los precios del gas natural en 2008. Si hubiéramos visto eso venir, nuestras empresas de fertilizantes y químicas se hubieran expandido mucho más de lo que lo hicieron.

Dada la diversidad de las empresas de Koch Industries, su visión debe, necesariamente, ser amplia. En algunas compañías con unas capacidades más específicas que las de Koch (principalmente más pequeñas), la visión debe ser más concreta (como lo es para las empresas individuales de Koch). La amplitud de la visión de una compañía debería variar con la amplitud de sus capacidades.

Al mismo tiempo, un negocio debe tener una visión lo suficientemente específica como para orientar sus estrategias, su toma de decisiones, su asignación de recursos, y las funciones, responsabilidades y expectativas de todos los empleados. Cada visión también debe tener aspiraciones para expandir el pensamiento de los líderes y los empleados a lo largo y ancho de la organización.

Generar una visión eficaz requiere del desarrollo de un punto de vista con una dirección correcta. Esto no puede hacerse sin un estudio intensivo, sistemático y global. Ésta es la razón por la cual estudiamos no sólo la historia de una empresa o sector, sino también las tecnologías existentes y potenciales, los competidores, las leyes vigentes y la estructura del sector, y cómo todos estos factores están cambiando, tanto para los sectores en los que participamos como para aquéllos en los que estamos pensando.

Entonces analizamos sus cadenas de valor y sus estructuras de costes, la demanda futura de sus productos, las posiciones competitivas de los participantes y otros factores y tendencias importantes. Buscamos comprender los impulsores futuros y el nivel de rentabilidad de los distintos segmentos de los sectores relevantes. Pese a ello reconocemos que la incertidumbre garantiza que cualquier punto de vista pueda, en el mejor de los casos, ser sólo direccionalmente correcto. Llevamos a cabo todos estos estudios antes de adquirir Georgia-Pacific y Molex, y antes de que INVISTA avanzara con un importante complejo de nailon en Shanghái.

Basándonos en nuestro cambiante punto de vista, modificamos nuestro pensamiento sobre las mejores oportunidades y cómo captarlas. A partir de este análisis, cada empresa desarrolla una visión que afirma, explícitamente, cómo planea generar un valor superior. Estas visiones deben estar basadas y ser congruentes con la visión de Koch.

Conseguir nuestro objetivo de doblar las ganancias cada seis años de media necesita de una mejora continuada de nuestro rendimiento del capital invertido y una habilidad aumentada para generar y captar oportunidades de inversión suficientemente rentables. Lo último requiere que nuestros horizontes aumenten con nuestro tamaño. Necesitamos innovaciones que provoquen cambios significativos, inversiones que hagan una mayor contribución y nuevas plataformas que proporcionen crecimiento.

Todas las organizaciones pueden hacer esto desarrollando una visión basada en la comprensión de sus capacidades y en estar comprometidas a mejorar rápidamente su habilidad para crear valor para sus clientes. Esto requiere de una cultura de destrucción creativa. Molex, por ejemplo, tiene productos con una vida útil tan corta como dos o tres años.

La innovación disruptiva es la savia de una compañía a la que se deben dedicar importantes recursos humanos y financieros.

Gordon Moore, el cofundador de Intel, determinó que el rendimiento de los semiconductores se duplicaría más o menos cada dieciocho meses. Esto es la destrucción creativa en su extremo más terrorífico, y es responsable del índice de fracaso del 90 % de las empresas emergentes *(startups)* tecnológicas. Ahora más que nunca, si no tienes una cultura de innovación, tus días están contados.

Los negocios son arriesgados

El proceso de desarrollo de la visión se aplica igualmente a los sectores en los que se encuentra una compañía y a aquéllos en los que está pensando en entrar. Las nuevas oportunidades están presentes en los sectores tradicionales de una compañía al igual que lo están en sectores nuevos. Ésta es la razón por la cual las compañías de Koch pueden aplicar el mismo proceso de desarrollo de la visión dentro o fuera de sus sectores actuales.

Un punto de inicio en este proceso consiste en tener en cuenta las capacidades tanto de la empresa como de Koch Industries en su conjunto. La parte más difícil consiste en hacer que nuestras empresas se centren en oportunidades con suficiente potencial para suponer una diferencia para Koch, dado su tamaño.

Basándose en su visión, Koch (y cada una de sus empresas) desarrolla e implementa estrategias que maximizarán el valor a largo plazo. Sólo podemos hacerlo si nos marcamos prioridades. En cualquier negocio complejo, decidir el orden en el que hacer las cosas puede ser tan importante como decidir qué cosas hacer.

Son necesarios por lo menos dos conjuntos de criterios para determinar las prioridades. El primer conjunto incluye aquellas acciones que son necesarias simplemente para mantenerse a flote, como cumplir con un plazo para acatar una reglamentación gubernamental o los requisitos de calidad de un cliente.

El segundo conjunto viene determinado por la comparación de una estimación de valor actual ajustado al riesgo de oportunidades para los recursos consumidos. Esto significa fijarse no sólo en el rendimiento del capital invertido, sino también en el rendimiento del talento y de otros recursos escasos.

Por consiguiente, una oportunidad con un valor actual ajustado al riesgo de 100 millones de dólares debería tener prioridad sobre una de 20 millones de dólares, asumiendo un rendimiento del capital invertido y de otros recursos similar. Sin una metodología tal, la tendencia es la de intentar dedicarse a todo al mismo tiempo, lo que significa que nada se hace rápidamente ni bien.

Si, por ejemplo, estuviéramos pensando en la adquisición de una nueva planta manufacturera que fuera deficiente en el rendimiento relativo al medioambiente, salud y seguridad y en la gestión operativa, podríamos conseguir una mejora importante transfiriendo talento relevante de otros lugares dentro de Koch; pero como siempre hay un coste de oportunidad, deberíamos llegar a la conclusión de que la gente sería más valiosa en estos nuevos puestos. El verdadero talento es escaso. Su uso debe evaluarse cuidadosamente antes de comprometerse.

Al marcarse prioridades, una de las decisiones más difíciles se da entre las estrategias de optimización a corto plazo y el crecimiento a largo plazo y las estrategias de innovación. La tendencia natural es que un negocio invierta insuficientemente en estrategias a largo plazo. Para compensar esta tendencia, debe dedicar recursos exclusivos al crecimiento y la innovación. Como las estrategias a largo plazo no darán como resultado beneficios durante algún tiempo, deben diseñarse incentivos para recompensar el progreso en el interín (*véase* el capítulo 10, «Incentivos»).

Después de asentar las prioridades basadas en las visiones para la empresa en su conjunto, también deben asentarse prioridades para el *marketing*, las ventas, las operaciones (bajando al nivel de la planta), el suministro, la I+D y los grupos de apoyo (especialmente aquellos responsables del talento y la cultura). Cada área debe entonces asignar responsabilidades para ejecutar estas prioridades, basándose en lo que mejor fomente la visión. Los empleados deben entonces hacerse responsables de los resultados.

Maximizar el valor a largo plazo también implica crear procesos experimentales de descubrimiento que fomenten nuevas mejoras, estrategias e innovaciones. Cuando estemos experimentando, tendremos fallos. Tal y como nos enseñó Einstein: «Alguien que nunca ha cometido un error nunca ha intentado nada nuevo».[7] La clave consiste en reconocer cuándo estamos experimentando, y en asegurarnos de que nuestros experimentos reflejen una visión basada en la realidad.

Koch ha sufrido daños como compañía siempre que no hemos logrado experimentar prudentemente. Nuestras pérdidas en el transporte en la década de 1970 y en la agricultura en la de 1990 fueron ejemplos costosos del fracaso a la hora de desarrollar una visión basada en la realidad y de reconocer que no teníamos la capacidad de controlar experimentos de tal complejidad y magnitud. Vale la pena señalar que ambas empresas son rentables en la actualidad, pero sólo tras haber sido completamente restructuradas.

Como respuesta a estos experimentos fracasados y fuera de control (como nuestras empresas del sector de la agricultura intentando captar la «la extensión que va del gas al pan» a finales de la década de 1990), desarrollamos nuevas visiones generadoras de valor basadas en nuestras capacidades reales. Koch Fertilizer ha hecho ahora realidad su visión revisada como compañía global de fertilizantes que maneja, comercializa, negocia y proporciona tecnología. Esto se hizo posible mediante la aplicación congruente y disciplinada de la Gestión Basada en el Mercado. Ese mismo enfoque permitió también a la Matador Cattle Company hacer que su visión revisada se convirtiera en realidad. Sus vacunos de raza Akaushi producen una carne deliciosa y saludable para el corazón que tiene una gran demanda. Aunque Koch Fertilizer y la Matador Cattle Company formaron antaño parte del fracasado Koch Agriculture Group, ambas son empresas muy exitosas en la actualidad.

---

7. Citado por Thorpe, S.: *How to think like Einstein: Simple ways to break the rules and discover your hidden genius*. Sourcebooks, Naperville (Illinois), 2000, pág. 149. (Trad. cast.: *Pensar como Einstein: problemas imposibles de la vida cotidiana*. Amat: Barcelona, 2010).

Hemos aprendido que el desarrollo de producto sostenido y exitoso requiere no sólo de una I+D de alta calidad, sino también de una organización de *marketing* y fabricación que vea oportunidades y tenga la capacidad, la disciplina, el foco, los recursos y la cultura necesarios para captarlas. Independientemente del sector o los sectores en los que te encuentres, la innovación y la integración son necesarias a lo largo y ancho de todos los procesos de negocio de una compañía: desde el suministro hasta la fabricación y el *marketing*. El departamento de recursos humanos, el de contabilidad, el legal, el de cumplimiento de las normativas y otros servicios de apoyo tienen los mismos requisitos.

Nuestra estrella guía

La visión de Koch nos beneficia de dos formas: primero como conjunto de principios fundamentales que orientan nuestro comportamiento (una estrella guía o estrella polar), y segundo como guía estratégica. En su papel como estrella guía, nuestra visión es una constante: nunca cambia. Es una brújula para mantenernos en el buen camino, en lugar de un destino al que planeemos llegar.

Encarna principios fundamentales, como el papel de la empresa en una sociedad y nuestros Principios Rectores. Esta articulación de nuestra visión sólo se ve modificada a medida que aprendemos a expresar mejor estos principios subyacentes.

En su papel como guía estratégica, nuestra visión debería cambiar a medida que el entorno empresarial y nuestras capacidades cambien, y a medida que aprendamos cómo captar de forma más eficaz las mejores oportunidades a nuestra disposición.

En el grado en el que nuestra visión se convierta en realidad, no sólo satisfaremos nuestro papel como empresa, sino que beneficiaremos a la sociedad todavía más motivando a otras compañías a practicar el Espíritu Empresarial Honesto, de tal modo que obtengan beneficios sólo mediante medios económicos. Educando y movilizando al electorado clave para que defienda las políticas basadas en el mercado que mejoren el bienestar humano, juntos podemos ayudar a la gente a mejorar su vida mediante empleos nuevos y mejores, nuevas oportunidades de negocio y unas comunidades más seguras en las que la gente se apoye mutuamente. Ciertamente, ésta es una visión que todos pueden aceptar.

Una compañía debe disponer de unos principios fundamentales que orienten el comportamiento y una visión que le permita generar valor real para sus clientes y en la sociedad. Eso es en lo que consiste el buen beneficio.

CAPÍTULO 7

Virtud y talentos

Los valores primero

«Ganar requiere de talento. Repetirlo requiere de carácter».

JOHN WOODEN[1]

Diez campeonatos nacionales de baloncesto universitario en doce años y un récord de ochenta y ocho victorias seguidas. Ésa es la mejor marca como entrenador en la historia del baloncesto universitario en EE. UU., y pertenece al ya difunto John Wooden, de la Universidad de California en Los Ángeles (UCLA). No creo que sus énfasis en el carácter y su excepcional rendimiento como entrenador fueran casualidad. Los mejores entrenadores hacen tanto hincapié en la virtud como en el talento.

Esto, ciertamente, se aplica a Gregg Marshall, el entrenador del equipo de baloncesto de mi ciudad natal: los Wichita State Shockers. Para asegurarse de que los jugadores procedentes de los institutos tengan los valores adecuados, no los lleva simplemente al campus y observa su comportamiento con sus compañeros, sino que va a sus casas a charlar con ellos y sus progenitores. Me explica que, si detecta demasiada arrogancia en casa, o una falta de respeto hacia los padres, tiene un indicio de que el jugador no res-

---

1. http://sports.espn.go.com/ncb/news/story?id=5249709

ponderá bien a su entrenamiento muy diciplinado y su énfasis en el trabajo en equipo.

La Universidad Estatal de Wichita generalmente no puede atraer a los jugadores o los lanzadores más talentosos: ésos son robados por las universidades con equipos de baloncesto de renombre; y pese a ello, el entrenador Marshall llevó a los Shockers a la Final Four, en la temporada 2012-2013, del campeonato de la NCA (Asociación Nacional Deportiva Universitaria de EE. UU.) de 2014 sin conocer la derrota y con el mejor jugador del campeonato. Su método de reclutamiento y de entrenamiento basado en la virtud es la razón que lo explica.

Aunque no visitamos el hogar de los solicitantes de empleo, en Koch Industries, no obstante, buscamos un buen carácter y unos valores compatibles durante el primer contacto con un candidato; y hacemos eso con cada persona, independientemente del puesto de trabajo.

Por teléfono, nuestros reclutadores preguntan sobre el comportamiento pasado de los candidatos con respeto a varios Principios Rectores. Prestamos atención a comportamientos como, por ejemplo, cómo los candidatos han abordado situaciones difíciles en el pasado, si son respetuosos o no al hablar sobre otros, si son burocráticos o si les cuesta admitir los errores.

Además, cuando un candidato acude para una entrevista *in situ,* sus interacciones con el recepcionista, con desconocidos en el ascensor y con los trabajadores de la cantina no pasan desapercibidos. A lo largo del proceso de la entrevista, evaluamos el comportamiento de los candidatos para determinar si encaja con los valores de nuestra compañía.

Nuestro proceso de entrevista consiste, normalmente, en una serie de entrevistas distintas, con cada entrevistador valorando el alineamiento de un candidato con respecto a una serie singular de características personales. Estas características se ordenan como áreas fundamentales, basándonos en nuestros Principios Rectores, de la siguiente manera: (1) Integridad y Cumplimiento; (2) Generación de Valor, Espíritu Empresarial Honesto y Foco Puesto en el

Cliente; (3) Conocimiento y Cambio; (4) Humildad y Respeto; y (5) Habilidades y Conocimiento necesarios en el puesto de trabajo. Cada entrevista tiene un área central que cubrir y formula preguntas abiertas para discernir la probabilidad de éxito de un candidato a la hora de mostrar las características deseadas. Una vez que se completan las entrevistas, se mantiene una sesión de desafíos entre el reclutador, los entrevistadores y el gerente de contrataciones para asegurar que se compartan los mejores conocimientos al tomar la determinación sobre la contratación.

Este proceso ha mejorado enormemente muestra capacidad de escoger a empleados con un alto rendimiento a largo plazo que se comporten de una forma congruente con nuestros Principios Rectores.

Aunque algunas compañías se centran exclusivamente en contratar a personas con las habilidades necesarias para su puesto y luego esperan que esos contratados tengan unos valores alineados con los de la empresa, Koch transpone ese enfoque. Nos centramos *primero* en los valores. Nuestro objetivo consiste en cubrir cada puesto con personas que sean tanto virtuosas como talentosas, pero si nos vemos obligados e elegir entre lo uno *o* lo otro, Koch escogerá siempre la virtud. ¿Por qué? Porque comprendemos que la gente talentosa con malos valores puede hacer mucho más daño a una compañía que la gente virtuosa con unos talentos inferiores.

Si resulta que erramos (que es algo humano) y contratamos a alguien con unos malos valores, será mejor que deseemos que también tenga una mente y una ética laboral malas. El peor empleado es un genio del mal lleno de energía. Piensa en el destino de las compañías que sólo valoraban el talento y pasaban por alto la virtud: Enron, WorldCom, Barings Bank y muchas más ha caído víctimas del fraude, las actividades corporativas ilícitas o algún otro escándalo relacionado con los empleados.

Nuestra experiencia confirma que cuando una persona posee los valores, las convicciones y la inteligencia adecuados, las habilidades y el conocimiento necesarios generalmente pueden adquirirse. Dado el excepcional peso que ponemos en el alineamiento con nuestros

Principios Rectores de la MBM, a veces es difícil encontrar a un candidato que también disponga de las habilidades necesarias. Sin embargo, es mucho más difícil cambiar los valores de alguien que ayudarle a mejorar sus conocimientos.

Una periodista educada en una universidad de la Ivy League (una agrupación de ocho universidades de élite del noreste de Estados Unidos) que trabajaba para una famosa publicación de Nueva York dedicada a los negocios, me entrevistó en una ocasión sobre Koch y nuestros empleados. La periodista probablemente no pretendía ofenderme cuando me preguntó: «¿No hace su ubicación en Wichita que sea difícil atraer talento superior?».

Era ajena al hecho de que la ubicación de Koch en pleno centro de EE. UU. es una ventaja, y no un inconveniente. Cualquiera criado en una granja conoce el significado de los valores y la importancia de la ética de trabajo. Si decides dormir en lugar de despertarte para ordeñar las vacas una mañana, no puedes cargarle el muerto a otro ni ocultar tu error. Puede que otras compañías prefieran entrevistar a candidatos procedentes de una universidad de la Ivy League, pero Koch ha obtenido unos resultados mucho mejores contratando a candidatos procedentes de la Universidad Estatal de Wichita y la Universidad Estatal de Texas, que de la Universidad de Harvard (los cuatro empleados que me han sucedido como presidentes de Koch Industries procedían de la Facultad de Agricultura de la Universidad Estatal de Murray, de la Universidad de Texas A&M, de la Universidad de Tulsa y de la Universidad Estatal de Emporia).

Cada organización tiene su propia cultura. Si esa cultura no se crea consciente e intencionadamente, degenerará en un culto a la personalidad o en un entorno en el que «todo vale». Ya sea buena o mala, la cultura de una organización viene determinada por los valores, las convicciones y la conducta de sus miembros, además de por las normas y los incentivos marcados por sus líderes: todos modelados por ellos conductualmente. Los valores centrales de Koch están incorporados en nuestros Principios Rectores de la MBM y nuestro Código de Conducta, que nuestra experiencia nos convence de que son críticos para un buen beneficio a largo plazo.

La MBM requiere de una cultura con muchas virtudes que por suerte puede, frecuentemente, cultivarse si están poco desarrolladas en los nuevos empleados contratados (ciertamente, algunas no pueden implantarse si se carece de ellas). Estos atributos sientan las bases para evaluar políticas y prácticas, medir la conducta y establecer las normas de comportamiento y los valores y las convicciones compartidas que orientan las acciones individuales. Sin embargo, es importante reconocer que *son directrices, y no órdenes concretas.*

Marcarse unas expectativas de acuerdo con unos principios generales en lugar de según unas órdenes concretas no sólo ayuda a los empleados a comprender la importancia de su trabajo, sino que los libera para pensar e innovar. Hemos experimentado poco progreso cuando nuestra gente seguía instrucciones mecánicamente, tanto si tenían unos buenos valores como si no.

Entré en el mundo de la empresa con una mente inquisitiva moldeada por un trasfondo científico y una larga aversión a seguir órdenes ciegamente. Cualquier grupo de gente, ya se trate de una sociedad o una organización, funciona de forma más eficaz al verse orientada por unas normas de conducta justa en lugar de mediante órdenes concretas. Tal y como apuntaba el escritor francés Frédéric Bastiat: «La manera más segura de hacer que se respeten las leyes es hacer que sean respetables».[2] Dejar los aspectos concretos a aquellos que llevan a cabo el trabajo fomenta el descubrimiento y potencia su capacidad de adaptarse a las condiciones cambiantes.

En «La república de la ciencia», Polanyi escribe: «Así pues, la autoridad de la opinión científica ejecuta las enseñanzas de la ciencia en general, con el mismísimo fin de fomentar su subversión en el aspecto concreto».[3] En los negocios, esto significa implementar unos ciertos estándares (en el caso de Koch, nuestros Principios Rectores). Liberar a la gente para que explore nuevos enfoques den-

---

2. BASTIAT, F.: *Selected essays on political economy*, ed. George B. de Huszar, traducción de Seymour Cain. Foundation for Economic Education, Irvington-on-Hudson (Nueva York), 1964, pág. 56.

3. POLANYI, M.: «Republic of Science», *op. cit.,* pág. 55.

tro de estos estándares conduce a la innovación. Además, aplicar la ley de la verificación científica (buscar pruebas que refuten nuestra propuesta con la misma diligencia con la que buscamos pruebas que la respalden) es crucial para la innovación. Los mejores científicos son humildes e intelectualmente honestos, y el entorno en el que pueden explorar mejor es uno basado en los principios de una sociedad libre.

A no ser que Koch siga siendo humilde, nuestra compañía será pillada con la guardia baja por la destrucción creativa. Nunca debemos pensar en nosotros mismos como demasiado grandes (o demasiado buenos) para fracasar. Para obtener todo el beneficio de la MBM, todos los empleados deben interiorizar nuestros valores fundamentales y ejemplificarlos en todo lo que hagan.

Esos valores, a los que Koch hace referencia como Principios Rectores, se obtienen de tres ámbitos distintos. El primero es el marco subyacente de la sociedad libre, en el que medran la innovación y la productividad (hasta el punto en el que el marco se ratifica). La segunda categoría consiste en las teorías de los filósofos y los psicólogos cuyas propuestas conductuales me parecen revitalizantemente basadas en la realidad: pensadores como Hayek, Polanyi y Maslow.

El tercero es mi propia experiencia vital: trabajé con distintos tipos de personas. He tenido el honor de haber trabajado con muchos con el conjunto adecuado de valores, y muy especialmente con mi padre y con Sterling Varner. Sin embargo, hubo muchos otros a los que me vi expuesto cuyos valores cuestioné: Bitterroot Bob, mi compañero de litera en Centennial Valley; mis compañeros de clase en Quanah, que estaban desconcertados porque hiciera más que el mínimo necesario para aprobar un examen de matemáticas; los revolucionarios comunistas que prometieron el cielo en la tierra, pero entregaron el infierno; los líderes empresariales que dañaron a muchos estadounidenses cuando prometieron riqueza, pero entregaron bancarrotas; y los políticos estadounidenses que prometieron eliminar la pobreza, pero en lugar de ello la convirtieron en permanente.

No soy un ejemplo perfecto de unos valores ideales (recuerda cuando intenté colarme en una fila desorganizada para comprar unas entradas de cine y cómo holgazaneé en el MIT antes de que mi padre me amenazara con dejar de pagar mis estudios). Nadie nace con los valores correctos, y me incluyo. Tuve que *aprender* los principios que son importantes para el éxito en los negocios, y cómo se articulan e implementan de la mejor forma. Todos, en cada negocio y en cada puesto dentro de una compañía, podemos estar aprendiendo constantemente y fortaleciendo los principios que impulsan un buen beneficio.

Cada año me veo sujeto al mismo tipo de evaluación que se lleva a cabo a lo largo y ancho de Koch: una evaluación de mi rendimiento por parte de aquéllos con los que trabajo más cercanamente. Quiero saber cómo incrementar mis contribuciones, y obtengo algunas sugerencias geniales (veremos más al respecto más adelante).

Los Principios Rectores en acción

Mantener y potenciar la cultura más beneficiosa en Koch requiere que cada empleado, incluyendo el director ejecutivo, interiorice y practique estos Principios Rectores.

Los Principios Rectores de la MBM
1. La Integridad
2. El Cumplimiento de las Normas
3. La Generación de Valor
4. El Espíritu Empresarial Honesto
5. El Foco Puesto en el Cliente
6. El Conocimiento
7. El Cambio
8. La Humildad
9. El Respeto
10. La Satisfacción

Aquí tenemos un resumen de estos principios en la práctica.

1. La integridad: El nuestro es un sistema para la gente ética. No funcionará para ningún otro, por parafrasear a John Adams.[4] Y así es como son las cosas en Koch. La integridad tiene una importancia crítica para la MBM. Gestionar todos los asuntos con integridad es nuestro primer principio, porque es la base para la confianza y el fundamento para las relaciones mutuamente beneficiosas con todos nuestros ámbitos: empleados, clientes, proveedores, socios, comunidades y Gobiernos.

Imagina cómo serían los negocios productivos si todos actuaran con una completa integridad, con su palabra siendo sagrada, sin hacer nunca nada que no les gustaría que se expusiese a todo el mundo. Habría una necesidad mucho menor de todo el tiempo y dinero empleados en controles, contratos, litigios y seguridad, y el enorme lastre de los costes de transacción se vería enormemente reducido.

En Koch, la integridad significa la firme fidelidad a un código moral, bosquejado en nuestros Principios Rectores y nuestro Código de Conducta. Requiere de valentía, porque actuar en armonía con nuestros principios puede provocar desasosiego y miedo, especialmente cuando implica desafiar el conocimiento convencional. Pero ¿cómo de buenos son los principios si los abandonamos cuando estamos bajo presión?

2. El cumplimiento de las normas: Justo por detrás de la integridad está el cumplimiento de las normas, enfatizado por nuestro objetivo del «10 000 %»: que el 100 % de los empleados cumplan plenamente las normas el 100 % del tiempo. Hemos visto cómo sólo hace falta que una sola persona haga algo incorrecto una vez para provocar un daño irreparable a la sociedad, la compañía y los compañeros de trabajo.

---

4. Carta de John Adams a los oficiales de la Primera Brigada de la Tercera División de la milicia de Massachusetts, 11 de octubre de 1798, en http://founders.archives.gov/documents/Adams/99-02-02-3102

Los principios y las políticas de la compañía se establecen con un objetivo doble: asegurarse de que los empleados cumplan la ley (tanto si están de acuerdo como si no) y que sus prácticas respalden el éxito a largo plazo de la compañía. Si algo parece estar mal, se supone que los empleados tienen que «parar, pensar y preguntar».

Un buen ejemplo de esto sucedió en 2011, cuando los líderes de la empresa de yeso de Georgia-Pacific se dieron cuenta de que muchos de sus competidores en el mercado de los paneles estaban enviando a sus clientes anuncios de precios que eran notablemente distintos de los del pasado, con un contenido que podría dar lugar a acusaciones de «fijación de precios». El equipo de dirección del negocio del yeso trabajó con los directivos de los departamentos legal y de cumplimiento de la normativa de Georgia-Pacific para asegurarse de que los precios de GP fueran claramente independientes y se anunciaran de una forma que no pudiera malinterpretarse como si estuviera violando la ley antimonopolio.

Como era de esperar, la oficina de un fiscal general del estado empezó, al poco tiempo, a investigar los precios de los muros de pladur (de yeso), pero GP pudo proporcionarle gran cantidad de documentación que probaba su inocencia.

Como era de prever, a continuación, litigantes privados presentaron demandas contra el sector estadounidense de los paneles de yeso. Mientras GP fue, al principio, declarada como acusada después de haber compartido sus registros con los asesores de los demandantes, que demostraban su clara falta de implicación en cualquier violación de la ley antimonopolio, GP acabó por no ser declarada como acusada. El respeto de GP por los Principios Rectores, especialmente por los principios número 1 y 2 (la Integridad y el Cumplimiento de las Normas), salvó a Koch de incontables horas de una litigación costosa y evitó daños a nuestra reputación.

Todos los empleados, especialmente aquéllos con un largo historial en otras compañías en las que el cumplimiento de las normas es algo de boquilla, deben acepar la responsabilidad de gestionar los requisitos y los riesgos relacionados con sus funciones. Esto sólo puede conseguirse haciendo que todos los implicados asuman su responsabilidad, especialmente aquellos que se encuentran en la cadena de dirección. «Pero yo no era consciente» no es una excusa.

3. La Generación de Valor: Tal y como explicaba el capítulo 6, nuestra visión consiste en crear valor a largo plazo, mediante medios económicos, para los clientes, la sociedad y la compañía. Los clientes ocupan el primer lugar en esta lista porque sin ellos no hay negocio. Generar valor mediante «medios económicos» también requiere que nuestras acciones sean beneficiosas para nuestras comunidades y para otros en la sociedad.

Aplicar la MBM ayuda a los empleados a tomar mejores decisiones, fomentar la seguridad y la excelencia medioambiental, eliminar los residuos, optimizar e innovar, todo lo cual contribuye a la generación de valor. Nuestro compromiso con estos principios va más allá del cumplimiento de las normas. Para nosotros, proteger a la gente es primordial. Mientras las lesiones o los problemas medioambientales leves son inaceptables y deben evitarse, si una única cosa es prioritaria, ésa es eliminar el riesgo de un evento catastrófico y especialmente de muertes. Evitar las lesiones graves (e incluso los accidentes que no provocan víctimas por poco, pero que en circunstancias ligeramente distintas podrían haber causado graves daños) es nuestra mayor prioridad.

Algunos consideran que el ahorro y el beneficio están en desacuerdo entre sí, pero cuando se comprenden a través de la lente de nuestros Principios Rectores, queda claro que están, de hecho, en armonía. La destrucción creativa necesita que descubramos mejores formas no sólo de generar valor para los clientes, sino de eliminar los residuos y minimizar el uso de recursos para generar unos resultados superiores a largo plazo.

Esto queda bien ilustrado por John Zink Hamworthy Combustion, la empresa filial de Koch, que ha diseñado un sistema rentable que capta el gas del quemado en antorcha durante los contratiempos y lo convierte en combustible o en carga de alimentación (materia prima para la refinería). En esencia, este proceso elimina la necesidad de quemado en antorcha (sin perjuicio de las emergencias y el mantenimiento programado) y reduce las emisiones que comprometen la calidad del aire y suponen un derroche de dinero.

La destrucción creativa, tal y como queda demostrado en este ejemplo, nos dirige hacia la cultura de la innovación y el espíritu emprendedor, de las que nos ocuparemos en el siguiente principio.

4. El Espíritu Empresarial Honesto: Este principio (tan central para nuestra cultura que lo patentamos) se define como «la maximización de la rentabilidad a largo plazo del negocio mediante la generación de un valor superior para nuestros clientes al tiempo que consumimos menos recursos y siempre actuamos conforme a las leyes y con integridad». Generar valor para la sociedad requiere del Espíritu Empresarial Honesto, y no de un espíritu empresarial político o de otros tipos, como el bienestar corporativo o el fraude.

Esperamos de los empleados que apliquen el buen juicio, la responsabilidad, la iniciativa, las capacidades de pensamiento económico y crítico, y la sensación de urgencia necesarios para generar la mayor contribución posible congruente con la filosofía de riesgo de la compañía (veremos más al respecto en breve).

El buen juicio es el proceso de formación de una opinión, evaluando alternativas o eligiendo el rumbo a través del discernimiento y la comparación.

La responsabilidad incluye dos ideas importantes: escoger lo correcto por encima de lo incorrecto y aceptar la responsabilidad por nuestra conducta y nuestras obligaciones. Los empleados son responsables y deben rendir cuentas por su comportamiento y sus resultados.

La iniciativa significa pensar y actuar sin que seamos instados a ello, y originar nuevas ideas o métodos.

Las habilidades de pensamiento económico se desarrollan mediante el aprendizaje de nuestros conceptos (como el coste de oportunidad, la ventaja comparativa, etc.) y herramientas, y luego aplicándolos para obtener resultados. Deberían conducir a una aptitud para identificar y formular asuntos importantes de una forma que nos ayude a decidir el rumbo más rentable.

Las aptitudes de pensamiento crítico implican mirar más allá de lo obvio para anticipar efectos de segundo y de tercer orden. Son esenciales para la innovación.

La urgencia o apremio es necesario si queremos mejorar a un ritmo más rápido que nuestros competidores. Esto se consigue eliminando pasos y actividades que no añaden suficiente valor para justificar el tiempo y los gastos implicados, teniendo en cuenta el coste de oportunidad.

En último lugar, los empleados deben tomar decisiones que reflejen la filosofía de riesgo de *la compañía* en lugar de la suya. Cualquier aproximación al riesgo empresarial implica tanto la preferencia del riesgo (la inclinación inherente de alguien para acercarse al riesgo o alejarse de él) como la tolerancia al riesgo (la magnitud de riesgo que alguien encuentra aceptable).

En general, como la compañía hace numerosas apuestas financieras y posee muchos más recursos, la filosofía de riesgo de la compañía difiere notablemente de la de cualquier empleado. Para que la compañía siga siendo exitosa y crezca, los empleados deben asumir unos riesgos financieros mucho más altos y grandes de los que podrían asumir como particulares, siempre y cuando sean conformes a las normas y sea rentable hacerlo.

Piensa en este ejemplo: ¿debería un empleado trabajar en una inversión con un 90 % de probabilidades de obtener 100 000 dólares antes que en una con un 50 % de probabilidades de conseguir un millón de dólares? No, porque con una base ajustada al riesgo, la compañía gana sólo 90 000 dólares en lugar de 500 000. Para conseguir el mejor beneficio, necesitamos que los empleados superen la aversión que muchos de ellos tienen a apostar de forma importante a que sus intentos no producirán ningún resultado.

5. El Foco puesto en el Cliente: Desarrollar unas relaciones duraderas con los clientes y los proveedores ha sido una parte clave de nuestro éxito y del de ellos. Requiere de relaciones en las que todos ganen basadas en visiones, valores e incentivos alineados y una sólida base de confianza bien ganada.

Al igual que el rey Jorge VI de Inglaterra, Sterling Varner frecuentemente tartamudeaba cuando hablaba (la comparación podría acabar aquí, ya que Sterling nació en una tienda de campaña en Ranger [Texas], nunca finalizó sus estudios universitarios y trabajó con mulas distribuyendo herramientas para los campos petrolíferos). Ese tartamudeo provocaba que hablara menos y escuchara más. Puede que, como resultado de ello, Sterling fuera mejor desarrollando relaciones con los clientes que nadie a quien haya conocido. Para generar un buen beneficio es fundamental no sólo comprender, sino anticiparse a lo que valoran los clientes, sus expectativas, medidas, incentivos, necesidades, alternativas y sus procesos de toma de decisiones.

La habilidad de Sterling con los clientes ayudó a Koch con su objetivo de convertirse en el proveedor favorito. Cualquiera puede hacer eso desarrollando el tipo de relaciones con los clientes que fomentan la confianza, anticipándose a sus necesidades y yendo más allá de lo que saben y dicen. Tal y como se ha comentado en el capítulo anterior, reaccionar frente a la preferencia demostrada de los clientes es importante, pero debemos hacer más. Es imposible que los clientes sepan de verdad lo que preferirían con respecto a sus alternativas actuales hasta que no sepan que estará disponible. Los clientes de telefonía móvil no anticiparon que querrían dispositivos para escribir mensajes o para localizar la mejor pizzería en un radio de cinco manzanas: lo hicieron los desarrolladores de móviles.

6. El Conocimiento: Busca y usa los mejores conocimientos y comparte proactivamente tus conocimientos mientras das la bienvenida a los desafíos. Las medidas deberían orientar la acción y generar conocimiento, dado lugar a mejores decisiones, innovación y acciones rentables.

En Koch evaluamos todas las medidas contra este principio y nos esforzamos por desarrollar y usar las pocas que son cruciales que nos ayudan a mejorar. Animamos a los empleados a buscar proactivamente las mejores fuentes de conocimiento útil (dentro y fuera de la compañía) más que a verse satisfechos con fuentes familiares. Piensa en cómo las plantas de Flint Hills y de INVISTA pueden beneficiarse del conocimiento de las tecnologías de sensores que Molex está desarrollando, o cómo Molex se está beneficiando del conocimiento del mercado de los sensores proporcionado por Georgia-Pacific. Fomentamos con entusiasmo este tipo de compartición de conocimiento cruzado entre compañías. Es particularmente importante para todos abrazar una cultura del desafío, tanto solicitando distintas perspectivas y pericia, y teniendo la valentía de dar nuestra opinión de forma constructiva cuando no estemos de acuerdo.

Como todo el progreso y el bienestar proceden del desarrollo y la aplicación superiores del conocimiento, el principio de la compartición del conocimiento se desarrollará en mayor detalle en el siguiente capítulo.

7. El Cambio: Importantes ventajas competitivas recaen sobre aquellos que son los primeros en prever el cambio y actuar rápidamente de acuerdo con esa previsión. Recaen unos beneficios equivalentes sobre aquéllos que impulsan la destrucción creativa mediante la experimentación generalizada continua.

El descubrimiento experimental es necesario porque no podemos saber el destino final cuando empieza nuestro viaje. La innovación suele implicar numerosos cambios de dirección que llevan al descubrimiento de nuevos caminos (recuerda que ni Cristóbal Colón ni Lewis y Clark encontraron lo que estaba buscando, pero en el proceso de la búsqueda hicieron descubrimientos de enorme importancia). Un buen experimento conduce a nuevos conocimientos que provocan el cambio, incluso aunque nuestras suposiciones o hipótesis resulten ser incorrectas. Por supuesto, la magnitud de los recursos invertidos en un experimento debería venir determinada por la probabilidad de éxito y el beneficio potencial.

8. La Humildad: La arrogancia es una de las características más destructivas en una organización. Daña a la productividad haciendo que la gente no sea consciente de sus propias limitaciones ni de las contribuciones de otros. La destructividad del orgullo es tan grande que llevó a al papa Gregorio, en el 590 d. C., a enumerarlo como uno de los siete pecados capitales.

Todos debemos ser un ejemplo de humildad y honestidad intelectual como atributos vitales en nuestra cultura. Para generar valor, todos debemos buscar constantemente comprender la realidad y ocuparnos constructivamente de ella para generar valor y conseguir la mejora personal.

Tener humildad significa comprenderte y aceptarte como eres realmente. Significa admitir tus errores y lo que no sabes en lugar de estar a la defensiva y culpar a otros. La honestidad intelectual lleva a la humildad al siguiente nivel. Es la dedicación a la verdad, independientemente de lo dolorosa que sea. Es buscar, con sinceridad, la crítica constructiva, no lo que Somerset Maugham identificó como la tendencia humana más usual: «La gente te pide críticas, pero sólo quiere elogios».[5]

Hacernos a nosotros, y a los demás, responsables también requiere de valentía y de honestidad intelectual, especialmente cuando nos vemos enfrentados a la desagradable tarea de ocuparnos de los problemas de desempeño o de comportamiento de un compañero de trabajo. Una cultura que carezca de la rendición de cuentas carece de integridad y no podrá sobrevivir, y ya no hablemos de medrar.

9. El Respeto: Para que una empresa o negocio sea exitoso a largo plazo, debe respetar al cliente y lo que éste valora. Con más de cien mil empleados y una presencia en sesenta y cuatro países, confiamos en la diversidad (y el respeto por las diferencias) para que nos ayude a comprender mejor y a identificarnos con los clientes, los proveedores y las comunidades de todas partes. Hacemos todos los esfuerzos posibles para contratar de forma abierta y sin limitarnos, para así

---

5. MAUGHAM, W. S.: *Of human bondage*. Grosset & Dunlap, Nueva York, 1915, pág. 254. (Trad. cast.: *Servidumbre humana*. DeBolsillo: Barcelona, 2010).

encontrar a aquellos que puedan generar el mayor valor mediante una diversidad de aptitudes, conocimientos, talentos, perspectivas y experiencia.

Tratar a la gente basándose en sus méritos personales (y no según su raza, religión, sexo o ninguna otra clasificación) no sólo supone la base de una sociedad libre, sino que es lo correcto. De forma similar, las organizaciones deberían tratar a la gente como individuos, de acuerdo con su virtud, sus talentos y sus contribuciones. El trabajo en equipo requiere de honestidad, dignidad, respeto y sensibilidad. Hacer que la gente se sienta apreciada conduce a unos mejores resultados a largo plazo. Si tratamos mal a nuestros compañeros de trabajo, no cooperarán ni se comunicarán abierta y honestamente, y perderemos su confianza, sus conocimientos y su compromiso.

No tener el coraje para proporcionar un *feedback* honesto supone un perjuicio tanto para la persona como para la compañía. La deshonestidad en nuestras comunicaciones constituye una ruptura de la integridad y no supera la prueba del respeto, porque suele conducir a un mal resultado para la persona. ¿Cómo puede alguien mejorar si no se le proporciona un *feedback* fundamental?

Tal y como señaló Maslow, este *feedback* debe proporcionarse de una forma que no se considere un ataque o un rechazo a la persona. Para que el *feedback* sea constructivo, la persona que lo proporcione debe haber demostrado previamente que respeta, se preocupa por la otra persona y está intentando ayudarla.

10. La Satisfacción: Ninguna compañía puede triunfar si sus empleados simplemente dedican su tiempo y sueñan despiertos en lo que van a hacer después del trabajo. En Koch, buscamos a gente que trabaje con tal intensidad y pasión que incluso se despierte por la noche con ideas. Cuando desarrollamos plenamente nuestro potencial, generamos un valor superior para otros, y eso, a su vez, ayuda a dar sentido a nuestra vida.

No podemos despertar una pasión por generar el mayor valor posible si nuestro trabajo carece de sentido. La vida es bastante vacía sin pasión por lo que estemos haciendo. Menuda tragedia supone llegar al final de tu vida y sólo poder decir: «Pasé por la vida sin tener que hacer demasiado».

Hacer lo que se predica

Aunque puede que estos principios parezcan de sentido común, desarrollar la capacidad de implementarlos de forma rutinaria e instintiva para obtener resultados requiere de una reflexión y práctica constantes. Tal y como señaló Voltaire, el sentido común no es tan común.[6]

Muchas compañías tienen unos principios un tanto similares a los Principios Rectores de Koch, pero rara vez son la base de la cultura de la compañía. Muy pocas compañías adoptan un enfoque sistemático para hacer que sean fundamentales para cada aspecto del trabajo. No lograr hacerlo asegura que los principios no se conviertan en más que en eslóganes vacíos, palabras de moda o carteles en las paredes, considerándose normalmente a los gerentes como unos hipócritas.

En Koch nos esforzamos por contratar y conservar sólo a aquellos que abrazan nuestros principios. Proporcionamos explicaciones detalladas sobre nuestros Principios Rectores y su papel (invirtiendo una gran cantidad de tiempo y muchos recursos a la orientación y la formación), y comunicando clara y constantemente la expectativa de que estos principios orienten el comportamiento del empleado.

Nos aseguramos de que las oportunidades, los ascensos y la compensación dependan de lo bien que un empleado refleje nuestros Principios Rectores. También proporcionamos un *feedback* regular y en último término despedimos a los empleados que no actúen en

6. *Cf.* «Common sense is very rare», traducido por Theodore Besterman en el *Dictionnaire Philosophique* de Voltaire. Penguin, Londres, 2004, pág. 377. (Tard. cast.: *Diccionario filosófico*. Plutón Ediciones: Barcelona, 2023).

armonía con ellos. Así de serios somos con respecto a que nuestra cultura se base en unos principios.

Para que la MBM se aplique de forma eficaz, *los resultados deben ser el foco*. El reto consiste en ir más allá de la fase superficial en la que los empleados comprendan las palabras y los conceptos, pero todavía no hayan sido capaces de aplicarlos eficazmente. Ascender a aquellos que no hacen lo que predican socava nuestra capacidad de generar valor y daña la cultura. Al igual que los jugadores de ajedrez, debemos aplicar los conceptos y las normas básicas de una forma que genere estrategias vencedoras. Un talento clave para los líderes es la capacidad de identificar a las personas que son capaces de aplicar estos principios para conseguir unos resultados superiores.

Tanto si trabajas como si no para una compañía con unos principios rectores tan explícitamente codificados como los de Koch, se debería elegir a los líderes entre aquellos que no sólo hayan demostrado la capacidad de comprender y aplicar estos principios, sino que además sean modelos a seguir para la cultura del lugar de trabajo. Como los líderes sientan las bases (tanto por cómo dirigen como por lo que hacen), son los guardianes de la cultura y deben hacerse responsables de ella. Para ser eficaces, los líderes deben interiorizar y aplicar constantemente estos principios de una forma que produzca resultados.

Crear una cultura beneficiosa es imposible sin orientación y unos ejemplos positivos. En Koch, los buenos líderes no sólo se guían de acuerdo con nuestros Principios Rectores, sino que los revisan regularmente con todos los empleados. En cualquier compañía, los líderes más eficaces son aquellos que proporcionan un *feedback* frecuente y honesto que identifica oportunidades para la mejora de una forma que estimula el diálogo y el cambio. Se hacen responsables a sí mismos y a sus empleados y compañeros y a la dirección.

La importancia de la cultura y el liderazgo están bien ilustrados por otro gran entrenador, Jack Clark, el entrenador de *rugby* de la Universidad de California. Hasta donde yo sé, Jack tiene el mejor registro a largo plazo en los deportes interuniversitarios. En sus treinta y un años como entrenador ha ganado veintidós campeonatos nacionales. Para él, al igual que para nosotros, la cultura es clave:

> Nosotros, como equipo, somos nuestros valores. Los usamos a diario como piedra angular para ayudar a informar cada decisión que tomamos. Procesamos cada pieza del funcionamiento del equipo a través de estas convicciones. Estamos ciertamente agradecidos y creemos, sinceramente, que no se nos debe nada. Nuestro equipo siempre va en primer lugar, y este hecho orienta cada estrategia y política. Mejorar y progresar es la fuerza impulsora en el equipo. Valoramos el mérito y celebramos la fortaleza. Creemos que el liderazgo es una habilidad y responsabilidad para todos. Nuestra definición del liderazgo es la capacidad de hacer que todos los que estén a tu alrededor sean mejores y más productivos.[7]

Contratar talento también

Aunque los empleados deberían ser elegidos y conservados en primer lugar de acuerdo con sus valores y convicciones, también deben disponer del talento necesario para generar resultados. Los empleados con una virtud insuficiente han hecho más daño a las compañías que aquéllos con un talento insuficiente, pero la virtud sin el talento necesario no genera valor. Para contratar el talento necesario para alcanzar nuestra visión, intentamos anticiparnos a las necesidades futuras de la compañía y buscar continuamente candidatos que además de mostrar virtud, muestren las habilidades para rendir a un nivel superior.

En lugar de contratar sólo cuando tenemos una vacante, intentamos contratar a gente talentosa cuando la identificamos, incluso aunque no dispongamos de una vacante obvia de inmediato. Reconocemos que encontrarán una forma de generar un valor superior y, por lo tanto, el riesgo está justificado.

---

7. Carta de Jack Clark al autor, 7 de agosto de 2013.

Para identificar a suficientes candidatos que satisfagan nuestros requisitos, animamos a todos los empleados a recomendarnos talento externo, y las referencias proporcionadas por empleados han dado como resultado algunos de nuestros mejores nuevos empleados. También hemos desarrollado relaciones estratégicas con fuentes externas, incluyendo empresas de búsqueda familiarizadas con la MBM y nuestros Principios Rectores.

Para ayudar a satisfacer nuestra demanda creciente de talento, hemos transformado nuestros esfuerzos de contratación en las universidades. Un aspecto crítico de esta transformación ha sido un programa bien desarrollado de períodos de prácticas, lo que permite a Koch evaluar a la persona real (y no sólo con un currículum) antes de hacer una oferta de trabajo.

Mediante este programa, el becario y la compañía llegan a conocerse muy bien. Permitimos que los becarios lleven a cabo un trabajo valioso en lugar de un «trabajo raso», lo que los beneficia a ellos además de a nosotros. Tendemos a contratar a becarios en universidades en las que tenemos relaciones a través de becas y otros programas. Esto nos ayuda a identificar a becarios que encajen con nuestros Principios Rectores. Como resultado de ello, alrededor de un 70 % de los becarios de Koch se convierten en empleados a jornada completa en comparación con una media nacional del 50 %.

Nos hemos encontrado con que es relativamente fácil para los nuevos empleados que acaban de salir de la universidad aprender nuestra cultura. Aprender la cultura es mucho más difícil para los nuevos empleados que proceden de empresas con una cultura opuesta en la que jugar a la política o avanzar través de un laberinto de normas detalladas y burocráticas era necesario para una trayectoria profesional exitosa. En general, aquellos que han ascendido a lo más alto en ese tipo de organizaciones parecen ser los que más dificultades tienen en Koch.

Reemplazar los antiguos modelos mentales por unos nuevos basados en nuestros Principios Rectores no es una tarea fácil. Esto conlleva un verdadero deseo de cambio por parte del empleado, además de paciencia y orientación por parte de la empresa. Sin embargo, hasta que los empleados lleven a cabo esa trasformación no conseguiremos todo el beneficio de sus conocimientos y su talento, y obtendrán una menor realización personal trabajando en Koch.

Independientemente de lo difícil que sea cubrir un puesto, es crucial que no reduzcamos nuestros estándares. Una mala decisión en cuanto a la contratación es mucho más costosa, desde muchísimos puntos de vista, que un retraso a la hora de encontrar al candidato adecuado.

Combinar los dos factores

Para valorar el encaje de un candidato o un empleado en nuestro requisito tanto de virtud como de talentos, Koch (siendo fiel a sus raíces en la ingeniería) emplea una matriz.

Tal y como se muestra en el diagrama de la página opuesta, el eje vertical es una medida subjetiva del encaje del individuo en los valores y las convicciones deseados. El eje horizontal refleja nuestra valoración de las aptitudes y los conocimientos necesarios para el papel de esa persona.

El cuadrante I de la matriz representa la expectativa con respecto a un empleado. Muchos empleados nuevos en un puesto se encontrarán inicialmente en el cuadrante II, pero ésta debería ser una situación temporal. Si un empleado se encuentra en el cuadrante III o el IV, reconoceremos que hemos cometido un error y no le retendremos, a no ser que pensemos que su problema está causado por una falta de comprensión y que el empleado demuestre rápidamente su voluntad de modificar su comportamiento.

Un empleado que, por la razón que sea, no se encuentre en el cuadrante I, se espera que lo alcance rápidamente. Esperamos de todos los empleados y candidatos que alineen su comportamiento con los valores y convicciones expresados en los Principios Rectores de nuestra MBM. Los empleados también deben poseer el potencial para desarrollar las aptitudes y los conocimientos necesarios para satisfacer o superar las expectativas de sus puestos y responsabilidades. Unas capacidades superiores no pueden existir sin un talento que genere un rendimiento superior. Ahí es donde entra en acción el Proceso de Gestión del Talento de Koch.

MATRIZ DE LA VIRTUD Y LOS TALENTOS

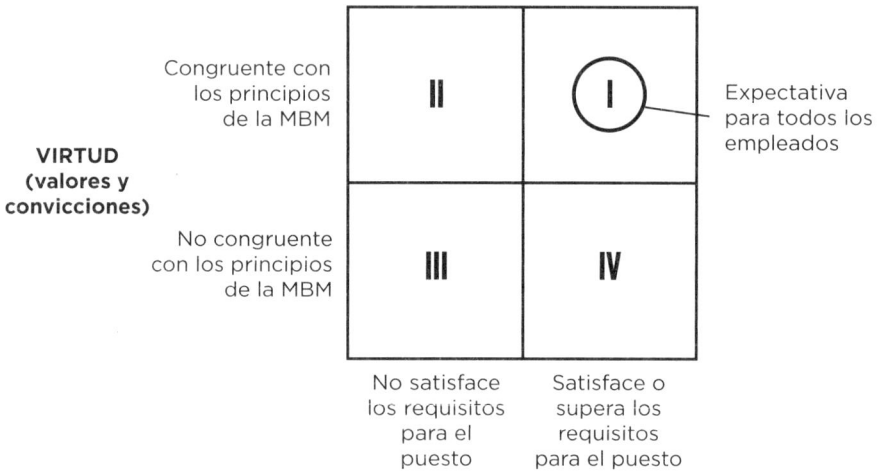

Diseñar puestos para encajar

Creo que la capacidad de una persona para tener éxito en un puesto dado no sólo viene determinada por la formación y la experiencia, sino por la aptitud o los tipos de inteligencia en los que esa persona sobresalga. Nuestro Proceso de Gestión del Talento ayuda a determinar el puesto que mejor encaja para cada empleado concreto usando la teoría de las inteligencias múltiples de Gardner, el psicólogo de la Universidad de Harvard.[8]

La teoría de Gardner postula que hay ocho tipos distintos de inteligencia, y que ninguno de nosotros es igual de dotado o deficiente en todas ellas. Se trata de las inteligencias interpersonal, intrapersonal, lingüística, lógico-matemática, espacial, naturalista, corporal-cinestésica y musical.

Este infrautilizado método es crucialmente importante para una organización porque, al interiorizarse, ayuda a aplicar mejor el concepto de la ventaja comparativa. El potencial de la gente para desarrollar aptitudes y conocimientos concretos viene determinando por sus inteligencias personales. Así pues, el rendimiento aumenta marcadamente siempre que los empleos (una combinación de responsabilidades) se diseñan para encajar en las aptitudes personales de los empleados *(véase* «Funciones, responsabilidades y expectativas» en el capítulo 9, «Derechos de decisión»).

Piensa en el ejemplo de Michael Jordan. Se proclamó como uno de los mejores jugadores de baloncesto de todos los tiempos, pese a que también quería jugar al béisbol. Cuando no triunfó en este deporte, regresó al baloncesto y fue tremendamente exitoso en el puesto que encajaba con su habilidad natural.

Las «descripciones del puesto» preexistentes desaprovechan los recursos de una organización al intentar hacer encajar unas piezas cuadradas en agujeros redondos y viceversa. Koch tiene la capacidad de generar más valor para los clientes y la sociedad y de aportar una mayor satisfacción mediante el desarrollo de funciones, responsabilidades y expectativas personalizadas que valoran y utilizan plenamente las aptitudes natas de los empleados.

Para maximizar la rentabilidad a largo plazo, cada empleado (ya sea de larga duración o recién contratado) debe estar comprometido

---

8. GARDNER, H.: *Changing minds: The art and science of changing our own and other people's minds.* Harvard Business School Publishing, Boston, 2006, págs. 27-42. (Trad. cast.: *Mentes flexibles: el arte y la ciencia de saber cambiar nuestra opinión y la de los demás.* Ediciones Paidós: Barcelona, 2016).

con unos principios sólidos, tener el nivel y el tipo de talento adecuado y desarrollar su labor en el puesto de trabajo óptimo.

La planificación del talento

Para valorar la fortaleza general del talento en una organización, usamos un proceso de Planificación del Talento que lamamos «calificaciones ABC». Se pide a los líderes que valoren las ventajas comparativas, el desarrollo, las oportunidades y la disponibilidad para posteriores tareas de cada uno de sus empleados, y luego le asignen al rendimiento una nota en forma de letra: A, B o C.

Este proceso es muy distinto de la clasificación forzada que usan algunas compañías: apartar al 10 % inferior de sus empleados cada año, como un profesor decidido a suspender a la décima parte inferior de su clase incluso aunque los alumnos hayan rendido aceptablemente (recuerdo recibir una calificación de 45/100 en un examen de Física en la universidad y preocuparme por haber suspendido ese curso incomprensible, pero como la nota media estaba entorno al 20, acabé con un sobresaliente en la curva de notas).

Nuestro objetivo es que todos nuestros empleados tengan un rendimiento elevado, y no enfrentarlos los unos a los otros. Ningún empleado tiene por qué recibir una C, y en el caso de aquellos que la reciban, debería llevarse a cabo un intento por proporcionarles la ayuda y la formación que necesiten para mejorar.

Estas calificaciones se asignan usando las siguientes directrices:

Nivel A
Rendimiento y contribución en un puesto que proporcionan una ventaja competitiva significativa con respecto a puestos similares de personas que trabajan para los principales competidores y, por lo tanto, es un colaborador excepcional para la rentabilidad a largo plazo. Los empleados que se encuentran en este nivel de rendimiento suelen representar el 15 % de los colegas en su sector. Nuestras empresas y capacidades buscan, constantemente, contratar a perso-

nas A y asegurarse de que no las perdamos. Koch siempre está en el mercado buscando empleados capaces de tener un rendimiento de nivel A y se esfuerza continuamente por mejorar su capacidad para identificar, contratar, retener y motivar a estas personas que poseen ventajas competitivas.

Nivel B

Rendimiento y contribución en un puesto que han demostrado ser por lo menos tan buenos como el de colegas que trabajan para los principales competidores. Aunque no se encuentra en el escalón superior, sí está en la mitad superior en cuanto al rendimiento en el sector. El rendimiento de nivel B es sólido y satisface y puede que incluso supere las expectativas en muchas áreas de desempeño. Los empleados que rinden a este nivel son, colectivamente, críticos para el éxito de una compañía. No son una ocurrencia tardía que vive a la sombra de las personas con un rendimiento de nivel A. Sin embargo, se las debería retar para que crezcan y mejoren.

Nivel C

Rendimiento y contribución en un puesto que ponen a la compañía en una desventaja competitiva por estar por debajo de la media en relación con los colegas que trabajan para los principales competidores. Puede que el empleado se encuentre en un puesto equivocado, lo que significa que podría contribuir con un nivel B o incluso A si se encontrara en un puesto que aprovechara mejor sus ventajas competitivas. Sin embargo, si su rendimiento no puede mejorarse para que alcance un nivel B, ya sea encontrándole un puesto adecuado o mediante su desarrollo, no debería ser retenido.

Tal y como indica la teoría de Gardner, la incapacidad de un empleado para generar valor en un puesto dado no significa que el empleado no pudiera generarlo en un puesto distinto. De hecho, en muchos casos ocurre todo contrario. Por lo tanto, el siguiente paso tras la evaluación consiste en determinar si la deficiencia en cuanto al rendimiento es provocada simplemente porque la persona se encuentra en el puesto equivocado. Puede que Michael Jordan hubiera sido B o C en béisbol, pero ciertamente era A en baloncesto.

Del mismo modo, la incapacidad de generar valor en una compañía no significa que vaya a suceder lo mismo en otro lugar. Los empleados puede que sean mucho más exitosos en otra organización que tenga unas necesidades o una cultura que se adapte mejor a sus talentos y su virtud.

El objetivo del proceso ABC no consiste en elevar ni estigmatizar a nadie, sino en asegurarse de que estemos atrayendo, contratando, desarrollando, ubicando y reteniendo el talento que necesitamos para triunfar a largo plazo. Ésta es la razón por la cual desalentamos la revelación de estas clasificaciones.

Independientemente del proceso que decidas adoptar para valorar el talento, no debería aplicarse como una fórmula burocrática y rígida. En lugar de ello, debería usarse como herramienta para identificar a los empleados capaces de un rendimiento de nivel A, para detectar cualquier fallo por parte de la dirección al ocuparse de los rendimientos de nivel C, y para ayudar a los empleados que se encuentran en unos puestos incorrectos a encontrar unos puestos mejores. La dirección debería actuar rápidamente para tapar las grietas, de modo que el rendimiento de la organización pueda mejorar.

Por supuesto, el rendimiento de un empleado variará a lo largo del tiempo. Algunos empleados mejorarán su rendimiento a lo largo de los meses y los años, mientras que puede que otros sean incapaces de adaptarse a un entorno cambiante o a otros factores. Como los empleados pueden cambiar con sus circunstancias, es importante evaluarlos regularmente y aplicar las calificaciones A, B o C a su rendimiento actual, y no a cómo rindieron en el pasado. La calificación no es una medida inmutable del valor que pueden generar, sino que es una medida del valor que están generando ahora.

Atraer tanto talento de nivel A como sea posible permite que una empresa desarrolle capacidades adicionales y ventajas competitivas, capte más oportunidades de crecimiento y se prepare para una sucesión. Nos hemos perdido algunas oportunidades porque no dispusimos del talento necesario. Por lo tanto, ahora asumimos un enfoque más proactivo contratando a aquellos que pensamos que tienen el potencial para añadir un valor superior, independientemente de que puedan ocupar un puesto existente o no.

Lo que hacemos es distinto a desarrollar «talento en la recámara o en el banquillo». Nuestros empleados con un rendimiento de nivel A no se quedan en el banquillo. Cuando contratamos a empleados con un rendimiento de nivel A sin una vacante, nos aseguramos de darles la oportunidad de generar verdadero valor. Siempre hay más oportunidades que personas para que las capten, así que vale la pena complementar constantemente el talento interno.

El desarrollo del rendimiento

Cuando un mal rendimiento no se aborda (incluyendo el permitir que los empleados con un mal rendimiento sigan en su puesto de trabajo, especialmente los puestos directivos), una organización se vuelve, inevitablemente, disfuncional. Para que un proceso de gestión del rendimiento sea eficaz, debe abordar estos problemas. No puede permitir que los supervisores simplemente hagan las cosas por inercia al proporcionar *feedback,* que no logren obligar honestamente al empleado a enfrentarse a las carencias en su rendimiento.

Para ocuparse de la tendencia de los supervisores a evitar conversaciones desagradables con sus empleados, el *feedback* debería diseñarse para, de hecho, ayudar a los empleados a mejorar su rendimiento. Este *feedback* debería ser específico, directo y honesto, en lugar de general, vago y consolador. Debe estar basado en los hechos, usando la autoevaluación y una aportación a todos los niveles por parte de aquellos que han trabajado más de cerca con el empleado. En Koch nos encontramos con que este enfoque es mucho más eficaz que las valoraciones predecibles y usadas ampliamente que son más fáciles de administrar.

Koch proporciona *feedback* a sus empleados sobre tres grandes áreas: principales contribuciones, fortalezas y áreas de mejora. Listando ejemplos concretos de contribuciones a la compañía, animamos a los empleados a esforzarse por hacer incluso más de lo mismo. Resumir fortalezas clave proporciona el conocimiento para asegurar que el puesto de los empleados encaje con sus ventajas comparativas.

Para que nuestro enfoque cualitativo sea exitoso, los supervisores deben tener claras las fortalezas y las necesidades de desarrollo, especialmente cuando un empleado no está cumpliendo con las expectativas. Para que los empleados mejoren, el supervisor debe tener la valentía de decirles qué aspectos tiene que trabajar.

Al mismo tiempo, los empleados deben ser abiertos y receptivos a un *feedback* honesto (los nuevos empleados suelen comentar que ésta es la primera vez que han obtenido el tipo de *feedback* que, de hecho, les ayudará a mejorar su rendimiento. Aunque puede ser un poco difícil encajarlo, es muy beneficioso).

Este proceso se centra tanto en el empleado como en el supervisor para mejorar el rendimiento; y no olvidemos que *todos* nosotros tenemos potencial para mejorar, incluso los directores ejecutivos. Aquí tenemos algunas de las recomendaciones para la mejora contenidas en mi evaluación de rendimiento de febrero de 2015:

▶ «Evita enviar señales contradictorias con respecto a la toma de riesgos».

▶ «Proporciona *feedback* constantemente en las respuestas a las peticiones de información».

▶ «Mantén los análisis centrados en la exactitud en lugar de en la precisión».

Encuentro que la revisión anual de mi rendimiento es muy constructiva. Los directores ejecutivos deben ser tan abiertos y receptivos al *feedback* honesto como cualquier otro empleado. ¿Preferiríamos que nuestro ego quede un poco magullado por un *feedback* brusco o que quede muy maltrecho por un gran fracaso?

Desarrollo de la carrera profesional

Congruentemente con nuestra filosofía de la MBM, se espera de los empleados de Koch que piensen y actúen como empresarios honestos y que se responsabilicen de su trayectoria profesional. Deben estar dispuestos a compartir las aspiraciones de su carrera profesional y buscar *feedback* para desarrollar unos objetivos realistas para su trayectoria profesional. Esto proporciona a los supervisores a todos los niveles un conocimiento esencial y ayuda a la compañía a optimizar su fondo de talento.

Mediante el desarrollo de sus capacidades personales, los empleados hacen una mayor contribución, encuentran una mayor satisfacción en su trabajo y es más probable que alcancen su máximo potencial. En lugar de emplear unos planes de estudios centralizados o unas trayectorias profesionales rígidas (que no pueden tener en cuenta las necesidades, habilidades y preferencias individuales), nos esforzamos por proporcionar un mercado interno para los empleados, poniendo a su disposición opciones relativas a la trayectoria profesional basándose en su aptitud y sus intereses, mientras tenemos en cuenta cómo pueden hacer la mayor contribución a la compañía.

Se espera de los supervisores, con el apoyo del departamento de recursos humanos, que ayuden en este proceso de desarrollo. Lo hacen identificando brechas en el rendimiento, instruyendo, modificando puestos actuales para que encajen mejor con las capacidades, y preparando a los empleados para nuevos puestos. Los supervisores son responsables del desarrollo de la trayectoria profesional de las personas de su equipo y de mantener una cultura que maximice el desarrollo del empleado y elimine el acaparamiento de talento. Esto requiere que los supervisores ofrezcan a sus empleados oportunidades que se vuelvan disponibles en otras partes de Koch. Si no lo hacen, el fondo de talento no será optimizado, la moral sufrirá y perderemos a empleados con un alto potencial.

La gente cree a veces que para promover su trayectoria profesional son necesarios ascensos y otros cambios de puestos de trabajo.

Nos esforzamos por hacer esto innecesario, de modo que puedan permanecer concentrados en generar valor en lugar de en su siguiente movimiento.

Cuando los supervisores mantienen a los empleados implicados y desarrollan sus aptitudes, a ello le seguirán aumentos en las responsabilidades, las contribuciones y la remuneración. Los empleados rinden mucho mejor cuando pueden maximizar sus contribuciones sin tener en cuenta los ascensos, los cargos o algún camino a seguir predeterminado.

El *coaching* en el trabajo es la forma más eficaz de ayudar a los empleados a desarrollarse en cualquier tipo de compañía. La formación formal puede impartir conocimientos básicos a los empleados, y la nuestra hace hincapié en el cumplimiento de las normas, la ética y los conceptos y las herramientas de la MBM (nuestra Capacidad de la MBM, descrita en el capítulo 4, es buena haciendo lo teórico práctico para los empleados). Sin embargo, la formación no es un sustitutivo para la experiencia de trabajo orientada, por lo que damos más valor a la relación entre el supervisor y el empleado que a la formación.

El desarrollo individual efectivo beneficia tanto al empleado como a la compañía. Los empleados prosperan y encuentran una mayor satisfacción en su trabajo, mientras que la compañía satisface una necesidad básica de éxito a largo plazo: el desarrollo, la retención y la motivación de trabajadores altamente productivos.

Cuando contacté con el entrenador Clark, para pedirle permiso para citarle en este libro, accedió amablemente. Me contestó por escrito: «Creemos que se accede mejor a nuestros valores a través de esta mentalidad: estar agradecido por todo y no tener derecho a nada».[9]

El viejo cliché es cierto: la buena gente es el recurso más valioso de una compañía. También es esencial para un buen beneficio. Me uno a Jack Clark en cuanto a sentirme agradecido por todo y sin derecho a nada. Estoy especialmente agradecido por toda nuestra buena gente.

---

9. Carta de Jack Clark al autor, 17 de febrero de 2015.

CAPÍTULO 8

Procesos de conocimiento

Usar la información para obtener resultados

«Una cosa es desear tener la verdad de nuestro lado, y otra cosa es desear sinceramente estar del lado de la verdad».

RICHARD WHATELY[1]

M is tres hermanos y yo tenemos algo en común que no le desearía a nadie: cáncer de próstata. El caso de David era el más grave.

Ya se encontraba en una fase avanzada cuando se lo detectaron en 1992. Después de someterse a un tratamiento infructuoso de radioterapia seguido de una intervención quirúrgica, se casó, por primera vez, con cincuenta y seis años y tuvo tres hijos con su mujer, Julia. Sin embargo, el cáncer regresó y todavía no ha habido ningún tratamiento que haya podido erradicarlo permanentemente. La terapia hormonal ha logrado, hasta el momento, mantener el cáncer controlado. Moverse lo más rápido posible, con todo el conocimiento posible de las mejores fuentes posibles, ha mantenido a David vivo durante más de dos décadas.

---

1. WHATELY, R.: *Essays on some of the difficulties in the writings of St. Paul, and in other parts of the New Testament.* B. Fellowes, Londres, 1830, pág. 33.

Tal y como predijo mi padre, la adversidad puede, frecuentemente, ser una suerte en el fondo. Debido a su diagnóstico y su experiencia con las carencias de distintas terapias, David se ha convertido en un apasionado líder en la financiación de la investigación del cáncer, para beneficio de todos. Uno de sus regalos más importantes relativos al tratamiento del cáncer fue la fundación de un instituto en el MIT cuya misión es «desarrollar nuevos conocimientos sobre el cáncer, además de nuevas herramientas y tecnologías para tratar, diagnosticar y prevenir mejor el cáncer». Parece lógico que David (que nació con una mente de ingeniero) se preocupara profundamente de la investigación para encontrar las mejores herramientas y tecnologías para combatir esta despiadada enfermedad.

El laboratorio y las áreas comunes del instituto se diseñaron específicamente para fomentar la interacción y una cultura de colaboración entre ingenieros y científicos. Empleando un enfoque interdisciplinario, el instituto reúne a biólogos y químicos junto con ingenieros informáticos, médicos clínicos, e ingenieros biológicos, químicos, mecánicos y de la ciencia de materiales. Se llama Instituto David H. Koch para la Investigación Integral del Cáncer en el MIT (o Instituto Koch, para abreviar). En mi opinión, su principio organizativo hace que sea un ejemplo de una de las cinco dimensiones necesarias para un buen beneficio: los procesos de conocimiento.

Los procesos de conocimiento derivan de una estructura y de una cultura que permiten a los participantes innovar mediante la compartición espontánea de descubrimientos, tal y como hacen en el Instituto Koch (o Koch Institute). Este capítulo trata sobre cómo puedes, también, crear una organización innovadora mediante la compartición de conocimiento.

La compartición espontánea de conocimiento

La investigación del Instituto Koch se centra en cinco programas que se consideran críticos para el progreso rápido para controlar el cáncer: (1) desarrollar una terapéutica contra el cáncer basada en la nanotecnología; (2) crear dispositivos nuevos para la detección y monitorización del cáncer; (3) explorar la base molecular y celular de la metástasis; (4) promover la medicina personalizada mediante un análisis sistemático de las rutas del cáncer y de la resistencia a los fármacos vinculados a los cánceres concretos; (5) manipular el sistema inmunitario para combatir el cáncer.

La fusión, por parte del instituto, de tecnologías, disciplinas y enfoques en cada una de estas áreas, tradicionalmente consideradas distintas, genera multitud de nuevas oportunidades. Uniendo la ingeniería, las ciencias físicas y las ciencias médicas, el Instituto Koch está preparado para hacer grandes avances en la superación de la terrible plaga del cáncer.

Tanto si el objetivo es curar el cáncer, como producir un teléfono inteligente más pequeño y rápido, o desarrollar una forma más eficiente y ecológica de producir nailon, la innovación disruptiva requiere de la creación, adquisición, compartición y aplicación del conocimiento. Los métodos usados para hacerlo son lo que en Koch llamamos procesos de conocimiento. Incluyen mecanismos para informarnos inmediatamente de avances en cualquier lugar del mundo, y medidas que nos proporcionan *feedback* sobre cómo mejorar nuestra visión y calificar nuestro progreso basándonos en la mejor información y los mejores descubrimientos.

Cuando Liz y yo visitamos el instituto con Julia y David para su inauguración, hubo lágrimas en los ojos de David a lo largo de gran parte de la ceremonia. Lo que para mí fue igualmente emocionante fue darme cuenta de que los biólogos e ingenieros del instituto estaban usando la que es, probablemente, la metodología más eficaz contra cualquier problema intratable: la «república de la ciencia» de Polanyi, de la que conservo un ejemplar muy leído en mi aparador.

En esa obra, el profesor de química convertido en filósofo imaginó una «sociedad de exploradores» esforzándose «hacia un futuro desconocido». El centro de investigación ahora sito en Cambridge (Massachusetts), es una encarnación de esa visión que valora la vida humana, un lugar repleto de inteligencia y dedicación, alojado en un destacable edificio que mi hermano menor hizo posible.

El Instituto Koch, creado de forma parecida a la visión de Polanyi, me confirma que aquellos que buscan la excelencia (ya sea en la ciencia, los negocios, el deporte, las artes u otros empeños) gravitan de forma natural hacia este enfoque que es un tipo de proceso de conocimiento.

«Hemos reunido a los mejores científicos e ingenieros, todos ellos con sus miras puestas en un objetivo distante y todavía poco definido –explicaba la doctora Susan Hockfield, presidenta del MIT cuando se inauguró el Instituto Koch–. Mientras les dejamos autodirigir sus investigaciones, tenemos confianza en que su inteligencia comunitaria y los saltos en los conocimientos serán mayores que los que cualquiera de estas brillantes personas podría conseguir por su cuenta».[2]

Creo que Polanyi estaría de acuerdo. La comunidad científica es innovadora porque proporciona «un marco de disciplina y al mismo tiempo [fomenta] la rebelión conta ella», escribió. (Esto también describe bien mi adolescencia, y podría ser una razón por la que me siento atraído por las ciencias). «Ejecuta las enseñanzas de la ciencia en general con el mismísimo fin de fomentar su subversión en [lo] particular».

El Instituto Koch encaja asombrosamente en la definición de Polanyi del orden espontáneo: de adaptar mutuamente las iniciativas individuales mediante el conocimiento compartido. Si uno piensa en el problema del cáncer como en un puzle, el siguiente pasaje de Polanyi se parece a las instrucciones para encontrar su cura:

Imagina que nos diesen las piezas de un puzle muy grande, y supón que, por alguna razón, sea importante que nuestro rompecabezas gigante se complete en el menor tiempo posible. Intentaríamos, naturalmente, acelerar el proceso implicando a algunos ayudantes. La cuestión es cómo podríamos emplearlos de la mejor forma. La única forma en que los ayudantes puedan cooperar de forma eficaz y superar con mucho lo que cualquiera de ellos

2. *E-mail* de Susan Hockfield al autor, 7 de marzo de 2011.

podría hacer por su cuenta consiste en dejarles trabajar en ir haciendo el puzle juntos a la vista de los demás, de modo que cada vez que un ayudante logre encajar una pieza, el resto esté atento de inmediato al siguiente paso que sea posible como consecuencia de eso. Bajo este sistema, cada ayudante actuará por su propia iniciativa, respondiendo a los últimos logros de los demás, y la compleción de su tarea conjunta se verá enormemente acelerada. Aquí tenemos, resumida, la forma en la que una serie de iniciativas independientes está organizada para un logro conjunto adaptándose mutuamente en cada fase sucesiva a la situación generada por todos los demás que están actuando de la misma forma.[3]

Para que una cultura (ya se encuentre esa cultura en un centro de investigación puntero, en una organización multinacional, o en una empresa emergente *[startup]* en ciernes) genere un orden espontáneo que contribuya al descubrimiento, debe buscar, alimentar e implementar constantemente nuevos conocimientos. No toda organización muestra estas cualidades virtuosas. Es la razón por la cual, en la MBM, la dimensión de virtud y talentos es interdependiente de los procesos de conocimiento, porque es necesario un cierto tipo de persona que tenga la voluntad de colaborar (por supuesto, las cinco dimensiones son interdependientes, algo que subrayamos en Koch mientras las aplicamos integralmente).

La cultura resultante es la opuesta a una en la que los trabajadores sigan ciegamente las órdenes de marcha. En lugar de un conjunto de indicaciones, proporcionamos a los empleados un entorno y una caja de herramientas. Cada empleado trabaja con su supervisor para desarrollar una función, responsabilidades y expectativas. Las ideas se ven fomentadas y retadas, y no criticadas destructivamente. El tipo de comunicación que fomenta la generación de valor requiere del desacuerdo constructivo.

Cualquier que quiera maximizar la creatividad debería trabajar como parte de equipos interdisciplinarios, compartiendo ideas como

---

3. Polyani, M.: «Republic of Science», *op. cit.*

lo hace la gente en el Instituto Koch (no en compartimentos estancos), y sus líderes deben proporcionarles suficientes recursos y tiempo para hacerlo. La gente debe también sacar tiempo, reconociendo el coste de oportunidad de un trabajo menos importante. Dedicar a un empleado con un rendimiento de nivel A y que trabaje a tiempo completo a un problema especialmente espinoso suele ser la clave para la innovación exitosa.

En 2004, INVISTA había abandonado los planes formales para desarrollar un nuevo proceso para un ingrediente clave en la producción de nailon debido a varias barreras aparentemente insuperables. Después de que adquiriéramos INVISTA, apoyamos a su director de investigación permitiendo que su equipo siguiera trabajando en este proceso.

Dos años después, hicieron un descubrimiento revolucionario. El director consiguió rápidamente la aprobación para hacer pruebas de laboratorio y un programa piloto. En ese momento fue necesario su inmenso talento para llevar tecnologías «del papel a pruebas piloto» para desarrollar nuevas capacidades biotecnológicas partiendo de cero. Por lo tanto, cambió de puesto para dirigir la creación de un centro de biotecnología de primer orden en Reino Unido que, una vez más, ha conseguido avances extraordinarios en un breve período de tiempo.

Llevar el nuevo proceso de nailon desde la fase piloto hasta la fase comercial requirió de otro líder de I+D de nivel A. Por lo tanto, otro talentoso científico de INVISTA, con experiencia tanto en la fabricación como en lo comercial, dirigió al equipo a lo largo de meses de pruebas de teorías. Juntos, estos líderes superaron problemas que podrían haber terminado con el proyecto y consiguieron una serie de importantes avances que hicieron que la nueva tecnología estuviera lista para su comercialización en la planta de INVISTA de Orange (Texas) en 2014. El proceso ha rendido por encima de nuestras expectativas, demostrando, una vez más, la importancia de tener a personas con un rendimiento de nivel A en puestos de liderazgo con una responsabilidad centrada para la creación de conocimiento.

Las redes externas

El resultado de la compartición de conocimiento desencadenado por una persona con un rendimiento de nivel A pasando de una parte de Koch a otra me recuerda a los exploradores de Países Bajos, el país natal de mi abuelo. El neerlandés del siglo XVII enviaba barcos comerciales por todo el mundo, y sus rutas iban de Yakarta, en las Indias Occidentales, a Aruba, en las Indias Orientales: una distancia de más de diecinueve mil kilómetros.

Las innovaciones estimuladas por los conocimientos adquiridos con este comercio (como mejores diseños de los barcos, molinos y la recuperación de tierras) ayudó a alimentar una prosperidad en la economía neerlandesa que transformó la vida de sus ciudadanos tanto económica como culturalmente (Rembrandt y Vermeer medraron en este entorno, que también proporcionaba refugio a pensadores revolucionarios como Descartes y Locke, y a disidentes honestos como los hugonotes y los peregrinos de la Colonia de Plymouth).

La lección es que las sociedades son más prósperas cuando los conocimientos son más abundantes, accesibles, relevantes y asequibles. Estas condiciones se generan mejor con la libertad de expresión y asociación, y con el comercio basado en el beneficio mutuo. La gente hace intercambios (comerciales o de otro tipo) porque espera que las transacciones mejoren su bienestar; pero incluso cuando los intercambios resultan ser improductivos, pueden proporcionar un conocimiento valioso, ya que tendemos a aprender más de nuestros fracasos que de nuestros éxitos. Si queremos beneficiarnos de la compartición de conocimiento en nuestras organizaciones (que son, en esencia, pequeñas sociedades), debemos estar abiertos a un mayor intercambio mutuo, como lo estuvieron los neerlandeses.

Independientemente de lo capaces que puedan ser sus empleados, ninguna compañía puede igualar la rápida innovación y mejora del mundo sólo con recursos internos. Para comprender rápidamente los avances y las oportunidades globales relevantes, una compañía debe desarrollar redes externas eficaces para monitorizar los cambios en curso en cuanto a la tecnología, los métodos, los mercados, la política, las estrategias y los valores de la gente.

Estas redes pueden incluir a socios comerciales, clientes, proveedores, antiguos empleados del sector, especialistas, universidades, desarrolladores tecnológicos, consultores y otras fuentes. Mantener buenas relaciones y el contacto con ellos es esencial para generar visiones, estrategias y prioridades, y para prever y comprender los avances que afectan al negocio.

También ayudan a identificar, evaluar y captar innovaciones, adquisiciones y proyectos capaces de aportar un valor superior. Dada la importancia de la MBM para nuestro éxito, en Koch confiamos en nuestras redes para que nos ayuden a identificar a candidatos a una adquisición con una cultura compatible. El encaje de las adquisiciones con nuestra cultura puede ser tan importante como su encaje con nuestras capacidades, pero encontrar ese encaje no siempre es fácil.

Ha llevado muchos años desarrollar redes de conocimientos que comprendan nuestra filosofía, capacidades, estrategias y áreas de interés. Lo mismo se aplica para motivar a aquéllos en nuestra red para que nos ayuden a identificar y captar las mejores oportunidades. Pagamos a nuestros asesores basándonos en el valor que generan para nosotros, alineando así sus intereses con los nuestros.

Nuestras redes se ha expandido y diversificado enormemente a medida que hemos ido añadiendo empresas y capacidades. Por ejemplo, hasta finales de la década de 1990, el negocio de los biocombustibles no nos resultaba atractivo porque no era rentable sin subsidios gubernamentales (un mal beneficio generado por medios políticos no es el tipo de beneficio en el que estamos interesados). Sin embargo, cuando el precio del crudo aumentó y surgieron innovaciones prometedoras en el procesado de los cereales, la ecuación cambió. Nos dimos cuenta de que el etanol podría ser un negocio rentable para nosotros, incluso sin los subsidios y los mandatos a los que nos oponíamos.

Las plantas tradicionales de etanol son, lamentablemente, ineficientes, transformando sólo el 33% de la materia prima en productos de mayor valor. Compara eso con el 96% de la tasa de conversión de una refinería de crudo eficiente. Para valorar si las ineficiencias de las plantas de etanol podían reducirse significativamente, FHR desarrolló otra red de conocimientos que incluía a inventores, consultores de alimentos para animales y proveedores de equipamiento. Nos convencieron de que la transformación así era posible, y ahora nos están ayudando en la conversión de las plantas de FHR en biorrefinerías más eficientes.

Entre las mejoras hechas o que están actualmente en curso en las plantas de etanol de FHR tenemos mejoras en el aceite y la proteína de maíz, haciéndolas adecuadas para usos con un valor mucho mayor. Estas mejoras, combinadas con las condiciones del mercado, llevaron a FHR a hacer múltiples adquisiciones de plantas de etanol. Ahora es el quinto mayor productor de etanol de EE. UU., con una producción anual de más de 3100 millones de litros.

Mientras FHR adquiría plantas de etanol, ayudó a Koch Supply and Trading (KS&T) en la exploración de oportunidades para el comercio y la distribución de etanol. Las redes son incluso más importantes para nuestro negocio basado en el comercio. Mediante la combinación de sus excepcionales fuentes de conocimiento a nivel mundial y sus relaciones con sus capacidades analíticas superiores y la base de activos de FHR, KS&T (en colaboración con Flint Hills) pudo desarrollar un exitoso negocio de comercio de etanol.

KS&T identificó esa oportunidad comprendiendo primero los problemas de distribución en el sector, que eran provocados por la fragmentación, la dependencia de las vías férreas, las dificultades con las tuberías y unos participantes reacios al riesgo. En lugar de simplemente proporcionar capital, KS&T consideró su papel como agregador y amortiguador de riesgo que podía mejorar sustancialmente la eficiencia del sector.

Desarrolló relaciones con socios del sector del transporte y la distribución que pudieron ayudarle a proporcionarle las mejores soluciones basadas en un acceso, escala y opcionalidad ventajosas. Una clave para hacer que esto funcionara fue nivelar los incentivos (*véase* el capítulo 10), de modo que todas las partes se beneficiaran.

Una vez que se ha asentado una red, nunca está exenta de la necesidad de una mejora continua. Hemos encontrado varios recursos y mecanismos que son beneficiosos para incrementar la eficacia de nuestras redes.

Una consiste en asegurarse de que la compartición de conocimientos siga el principio en el que todos ganen. Los líderes deberían asegurarse de que sus equipos comprendan el valor del conocimiento y qué parte de él debería y no debería compartirse con terceras personas. Los conocimientos sobre el comercio con mercancías propias y la propiedad intelectual (incluyendo los secretos industriales y detalles de estrategias comerciales) son, todos ellos, tipos de conocimientos que rara vez o nunca deberían compartirse externamente.

Consultores

«Juega al escondite por mil dólares semanales».

Ése era el mantra de un grupo de empleados de un contratista que trabajaron para nosotros en un importante cambio de rumbo en la refinería de Pine Bend en la década de 1980. Su actitud era la de cobrar su paga, pero trabajar tan poco como fuera posible (en la actualidad, el sueldo sería de «varios miles de dólares semanales»). Era exasperante, y caro. Sucedió porque no disponíamos de una supervisión adecuada para orientar y supervisar proyectos a esa escala. Puede surgir el mismo tipo de problema cuando una compañía contrata a consultores.

Habiendo trabajado para una empresa de consultoría justo cuando salí de la universidad, sabía que los consultores pueden ser una tremenda fuente para mejorar el conocimiento de una compañía sobre los clientes, los competidores, los puntos de referencia, las tecnologías disruptivas, las tendencias y los cambios en el sector público. Si los incentivos de los consultores están alineados de forma que estén motivados para maximizar los beneficios para ti en lugar de para maximizar sus honorarios, los buenos pueden generar un valor importante.

Sin embargo, cuando se usan de forma incorrecta, los consultores no sólo pueden convertirse en un hábito caro, sino suponer una fuga de información confidencial. Para emplearlos adecuadamente, una compañía debe elegir sólo a aquéllos con los conocimientos y los valores adecuados; definir todos y cada uno de los encargos con suficiente concreción; tener unas medidas de progreso adecuadas; mantener una supervisión estricta y asegurarse siempre de que los incentivos estén en sintonía.

Las compañías grandes desarrollan frecuentemente una excesiva dependencia de los consultores. Esto añade unos tremendos gastos y socava el desarrollo de las capacidades internas de la compañía. Una de estas compañías asignó a su director de planificación estratégica la tarea de reducir los gastos de consultoría, que estaban costando 2000 millones de dólares anuales. Resultó que las empresas de consultoría se habían metido en todas las partes de la compañía, dejándola incapaz de tomar decisiones sin ellas. La conclusión de cada estudio era la necesidad de otro estudio más. Sin embargo, cuando se redujeron los costes de la consultoría en un 75 % en sólo un año, la compañía nunca perdió el ritmo.

Del mismo modo, cuando adquirimos GP, gastamos decenas de millones de dólares en consultores que desarrollaron unos buenos conocimientos y nos entregaron unos informes impresionantes, pero esos informes rara vez dieron como resultado una acción eficaz. Redujimos el gasto de GP en consultores más de un 80 %, reemplazándolos por nuevos empleados (incluyendo a algunos de esos mismos consultores que tenían los valores, las habilidades y los conocimientos necesarios). Este nuevo arreglo proporcionó un conocimiento específico y mucho más útil que, de hecho, dio lugar a una acción rentable a un coste mucho menor.

Transformar la información en resultados

El conocimiento es información que se usa rentablemente para mejorar resultados. El mero hecho de recopilar y compartir información que no consigue resultados es improductivo. Obtener información tiene un coste en tiempo y gastos tanto para el proveedor como para el receptor. Así pues, debemos asegurarnos de no perder el tiempo proporcionando información que sea bonito tener pero que no mejore los resultados (una importante violación de esta nota de advertencia son las reuniones, que deben diseñarse para asegurarse de que el valor que generen supere al coste de oportunidad de los participantes).

Esto es igual de cierto para la tecnología de la información (TI) como lo es para otros facilitadores de información. Con esa advertencia, podemos decir que la TI ha desempeñado un papel crucial en nuestro crecimiento, permitiéndonos reunir y compartir mejor la información, y mejorar la utilización de nuestros conocimientos y capacidades. Cada década ha traído consigo avances cada vez mayores: desde las máquinas de fax en la década de 1970 hasta los mensajes de voz en la de 1980, el *e-mail* en la de 1990 y los motores de búsqueda en la última década, hasta la proliferación de la nube y de las herramientas de análisis de datos de las que disponemos en la actualidad.

En nuestro negocio comercial, la tecnología proporciona automáticamente datos en tiempo real e históricos a herramientas de *trading* y de varianza, permitiendo a los *traders* identificar y responder rápidamente a unas condiciones del mercado cambiantes.

En nuestras plantas, los hallazgos de las auditorías relativos al medioambiente y la seguridad se introducen inmediatamente en nuestro sistema *online,* y luego se dirigen al personal apropiado para permitir un seguimiento adecuado y la identificación de patrones.

En nuestra capacidad de recursos humanos, la contratación se ha visto beneficiada por las redes sociales como LinkedIn y Facebook, y por sistemas más nuevos que, de hecho, son capaces de encontrar candidatos que ni siquiera han presentado una solicitud para nuestras vacantes.

En el desarrollo de negocio, bibliotecas *online* privadas catalogan enormes cantidades de datos del sector y evaluaciones internas de proyectos y negocios, evitando así la duplicación de esfuerzos y consignando importantes análisis y conclusiones de trabajos pasados.

Numerosas aplicaciones de tecnologías de búsqueda y establecimiento de contactos han proporcionado un acceso barato y rápido a miles de empleados y terceras partes que ayudan a informar nuestro punto de vista relativo a las oportunidades.

El análisis global de ingeniería y de los sistemas del ciclo de vida de los productos expande el alcance de las colaboraciones con nuestros equipos de ingeniería y fabricación por todo el mundo, permitiendo unos verdaderos diseños de producto las veinticuatro horas del día y los siete días de la semana. De forma similar, los sistemas de ejecución y planificación de la producción proporcionan visiones en tiempo real de nuestras operaciones, permitiendo ajustes instantáneos de los programas y unas reacciones más rápidas frente a los cambios en los clientes y los proveedores.

La amplitud, la profundidad y el poder de los avances continuos en la tecnología de la información son asombrosos. La combinación de comunicaciones sin cables asequibles y ubicuas, un almacenamiento aparentemente ilimitado, la potencia informática de los dispositivos manuales y los conocimientos derivados del poder de procesar enormes conjuntos de datos han dado lugar a innovaciones que han transformado de forma fundamental nuestras prácticas empresariales y la competitividad de nuestros negocios. Cuando se emplea adecuadamente, esta tecnología fomenta los procesos de conocimiento mediante la mayor velocidad y el menor coste de la adquisición, almacenaje y distribución de la información.

Por su parte, la adopción de una arquitectura abierta por parte de grandes plataformas proveedoras como SalesForce.com y SAP está generando una revolución en nuevas aplicaciones de procesos empresariales. Esto está permitiendo cambios disruptivos en nuestra eficiencia operativa y la efectividad de las ventas y el *marketing*. Para beneficiarse por completo de estas innovaciones, nuestras empresas están trabajado para revisar sus visiones para incluir un uso más transformador de la tecnología de la información.

Un excelente ejemplo de esto es Commercial Tissue Business, de GP, que está empleando tecnologías de la información nuevas para mejorar todavía más su eficiencia al trabajar con distribuidores y usuarios finales. Entre los beneficios tenemos una mejor coordinación con los representantes de ventas de los distribuidores, una mejor capacidad de llegar a los usuarios finales particulares y llamadas de ventas con un menor coste.

Al mismo tiempo, la empresa Consumer Products Business, de GP, está experimentando con entregas directas a los clientes mediante el comercio electrónico, ya que cree que puede convertirse en una parte importante de sus ventas. Ambos negocios están usando medios digitales y herramientas analíticas avanzadas (que reducen en coste de la distribución de información y ayudan a convertirla en conocimiento) para generar más valor para sus clientes y usuarios finales.

Otro uso transformador de esta nueva tecnología es un foco de todas nuestras empresas puesto en el Internet de las cosas, que incrementa enormemente la conectividad, no sólo entre las empresas y Koch, sino a lo largo y ancho de nuestras cadenas de suministro globales. En GP esto incluye experimentos como el «aseo del futuro». Todas nuestras empresas usan Internet para mejorar la seguridad y la fiabilidad de nuestras plantas de fabricación.

La capacidad de un negocio (de cualquier negocio) de transformarse mediante la tecnología de la información requiere de varios elementos:

▶ Reconocimiento, por parte de los directivos de las empresas, de que ellos, y no el grupo interno de TI de la compañía, poseen la visión, la estrategia y la implementación para la transformación. Las organizaciones de TI tienden a promover sistemas que son de vanguardia, pero que frecuentemente no son rentables. Los directivos de las empresas no tienen, con mucha frecuencia, un conocimiento suficiente de la tecnología como para cuestionar las recomendaciones improductivas.

▶ Crear una organización de TI con la capacidad de recomendar tecnología que sea rentable en la práctica: en otras palabras, personas cuyos conocimientos, valores e incentivos estén en sintonía con toda la empresa. La organización de TI también debe ser competente en la gestión de proyectos, la arquitectura técnica y de procesos, la gestión de datos y la seguridad.

▶ Crear un proceso de innovación que permita que los avances tecnológicos se valoren y dominen rápidamente bajo la orientación de las empresas.

▶ Restructurar y volver a capacitar a toda la organización de la empresa según sea necesario para permitir que le saque el máximo provecho a la nueva tecnología.

Puede que, como era de esperar, el uso extendido de la tecnología de la información dé como resultado ciberataques. En 2011, el negocio del tejido comercial de GP fue objeto de un ataque de «denegación de servicio», en el que los delincuentes sobrecargan la página web de una empresa, forzándola a cerrar y dejar de servir a los clientes. Estos ataques (muchos de ellos incluso más destructivos) provocaron que cambiáramos nuestro enfoque con respecto a la seguridad de la TI. Reconocimos que ocuparnos eficazmente de esta amenaza requería de la expansión de nuestros conocimientos.

Resultó que la ayuda más valiosa procedió no de consultores remunerados, sino de otras organizaciones que habían experimentado ataques similares: un testimonio del beneficio mutuo de la compartición de conocimientos. Lo cierto es que la mayoría de las compañías no pueden estar a la altura, por sí solas, de la mezcla de herramientas, que mejoran rápidamente, usadas por los *hackers*. Ahora compartimos nuestros conocimientos con socios en el sector, del ámbito de la educación y de las organizaciones sin ánimo de lucro, y a cambio obtenemos conocimientos valiosos.

Medidas

Saber *por qué* algo es rentable suele ser tan valioso como saber *qué* es rentable. Debido a esto, una empresa debe también desarrollar medidas que le ayuden a comprender los impulsores de la rentabilidad.

Los precios, el beneficio y las pérdidas nos dicen qué valora la gente y los mejores métodos y recursos para satisfacer esos valores. También son los indicadores primarios de si estamos haciendo lo correcto como compañía.

En una verdadera economía de mercado, en la que se permita que los precios se ajusten libremente, los beneficios y las pérdidas son la medida objetiva del mercado del valor que un negocio está aportando a la sociedad. Para tener éxito, una empresa debe desarrollar no sólo mediciones del beneficio y las pérdidas, sino también determinar sus impulsores subyacentes, para así comprender qué está añadiendo valor, qué no lo está añadiendo y por qué. Este conocimiento informa su visión y sus estrategias, conduce a innovaciones, genera oportunidades para eliminar los residuos y orienta la mejora continua.

Si pudiese hacerse, cada compañía debería medir la contribución de cada empleado, actividad y recurso al valor a largo plazo de la empresa y al bienestar social. Lamentablemente, esto es imposible de hacer con certeza o precisión, ya que el beneficio a largo plazo de la mayoría de las actividades es incalculable y el futuro se desconoce. Así pues, tenemos que conformarnos con una serie indirecta de aproximaciones, teniendo en cuenta las oportunidades, las capacidades y los recursos disponibles para la empresa, y los riesgos que resulta adecuado que asuma.

¿Recuerdas a nuestro consultor del capítulo 4 cuyos costes de oportunidad justificaban contratar a un gerente de la oficina y a un conserje? Esto ilustra por qué es esencial examinar rigurosamente todas las oportunidades y alternativas. Se elimina el despilfarro mediante la priorización de acuerdo con la rentabilidad, ajustada al riesgo y al tiempo. Trabajar en una actividad rentable es un derroche cuando hay una actividad incluso más rentable que puede llevarse a cabo en lugar de la anterior. Sin embargo, estos cálculos son imposibles de hacer sin el conocimiento de los costes de oportunidad.

Parece contrario a la lógica, pero al tener en cuenta el coste de oportunidad, el beneficio puede, de hecho, incrementarse mediante la *eliminación* de algunas actividades rentables y que añaden valor *si* hacerlo permite que una empresa capte oportunidades con un mayor valor. Incluso un activo que no forme parte directa de un negocio debería tener tanto una medida de ganancias y pérdidas como del rendimiento del capital invertido. Esto nos asegurará que mantenerla supondrá el mejor uso para ese capital.

Vimos esto después de adquirir Georgia-Pacific. Cuando GP era una empresa que cotizaba en la bolsa, poseía una compañía de seguros cautiva en las islas Bermudas que necesitaba 275 millones de dólares para su mantenimiento. Sin embargo, después de que Koch comprara GP, su desempeño en materia de seguridad mejoró bajo la MBM, reduciendo el rendimiento de ese capital invertido a unas cifras muy bajas de un solo dígito (un buen problema que padecer). Hubo una gran reducción en las reclamaciones de indemnizaciones a los trabajadores que se aseguraban, señalando esto que GP era significativamente mejor que otras compañías en su consorcio de seguros. El coste de oportunidad de mantener la compañía de seguros se volvió demasiado alto, por lo que lo interrumpimos, suponiendo esto un beneficio de la medición cuidadosa y el análisis comparativo.

Sin embargo, ten cuidado: las mediciones sólo son beneficiosas si conducen a una acción rentable. Resulta tentador medir las cosas simplemente porque son fáciles de medir. En lugar de ello debemos medir cosas que importen, incluso aunque sea difícil hacerlo. «No todo lo que cuenta puede contarse, y no todo lo que puede contarse cuenta»,[4] señaló Einstein. Las medidas más valiosas nos mantienen en el buen camino en cuanto a fomentar nuestra visión, permitiéndonos identificar oportunidades y problemas, y estimulando las innovaciones.

De acuerdo con este concepto, el grupo de gestión de pensiones de Koch ha desarrollado medidas que han mejorado significativamente la rentabilidad de nuestros activos de pensiones. Éstas incluyen la capacidad de monitorizar y prever el riesgo en la cartera de inversión de forma diaria. Nos marcamos como objetivo un nivel de riesgo concreto, de modo que, si la volatilidad del mercado au-

---

4. Citado por THORPE, S.: *How to think like Einstein: Simple ways to break the rules and discover your hidden genius, op. cit.,* pág. 3.

menta debido a una sacudida en cualquier lugar del mundo, nuestras posiciones puedan reducirse en el transcurso de veinticuatro horas.

Como resultado de ello, durante la reducción de categoría de la deuda estadounidense y su potencial suspensión de pagos en 2011, pudimos reducir rápidamente nuestras posiciones en las inversiones un 30 %, lo que dio como resultado unos importantes ahorros. Pese a que es difícil calibrar el mercado en términos absolutos, se puede generar un valor significativo comprendiendo los impulsores clave de las variaciones en el rendimiento global de las acciones y adaptando rápidamente la cartera de valores de acuerdo con ello. En 2013, el rendimiento de nuestras inversiones fue de más del doble de lo que habría sido si no se hubieran llevado a cabo estas adaptaciones.

Una organización exitosa debería medir (y hacerlo lo mejor posible para comprender) la rentabilidad (y los impulsores de la rentabilidad) de sus activos, productos, estrategias, clientes, acuerdos y empleados, y cualquier otra cosa que sea práctico medir.

Cuando adquirimos INVISTA, ésta no disponía de mediciones de rentabilidad según la planta o el producto. Esto hacía que fuera imposible tomar decisiones operativas y relativas al capital bien informadas, y evitaba una determinación precisa de la rentabilidad según el cliente.

Esto también llevó a que los directivos de la compañía estuvieran excesivamente enfocados en los ingresos, ya que ésa era una de las pocas mediciones de las que disponían. El resultado fue una proliferación improductiva de productos. Los directivos no tenían voz ni voto en cómo se distribuían los gastos generales a las líneas de productos, dejándoles esto sin una sensación genuina de control. Los precios internos de transferencia se determinaban mediante fórmulas, en lugar de a través de un sistema que animara a todos a optimizar la compañía en su conjunto.

Establecimos de inmediato medidas en favor del beneficio y precios de transferencia basados en el mercado para generar una responsabilidad por cada línea del estado de resultados y del balance general de INVISTA. Estas mediciones permitieron a los líderes ver a qué negocios les estaba yendo mal y necesitaban de una reestructuración (y por qué), y a cuáles les estaba yendo bien y justificaban una inversión adicional.

Desde entonces, INVISTA ha desarrollado una extensa gama de medidas distintas que han contribuido enormemente a su progreso. Ahora monitoriza todos los factores que afectan al precio de sus productos y materias primas. Esto incluye los mecanismos de fijación de precios como la oferta, la demanda, los flujos comerciales, los inductores de costos y los precios y las estructuras de costes de los sustitutivos del producto. Aparte de conducir a una mejor fijación de precios, estas medidas han mejorado la comprensión del atractivo de las inversiones en infraestructuras internas.

Los directivos deberían esforzarse por comprender el ritmo de cambio en sus sectores y si sus compañías o áreas de responsabilidad están mejorando a un ritmo que sea igual o más rápido que el de los competidores. Los cambios en la cuota de mercado, el ritmo de la reducción de costes, los márgenes y el porcentaje de beneficios procedentes de los productos nuevos son, todos ellos, ejemplos de tales comparaciones.

Al hacer mediciones, se debería hacer siempre hincapié en la exactitud por encima de la precisión. Tal y como empleamos los términos, la exactitud es el grado de corrección que genera valor. La precisión va más allá de eso, para acercarse a la perfección. La perfección, por tanto, es la enemiga del progreso.

Generalmente es un derroche desarrollar una información detallada más allá de lo que es necesario para tomar unas buenas decisiones. Al valorar una inversión, los detalles innecesarios simplemente nos distraen de los impulsores principales. Como es imposible predecir los resultados con precisión, intentar hacerlo (como cuando se hacen proyecciones financieras con varios decimales) supone un despilfarro. Lo que es peor es que estos intentos pueden generar una falsa sensación de confianza.

Dado que intentamos trabajar en lo que podemos determinar, medir las cosas equivocadas conduce al derroche y a la destrucción de valor. Un ejemplo muy típico es la reducción de *todos* los gastos, y no sólo de los que suponen un despilfarro o los improductivos. Si tu objetivo consiste en perder peso, podrías conseguirlo cortándote la pierna, pero eso difícilmente resultaría beneficioso.

El recorte de gastos sin más suele ser tan corto de miras como el gasto excesivo, y puede dañar gravemente la rentabilidad futura. Muchas compañías han socavado sus muy rentables franquicias mercantilizándolas mediante el recorte de gastos. Varias cadenas de comida rápida, por ejemplo, han mercantilizado su producto abaratando sus ingredientes. Resulta tentador olvidarse de lo que el consumidor valora y, en lugar de ello, centrarse en el espejismo de mejorar los márgenes mediante el uso de ingredientes más baratos. Ciertamente, un pastel de barro es más barato que uno de chocolate, pero no tiene valor para un cliente hambriento.

Aunque las medidas deberían ser cuantitativas siempre que sea posible, también deben tenerse en cuenta los componentes cualitativos e intangibles, ya que son críticos para las percepciones creativas. Los directivos siempre deberían preguntar: «¿Cuáles son los impulsores clave del valor y el coste?» y «¿Cómo mejoramos, sosteniblemente, nuestra posición competitiva?».

Frecuentemente se trata de una elección entre ofrecer productos y servicios a un coste inferior para los consumidores u ofrecer unos de un valor superior. En Koch, hemos visto que el modelo de coste-precio-valor (CPV) puede ayudarnos a medir la importancia relativa del recorte de gastos frente a la creación de valor para el consumidor para cualquier producto dado.

Michael Porter, el autor de *Estrategia competitiva: técnicas para el análisis de los sectores industriales y de la competencia,* señala que las empresas intentan obtener ventaja siendo o el productor de bajo coste u obteniendo un recargo en el precio mediante la diferenciación de su producto.[5] El triángulo CPV nos ayuda a comprender cómo aplicar ambos enfoques.

---

5. PORTER, M.: *Competitive strategy: Techniques for analyzing industries and competitors.* The Free Press, Nueva York, 1998, pág. xiv. (Trad. cast.: *Estrategia competitiva: técnicas para el análisis de los sectores industriales y de la competencia.* Pirámide: Madrid, 2009).

Un productor que busca una ventaja a través del coste se centra en eliminar el derroche constantemente. Esto se logra midiendo y examinando la rentabilidad de cada actividad, proceso, persona, recurso, producto y activo, y mediante el análisis comparativo.

Si después de recortar costes la rentabilidad cae cuando otros factores no han cambiado, entonces sabemos que lo que se eliminó no era un despilfarro. Diseñar unas iniciativas de recorte de gastos que sean rentables combina el análisis marginal con el análisis comparativo, el coste de oportunidad, el análisis crítico y un juicio sensato. Implica determinar si vale la pena hacer algo, porque, y tal como nos enseñó Peter Drucker: «Sin duda, no hay nada tan inútil como hacer con una gran eficiencia algo que no debería hacerse en absoluto».[6]

EL TRIÁNGULO DEL CPV

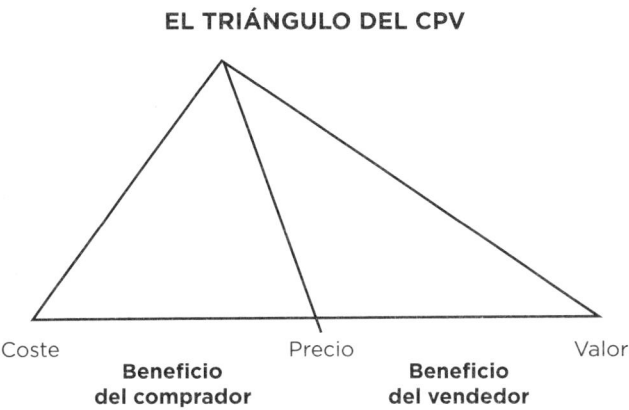

Este sencillo diagrama muestra cómo el intercambio libre beneficia a ambas partes basándose en sus expectativas. El beneficio esperado del vendedor es la diferencia entre el precio y el coste de proporcionar un producto, mientras que el beneficio previsto del comprador es la diferencia entre el precio y el valor para el comprador de ese mismo producto. El precio no sólo divide el valor total entre el vendedor y el comprador, sino que determina si se producirá una transacción. Un precio por debajo de los costes de un productor potencial suele significar que no se proporcionarán más unidades del producto por parte de ese productor. Si el precio es superior que la evaluación de un comprador potencial, entonces no habrá transacción y no se generará ningún valor para el comprador ni el vendedor.

6. DRUCKER, P.: «What executives should remember», *Harvard Business Review*, vol. 84, n.º 2 (febrero de 2006).

La diferenciación del producto puede conseguirse comprendiendo lo que los consumidores valoran ahora y previendo lo que valorarán en el futuro: otro tipo de proceso de conocimiento. Basándose en ese conocimiento, el productor debe innovar continuamente para desarrollar productos y servicios que se valoren más que aquéllos de los competidores directos o indirectos. Generar más valor para los clientes y captar una parte de ese valor genera un mejor resultado para el buen beneficio de los compradores y los vendedores (es importante señalar que los clientes valorarán el producto de acuerdo con sus valores subjetivos).

Las empresas que diferencian sus productos se ven menos constreñidas por las acciones de sus competidores. El precio ya no es sólo un mínimo común denominador, sino que se ve determinado, en gran medida, por qué recargo están dispuestos a pagar los consumidores por el valor extra proporcionado.

Generalmente, un empresario debería intentar ser un buscador de precios en lugar de un aceptador de precios. Esto se consigue mejor descubriendo nuevas formas de generar valor que sean difíciles de imitar. Va en el interés del proveedor/innovador y del cliente que el innovador capte inicialmente la mayor parte de este valor superior. Esto proporciona el incentivo para que el proveedor siga innovando, ya que, dada la destrucción creativa, la porción que puede llevarse se reducirá con el tiempo.

El análisis marginal

El análisis marginal pregunta: «¿Cuál es la rentabilidad de una unidad más de producción, de una planta más o menos, o de una inversión más expansiva frente a una más modesta?». Esto implica sopesar los costes y los beneficios de un cambio. Lo llamamos marginal no porque sea poco importante, sino porque es progresivo, porque se produce en el margen. El análisis marginal se fija en los beneficios y los márgenes relacionados con un cambio específico. Esto generalmente hace que sea una herramienta mucho más poderosa que trabajar con medias o totales.

La mayoría de las decisiones deberían tomarse usando el análisis marginal. Esto requiere comprender la diferencia entre los costes y los beneficios que son marginales y los que no, como los costes irrecuperables. Sólo tomando decisiones sobre el margen adecuado logrará una empresa potenciar constantemente su rentabilidad y eliminar el despilfarro. Ese margen variará enormemente dependiendo de la decisión.

Para producir una unidad más en una planta con un exceso de capacidad, el coste marginal sería simplemente el incremento en el coste en el que se incurriera (lo que podría variar significativamente con respecto al coste medio), además de cualquier efecto en el mercado. Sin embargo, si producir una unidad más requiriese de una expansión, la medida también debería incluir la inversión necesaria y el incremento de los costes operativos.

Estos incrementos suelen subestimarse, especialmente cuando la empresa todavía tiene que experimentar el coste de gestionar la complejidad y el volumen adicionales. Al decidir qué hacer con una planta que no es rentable, usamos el análisis marginal para comparar el valor neto presente de seguir teniéndola en funcionamiento con el cerrarla o venderla. Al usarlo adecuadamente, el análisis marginal es una herramienta de medición imprescindible.

Análisis comparativo

Otro tipo de medición que puede ayudar a eliminar el despilfarro es el análisis comparativo: el proceso de identificar, comprender y adoptar prácticas superiores de cualquier lugar del mundo. Esto puede hacerse de varias formas.

Independientemente de en qué tipo de negocio nos encontremos, todos podemos aprender mucho de lo mejor en la compañía (interno), lo mejor en el sector (competitivo) y lo mejor en cualquier sector en cualquier lugar del mundo (de primera categoría). Analizar un rendimiento superior tal en una función concreta (como el mantenimiento, las ventas, las operaciones, la TI, la contabilidad, etc.) es una forma poderosa de saber qué es mejor y cómo conseguirlo.

En el análisis comparativo del negocio del papel higiénico de los aseos de GP, comparamos nuestros costes no sólo con los de otras importantes compañías integradas, sino también con los productores con una mejor relación coste-eficacia que se especializan en sólo un segmento, como convertir la pulpa de celulosa en papel higiénico de marca. Las mejores prácticas deben buscarse allá donde estén, tanto dentro como fuera de la compañía e incluso del sector.

El análisis comparativo eficaz requiere de objetividad, por lo que debe llevarse a cabo con integridad. Tal objetividad es a veces dolorosa, pero es esencial para comprender la brecha entre nuestro rendimiento y el mejor, y lo que es necesario para eliminar esa brecha.

Aunque la información es difícil de obtener, es crucial hacer un análisis comparativo no sólo de los mayores competidores, sino de aquellos que están creciendo más rápidamente, de los más rentables o de los que tienen el menor precio. Cuando encontremos que son mejores, no deberíamos racionalizar que se debe a factores que no podemos controlar. Este pensamiento autoprotector aparece con bastante frecuencia y puede ser desastroso porque justifica la inacción. Superar esta tendencia requiere de la humildad para admitir que no has estado a la altura, además de tener unos altos directivos que rechacen aceptar cualquier excusa.

Una medida que generalmente no se considera análisis comparativo, pero que puede aportar muchos de los mismos beneficios, consiste en comparar el rendimiento real con el ideal. Esto se consigue más fácilmente, para los procesos físicos, usando medidas como los factores que están en funcionamiento, los rendimientos y el consumo de energía. La brecha de valor entre el rendimiento ideal y el real indicará qué prioridad se le debería dar a mejorar cada uno de ellos.

Debería señalarse que en ningún lugar de esta sección se ha recomendado el uso de presupuestos. Esto es importante: en general, en Koch nos hemos encontrado con que los presupuestos no son eficaces como herramientas de gestión. De hecho, se vuelven completamente contraproducentes cuando se les permite generar unos incentivos perversos, como basar las primas en cumplir un presupuesto (que, en sí mismo, rara vez representa una verdadera creación de valor). Sin embargo, los presupuestos pueden ser muy útiles al usarlos como objetivos basados en unos puntos de referencia significativos, como un rendimiento ideal o competitivo.

Medidas de los centros de beneficio

Una empresa puede determinar, de la mejor manera, dónde y cómo generar valor desarrollando medidas alrededor del concepto de los «centros de beneficio»: cualquier parte de la compañía para la que puedan desarrollarse estados financieros. Los centros de beneficio pueden crearse allá donde haya productos, precios de mercado, clientes, proveedores y activos identificables. Sus estados financieros deben reflejar la realidad económica. Nunca olvides que allá donde se midan los beneficios y las pérdidas, también es necesario el análisis para comprender lo que conduce a esos resultados.

Identificar y crear, de forma eficiente, unas medidas de un centro de beneficio al nivel práctico más bajo puede proporcionar una ventaja competitiva sustancial. Esto incluye el conocer la rentabilidad de cada cliente, cosa que no puede hacerse con precisión cuando una empresa está asignando unos costes a unas medias, pongamos por volumen. Se debe prestar una especial atención a los consumidores con un bajo volumen. Éstos tienden a tener un coste elevado cuando se trata de los gastos de las ventas y cuando distintas especificaciones del producto provoquen pequeñas tiradas en la planta o requieran de un inventario adicional. Sólo el análisis objetivo determinará el verdadero coste de servir a estos clientes.

En condiciones ideales, cada planta (y cada unidad en esa planta) debería disponer de medidas que permitan que se calcule la rentabilidad. Si una planta produce más de un producto, debería monitorizarse la rentabilidad de cada uno. Cuando una empresa vende productos o servicios a clientes externos, los precios reflejan la realidad económica. Al transferir productos internamente, los precios deberían representar el precio de mercado para el volumen marginal adecuado. Si el mercado no es líquido y hay una gran diferencia entre el precio de comprar y vender ese volumen, los precios de transferencia deberían fijarse entre los dos, generalmente en la media. No hay forma de tomar decisiones empresariales sólidas sin unos precios de transferencia realistas que permitan que la rentabilidad se mida con exactitud.

Transferir productos usando un sistema basado en los costes conduce a unas señales de beneficio defectuosas y a malas decisiones. Esto equivale a que el Gobierno subvencione a una empresa frente a otra, lo que distorsiona el proceso de mercado y genera despilfarro. Cuando no se hace por una buena razón (como proteger la propiedad intelectual o crear economías de escala), solicitar que unidades de la compañía compren internamente puede ser igual de ineficiente.

Estas prácticas distorsionadoras del beneficio son especialmente perniciosas cuando se usan para apoyar a una empresa o planta en dificultades. Si no se puede hacer que un negocio sea rentable, incluso al considerar su efecto sobre nuestras otras empresas, debería venderse o cerrarse, pero no subvencionarse.

El objetivo de los mercados internos consiste en proporcionar señales internas, de modo que se tomen decisiones basándose en la rentabilidad de un negocio, igual que con las compras externas. Los mercados internos adecuados generan conocimiento, orientan las decisiones, refuerzan la propiedad y la responsabilidad, fomentan el espíritu emprendedor y ayudan a eliminar el despilfarro.

Los centros de beneficio incluyen no sólo las actividades necesarias para producir, vender y distribuir productos a un cliente externo, sino también respaldar actividades, como la contabilidad y los servicios de crédito. Dada la dificultad para medir el valor que están generando los servicios de respaldo, sin una supervisión tienden a maximizar sus servicios en lugar de su contribución a la rentabilidad. Para minimizar este problema, ponemos estos servicios, siempre que sea posible, bajo la empresa pertinente o en un mercado interno.

Entonces estimamos su rentabilidad haciendo un análisis comparativo y comparándola con el coste ajustado a la calidad de su subcontratación. Pero no es sólo la rentabilidad de los clientes, los productos y los activos lo que debería medirse. Tal y como se indica en el capítulo 10, también debería estimarse la rentabilidad de cada empleado.

Esto puede hacerse monitorizando, cuantitativamente cuando sea posible, el valor actual de sus contribuciones (positivas y negativas) a lo largo del año y llevando a cabo evaluaciones del rendimiento a todos los niveles. Las evaluaciones deberían incluir *feedback* sobre el rendimiento de aquellos que han trabajado más de cerca con una persona durante el año, oscilando entre supervisores, colegas y subordinados.

El desafío

Al igual que un país con libre comercio proporciona a la gente conocimientos procedentes de todas partes, la libertad de expresión en una compañía permite el intercambio de información y de ideas que generan innovación y progreso. Esta libertad de expresión es un proceso de conocimiento vital. Reducir o distorsionar las comunicaciones dentro de la empresa afectará, inevitablemente, a la cantidad y la calidad de sus conocimientos, dejando a prácticamente a todos (excepto a la competencia) en una peor situación.

El compartir conocimientos no sólo es importante para la innovación. Buscar, compartir, discutir o desafiar las ideas y los planes desempeña un papel crucial en cada aspecto del éxito de una organización.

Ninguno de nosotros dispone de todo el conocimiento para tomar las mejores decisiones o hacer los mejores descubrimientos. Como el conocimiento está disperso y es de varios tipos, necesitamos formas de asegurar que los tipos relevantes se tengan en cuenta antes de tomar decisiones importantes.

Cuando se promueve una cultura de respeto y confianza en el lugar de trabajo, los empleados comparten sus ideas y buscan los mejores conocimientos para anticiparse a los problemas y resolverlos. Los intercambios verbales conducen al descubrimiento de formas nuevas y mejores de generar valor. Cuando tales intercambios se ven dificultados por unos tabús, una burocracia, unos sistemas, unos procedimientos, una propiedad, un acaparamiento del conocimiento, unos egos o una jerarquía autoritarios, la compartición de conocimientos se ve reprimida.

Los líderes o directivos deben ser conscientes de que lo que digan o hagan frecuentemente se convertirá en un saber popular y, si es negativo, puede dificultar todo el empeño. Algunas de mis reacciones negativas ante las pérdidas nos costaron oportunidades durante muchos años. Como me mostré tan crítico con la enorme cantidad de dinero que perdimos en transportes en la década de 1970, nuestra gente no tuvo en cuenta oportunidades en cuanto a los transportes durante más de una década. No dejé lo suficientemente claro que el error no era nuestra implicación en el transporte, sino la forma en la que lo abordamos. Esto subraya la necesidad de asegurar que todos comprendan qué se está criticando y qué no.

En Koch, la verdad es lo que obtiene resultados. Es lo que resiste las pruebas de la evidencia y la crítica, y no lo que alguien que forme parte de la jerarquía diga que es la verdad. El cuestionamiento constante y la lluvia de ideas es lo que llamamos desafiante. Debe considerarse como una oportunidad para aprender y mejorar, y no como una oportunidad para matar la idea de otra persona. Los directivos deberían fomentar los desafíos formulando preguntas abiertas como: «¿Qué estamos pasando por alto aquí?» o «¿Hay una mejor forma de hacer esto?».

La calidad de un desafío depende de tener la valentía y la voluntad de cuestionar respetuosamente las convicciones, ideas, propuestas y acciones de cualquiera (hasta llegar a e incluyendo las de los directores ejecutivos).

Los retadores necesitan participar con honestidad intelectual en el espíritu de la mejora constructiva, en lugar de oponerse a algo porque «no se inventó aquí». También necesitan dejar claro que están desafiando la idea, no a la persona.

Las formas formales de los retos se llaman «procesos de desafío». Una forma productiva de proceso de desafío es una sesión de lluvia de ideas. Debería incluir a representantes de todas las funciones y capacidades que puedan aportar un valor importante a la discusión, como la gestión de la empresa, las ventas, las operaciones, el suministro, la tecnología, el desarrollo del negocio y el sector público. También puede que resulte adecuado incluir a personas externas si poseen un conocimiento superior o una perspectiva valiosa.

Para ser lo más eficaz posible, este tipo de proceso de desafío debe incluir a gente con distintos puntos de vista, tipos de conocimientos y campos de especialización. Éste es el tipo de diversidad que es importante para la innovación y para tomar la mejor decisión. También es de lo más significativo y beneficioso para la compañía, el empleado, el cliente y la sociedad.

La calidad del diseño y del liderazgo de un desafío formal así también es crucial para su eficacia. Los participantes adecuados en el foro correcto con el líder apropiado trabajando en un problema bien enmarcado conducirá a avances en la resolución de problemas anteriormente inextricables.

Una versión incluso más estructurada del proceso de desafío es la auditoria de conformidad por parte de especialistas legales o de conformidad internos o externos. Puede que algunas personas se resistan a esto porque se sientan amenazadas o les preocupe que no sean dignas de confianza. En lugar de ello, la auditoria debería considerarse como una oportunidad para aprender y mejorar. ¿Preferirías averiguar que tienes un problema a través de una auditoria o por sufrir un desastre?

Para impulsar el proceso de destrucción creativa internamente, nada ni nadie puede ser inmune al desafío. Cada uno de nosotros, desde los supervisores de primera línea hasta el director ejecutivo, debe ayudar a fomentar un entorno abierto que invite al reto y abrace el cambio. Si te encuentras con que tus puntos de vista rara vez se ven retados, es probable que transmitas la impresión de que los desafíos no son bienvenidos. Los líderes a cada nivel no sólo deben estar abiertos a los retos, sino que deben solicitarlos y agradecer a cualquier retador que ofrezca un desafío constructivo.

Independientemente de cuál sea el problema, debe abordarse so pena de que ponga a la empresa en peligro. Así pues, sin que importe tu papel en la compañía, deberías buscar activamente conocimientos y puntos de vista alternativos. Debes compartir tus conocimientos y tus perspectivas proactivamente con aquellos que pudieran beneficiarse. Cuando todos los participantes en un proceso de desafío adoptan nuestros Principios Rectores de la MBM y se centran en generar valor, el resultado es una poderosa herramienta para el descubrimiento.

Conocimiento y generación de valor

Recordando los procesos de conocimiento implicados en la investigación del cáncer descritos al principio de este capítulo, ¿puedes imaginar el resultado para los pacientes aquejados de cáncer si las decisiones de los investigadores se basaran en el miedo, una actitud defensiva, el ego o unos incentivos perversos?

De forma similar, los malos resultados acechan a una empresa en la que las decisiones se basen en las influencias destructivas. Los procesos de conocimiento requieren de un pensamiento económico y crítico, lógica y pruebas para generar el resultado deseado. Todos deberían ser explícitos sobre los modelos mentales que están aplicando y comunicarlos claramente. Evita la complejidad innecesaria manteniendo las cosas, tal y como aconsejaba Einstein, «lo más sencillas que sea posible, pero no más sencillas que eso».[7] Los modelos mentales elegantemente articulados pero complicados, los argumentos sin sentido y las ideas que no proporcionan unos resultados rentables no tiene valor. El estilo nunca debería tener prioridad sobre la sustancia.

Las sociedades libres son excepcionalmente eficaces a la hora de comunicar lo que la gente valora y cómo satisfacer esos valores de la

---

7. THORPE, S.: *How to think like Einstein: Simple ways to break the rules and discover your hidden genius, op. cit.,* pág. 35.

mejor manera. Del mismo modo, dentro de una compañía, un foco puesto en la verdad y los resultados éticos empleando modelos de conocimiento basados en el mercado puede aprovechar el poder de los mercados libres para generar conocimientos útiles.

Siempre hay formas mejores y más rápidas y baratas de generar más valor para una compañía, sus clientes y la sociedad. La creación de valor requiere de un buen pensamiento económico, de medir la rentabilidad siempre que sea práctico, de buscar y compartir conocimientos, de adoptar los cambios y del uso adecuado de herramientas y modelos mentales de probada eficacia. Éstos son los elementos esenciales de los procesos de conocimiento superiores.

En Koch, hacemos hincapié en que la persona con los mejores conocimientos relevantes a una decisión concreta debería ser la que la tomara. Aunque, generalmente, esto es verdad, es más exacto decir que la persona con la ventaja comparativa debería tomar la decisión, cosa que es la temática del siguiente capítulo.

CAPÍTULO 9

Derechos de decisión

Los derechos de propiedad dentro de la organización

«Los hombres prestan más atención a lo que es suyo y les preocupa menos lo que es común [...]. Son más tendentes a descuidar su deber cuando creen que otro se está ocupando de él».

ARISTÓTELES[1]

La tragedia de la comuna

Cuando era estudiante de posgrado en Cambridge, alquilé un apartamento en Trowbridge Street con dos compañeros de piso. Este apartamento no tenía ni un ángulo recto y se encontraba en un vecindario difícil. En una ocasión tuve que huir de un intento de atraco mientras caminaba solo hacia casa de noche.

Se suponía que los inquilinos tenían que sacar los desperdicios y dejarlos en los cubos de basura situados en un callejón pasando por la escalera de incendios que había a un lado del edificio. Sin embargo, los arrendatarios perezosos lanzaban la basura desde la escalera

---

1. ARISTÓTELES: *Politics,* 1261b. (Trad. cast.: *Política.* RBA Libros y Publicaciones: Barcelona, 2022).

de incendios, dejando que la basura se acumulase hasta llegar a la altura de la rodilla.

Incluso aunque un inquilino honrado (¡ejem!) quisiera tirar la basura adecuadamente, no había forma de caminar por ese callejón debido a la acumulación de desperdicios. Ninguno de nosotros era el propietario de ese callejón ni tenía el poder para evitar que los demás lo dejaran hecho un vertedero. Así pues, nadie se ocupaba de él. Éste es un ejemplo de lo que se llama la «tragedia de la comuna».

El ecologista Garrett Hardin acuñó esa expresión para describir lo que sucede cuando los pastores dejan pastar a sus animales en pastos compartidos, a los que se llama comuna.[2] Un pastor racional añadirá tantos animales como puedan pastar, porque recibe todas las ganancias cuando se alimentan y luego se venden animales adicionales, pero no soporta apenas nada del coste del hecho de que sus animales pasten, hasta que la comuna queda agotada. No tiene ningún incentivo para conservar el terreno a largo plazo, ya que sabe que, si él no lo sobreexplota, otro lo hará. La idea es que cuando nadie es el propietario ni se beneficia suficientemente de la conservación de un recurso, nadie asume la responsabilidad con respecto a él, y el recurso tiende a usarse de forma ineficiente, a sobreexplotarse o incluso a extinguirse.

Muchas de las cosas que salen mal o las oportunidades que no se hacen realidad en los negocios son resultado de la tragedia de la comuna: un área compartida con una demarcación de responsabilidades poco clara (o inexistente). En Koch, usamos los derechos de decisión para replicar los beneficios y las responsabilidades de los derechos de propiedad en la sociedad. Al igual que en Koch pensamos en los empleados como si fueran empresarios, pensamos en los derechos de decisión como derechos de propiedad en la organización.

Un ejemplo desgarrador de la vida real de la tragedia de la comuna fue el incidente de Deepwater Horizon en 2010 en el golfo de México provocado por un reventón y la explosión del pozo petrolero Macando que estaba perforando para British Petroleum (BP) en

---

2. Hardin, G.: «The tragedy of the commons», *Science*, vol. 162, n.º 3859, pág. 1243-1248 (diciembre, 1968).

una plataforma petrolífera propiedad de y operada por Transocean (varios empleados de Halliburton estaban proporcionando respaldo técnico).

Once trabajadores de la plataforma fallecieron en la explosión y docenas más acabaron heridos. El perjuicio resultante sobre la vida marina y los daños medioambientales a lo largo de la costa del golfo de México fueron enormes.

Cuando se enfrentó a los medios en ese aciago día, el director ejecutivo de BP parecía convencido de dónde yacía la culpa. «La responsabilidad por la seguridad en la plataforma petrolífera es de Transocean. Es su plataforma, sus herramientas, su gente, sus sistemas, sus procesos de seguridad», le dijo a la CNN.

Sin embargo, la explosión se podría haber evitado si los derechos de decisión se hubiesen establecido mejor. ¿Quién, de entre las tres organizaciones distintas y de entre toda la gente empleada por ellas, tenía responsabilidad y disponía de la autoridad para acabar con los procedimientos inseguros? Si BP se hubiera dado cuenta de la magnitud y la probabilidad del riesgo que estaba asumiendo cuando se tomaron ciertas decisiones, ¿se habría producido la explosión?

Tal y como reconoce la cita de Aristóteles que aparece al principio de este capítulo, la gente tiende a cuidar mejor de las cosas que posee. Esto se debe a que los propietarios de un recurso no sólo cosechan los beneficios de su uso, sino que también soportan sus costes. Cuando no existe una propiedad o ésta es incierta, el recurso se usará de forma antieconómica.

A no ser que la gente tenga áreas de responsabilidad claramente definidas, es difícil (por no decir imposible) provocar un comportamiento proactivo beneficioso o hacer a la gente responsable cuando las cosas salgan mal. Cuando nadie posee una propiedad clara de un recurso, no se puede hacer a nadie responsable ni que rinda cuentas por su uso eficiente.

En la MBM, los derechos de decisión son sinónimos de autoridad. Si dispones de los derechos de decisión para decidir algo, no sólo dispones de la autoridad para decidirlo, sino que eres responsable y tienes que rendir cuentas por ello.

En una economía de mercado, los consumidores dirigen, en último término, el uso de la propiedad de un propietario. Le recompensan si les sirve bien y le abandonan si no lo hace. Así pues, si un propietario satisface a los consumidores, sus derechos de propiedad aumentan. Si no lo hace, se reducen. Los derechos de propiedad son ganados continuamente por aquellos que los usan de la forma más eficaz para satisfacer a los clientes y son perdidos por aquellos que no lo hacen.

El principio de los derechos de decisión es similar, pese a que es importante reconocer que los derechos de decisión son más limitantes que los derechos de propiedad. Como la compañía, en lugar del empleado, posee la propiedad y los beneficios, el empleado tiene una responsabilidad fiduciaria con la compañía que debería orientar cualquier derecho de decisión. Piensa en ellos como una propiedad bajo contrato. Ésa es la razón por la cual los derechos de decisión de nuestros empleados se ven constreñidos por nuestros Principios Rectores incluyendo la obligación de generar valor para la compañía.

De forma parecida a los derechos a la propiedad privada en la sociedad, los derechos de decisión en una organización pueden subdividirse y aparecer de muchas y muy variadas formas. Los empleados con unos amplios derechos de decisión sobre cómo se lleva a cabo su trabajo cotidiano puede que tengan una autoridad mucho menor sobre los gastos operativos y de capital o en cuanto a asuntos relacionados con otros trabajadores. Al mismo tiempo, las responsabilidades principales de otros empleados deben asegurar que estos gastos sean rentables y estén buen controlados.

Los derechos de decisión deberían reflejar las ventajas comparativas demostradas de un empleado. Tal y como se ha comentado en el capítulo 4, las ventajas comparativas de un empleado son evidentes en esas actividades para las que puede generar el mayor valor en comparación con el coste de oportunidad de su tiempo. Cuando éstas se optimizan en un grupo, el valor que genera se ve maximizado.

Este concepto se ve claramente en vendedores. Pese a que también puedan ser muy buenos en el análisis de ventas, hacer, de hecho, la venta supone un uso más valioso de su tiempo. Por lo tanto, liberar a los mejores vendedores para que se centren en vender usando a analistas de ventas técnicamente cualificados para llevar a cabo los análisis es un ejemplo de hacer que ambos se enfoquen en sus ventajas comparativas. Los empleados que se centran en sus ventajas comparativas y que toman constantemente unas buenas decisiones tendrán unos derechos de decisión que se ampliarán, independientemente de su papel o su puesto en la organización.

Comprender y aplicar este concepto –que la persona con la ventaja comparativa para tomar la decisión de forma adecuada (no necesariamente la persona con el mayor rango) debería ser quien tome la decisión– conduce a una mayor generación de valor. Esto supone, frecuentemente, una lección dura que aceptar por parte de la gente con unos conocimientos muy especializados que está acostumbrada a estar al mando. Muchos médicos se harían a sí mismos (y a sus pacientes) un favor generando una cultura de compartición del conocimiento y permitiendo que los enfermeros, los terapeutas y otros cuidadores ejerciten sus ventajas comparativas más frecuentemente.

Garantizar unos derechos de decisión bien definidos de esta forma va en contra de las normas jerárquicas. El uso adecuado de los derechos de decisión centra la atención en la ineficiencia de las organizaciones que hacen hincapié en la titularidad y el pedigrí por encima de la capacidad y los resultados. Nuestro enfoque con respecto a los derechos de decisión es una de las formas significativas en las que la MBM nos distingue de otras compañías.

Llevando los derechos de decisión a GP

Esta dimensión de la MBM ha sido un importante contribuidor a la mejor de las compañías que Koch ha adquirido. Un buen ejemplo es Georgia-Pacific.

Koch apartó a GP de su antiguo sistema de autoridades que tomaban las decisiones basadas en la categoría salarial y los cargos, por el cual los ítems incluidos en el presupuesto «aprobado» requerían de menos autoridad que los ítems que no lo estaban. En lugar de eso, basamos las autoridades en una ventaja competitiva demostrada en la toma de decisiones, sin tener en cuenta el presupuesto.

Al igual que muchas compañías, GP tenía una estructura de mando y control en la que se desalentaba desafiar a los líderes. Tiramos abajo esta estricta jerarquía en la que el liderazgo parecía estar por encima y separado del resto de los empleados. Cuando adquirimos la compañía, la alta dirección de GP trabajaba en el piso superior de un edificio de cincuenta y una plantas en Atlanta que disponía de un ascensor especial. No se permitía que ningún empleado accediera a esa planta sin traje y corbata, pese a que el resto de la compañía tuviera un código de vestimenta de negocios informal. Aquéllos a los que se citaba a la quincuagésimo primera planta tenían una chaqueta y corbata guardada en su oficina.

Para reducir enormemente la impresión de que la dirección era inaccesible e intachable, Koch desplazó a estos líderes a plantas inferiores con sus equipos y convirtió la quincuagésimo primera planta en salas para reuniones disponibles para todos los empleados. Éste fue un cambio simbólico, pero importante.

De forma más sustancial, subrayamos que una parte esencial del trabajo de cada cual suponía desafiar al jefe si sabía de una mejor forma de hacer las cosas. En Koch, se pide a los líderes que fomenten y vean con buenos ojos tales retos procedentes de los empleados.

Antes de que Koch adquiriera GP, los puestos se basaban en gran medida en el pedigrí y en la antigüedad. Sin embargo, cuando Koch trabaja con un empleado para desarrollar su puesto, sus responsabilidades y sus expectativas, nos fijamos, en lugar de eso, en las ventajas comparativas de la persona. Por lo tanto, eliminamos las descripciones demasiado detalladas de los cargos y otras medidas improductivas. Las responsabilidades y las expectativas se describen ahora de forma clara y sencilla.

Estos últimos tipos de derechos de decisión lleva algún tiempo aprenderlos e implementarlos, por lo que los cambiamos gradualmente, a lo largo de varios meses, acompañados de un minucioso programa de formación. Las adquisiciones anteriores nos habían enseñado que redefinir inmediatamente las responsabilidades y las autoridades solía generar confusión y, en algunos casos, en una paralización o retrasos perjudiciales de los proyectos y las iniciativas.

Pudimos cambiar otros tipos de derechos de decisión más rápidamente, como, por ejemplo, no emplear presupuestos predeterminados como herramientas de aprobación para los gastos de capital y la compensación por incentivos. En lugar de ello, la calidad de las decisiones de la gente y el nivel de sus autoridades determinan ahora esos resultados. Como asunto general, los presupuestos no se usan como herramientas de control: cada decisión se tiene en cuenta individualmente, de acuerdo con sus propios méritos.

Entonces le dimos al departamento de créditos de GP plena autoridad sobre todas las decisiones relativas a los créditos, lo que supuso un importante cambio con respecto a cómo habían funcionado las cosas. Anteriormente, aunque el departamento de créditos marcaba unos límites, los grupos de empresas tenían la autoridad de anularlos sin ningún consentimiento. Esta desconsideración por la función de los créditos había conducido, nada sorprendentemente, a unas decisiones no rentables en relación con los créditos.

Cuando las unidades de negocio empezaron a formar equipo con el departamento de créditos, compartiendo su punto de vista y sus conocimientos, la colaboración niveló mejor las decisiones relativas a los créditos con la rentabilidad ajustada al riesgo. Como la mayoría de los departamentos de crédito son castigados por las pérdidas más que recompensados por las ganancias netas, suelen rechazar a cualquier solicitante con un límite de riesgo establecido de bancarrota. Koch anima a nuestros analistas de crédito a asumir riesgos cuando los márgenes sean lo suficientemente altos como para justificarlos. Cuanto mayor sea el margen de beneficio de un producto concreto, mayor será el riesgo crediticio que estamos dispuestos a asumir.

Otra mejora en el rendimiento crediticio en GP consistió en recompensar a los miembros del equipo basándose en cómo sus decisiones impulsaban la rentabilidad de la empresa, en oposición a basarse sólo en si se incurría en o se evitaban las pérdidas procedentes de los créditos. En un entorno con unos derechos de decisión claros, los propietarios de buenas decisiones reciben recompensas, al igual que hacen los empresarios en una sociedad libre cuando usan su propiedad privada para generar valor para sus clientes y la sociedad.

Optimizar los derechos de decisión

El ritmo de innovación de Koch se aceleró cuando implementamos la dimensión de los Derechos de Decisión de la MBM a lo largo y ancho de toda la compañía. Definir claramente los derechos de decisión y basarlos en la ventaja comparativa puede beneficiar de forma similar a cualquier compañía de cualquier tamaño, en cualquier industria o sector.

La innovación competitivamente ventajosa requiere de trabajar en las mejores oportunidades, estableciendo un claro propietario, teniendo a la gente adecuada en los puestos adecuados, experimentando de forma eficaz, creciendo rápida y eficientemente, y encontrando el equilibrio entre las innovaciones disruptivas a más corto y más largo plazo. En otras palabras, la mismísima naturaleza de la innovación requiere de un enfoque dinámico de los derechos de decisión, con revisiones y ajustes frecuentes.

Los empresarios honrados obtienen un buen beneficio (y con él propiedades adicionales) cuando producen productos o servicios que los clientes valoran mejor que sus alternativas. Cuando no logran hacerlo, sufren pérdidas y su control de la propiedad se reduce.

Este enfoque sirve a la función socialmente beneficiosa de desplazar constantemente la propiedad hacia las manos de quienes la usarán mejor para ayudar a otros a mejorar su vida. «El mercado determina [quién tendrá la propiedad y quién desempeñará qué trabajo]. Ninguna de estas decisiones se toma de una vez por todas: son revocables cada día. El proceso selectivo nunca se detiene», escribió Ludwig von Mises.[3] Del mismo modo, los derechos de deci-

---

3. Von Mises, L.: *Human Action*. Henry Regnery Co., Chicago, 1963, pág. 311. (Trad. cast.: *La acción humana: tratado de economía*. Unión Editorial: Madrid, 2020).

sión desplazan continuamente la autoridad hacia aquellos que la siguen usando para generar un buen beneficio para la compañía.

Aumentar o reducir los derechos de decisión

La proximidad a un problema o un proceso no determina quién se encuentra en la mejor posición para tomar una decisión. En un mundo caracterizado por el cambio rápido impulsado por el conocimiento, la toma de decisiones de arriba hacia abajo suele criticarse por ser enormemente ineficiente.

Es cierto que la gestión de mando y control centralizada padece muchos de los mismos problemas que se ven en las economías planificadas centralmente, donde no se permite que aquéllos con un conocimiento local resuelvan el problema que se tiene entre manos. También es cierto que las ideas y la energía creativa de todos los empleados deberían aprovecharse, pero la toma de decisiones universalmente descentralizada tiene sus propios problemas. Ciertas decisiones tomadas a nivel local pueden ser muy inadecuadas cuando es necesaria una perspectiva más amplia.

La aplicación rígida de cualquiera de los dos enfoques (el de los derechos de decisión centralizados universalmente o los completamente descentralizados) no es la respuesta. Las decisiones sobre cómo optimizar las operaciones cotidianas en una refinería, por ejemplo, es mejor que las tomen empleados que trabajen allí mismo. Por otro lado, la gente más alejada, pero con unos conocimientos más amplios, puede que estén mejor posicionados para tomar una decisión sobre cuál será la cartera de productos más rentable dentro de cinco años (el tiempo necesario hoy para diseñar, obtener la aprobación gubernamental y construir una nueva unidad de procesamiento).

Las decisiones sobre iniciar un litigio o llegar a un acuerdo casi siempre deben ser centralizadas. Hemos visto que los directivos de instalaciones o una unidad de negocio concretas rara vez pueden prever las consecuencias de segundo o tercer orden de un litigio para Koch en su conjunto.

Lo mismo se aplica para las plataformas de TI. Cuando cada planta elige su propio sistema, se vuelve imposible optimizar de forma eficaz el negocio en general. La idea es que las decisiones no deberían tomarlas sólo aquellos que estén más cerca, sino más bien aquéllos con la ventaja comparativa para tomar decisiones sólidas, incluyendo el mejor conocimiento.

La cuestión sobre dónde deberían residir los derechos de decisión puede ser tan importante como quiénes son las personas concretas que toman las decisiones. Aunque nuestras unidades de negocio tienen derechos de decisión en áreas de capacidades centrales, los estándares mínimos de rendimiento son marcados por un pequeño equipo a nivel corporativo. Proporcionan una orientación y apoyo general, especialmente en aspectos que podrían generar responsabilidades para Koch.

Estos grupos incluyen la MBM, la excelencia comercial, la excelencia en las operaciones, los departamentos de recursos humanos, legal, fiscal, del sector público, contabilidad, tesorería, tecnología de la información y gestión de riesgos. De ellos, los grupos que gestionan las mayores responsabilidades potenciales son el de cumplimiento de las normas y el de medioambiente, salud y seguridad (como aspectos de la excelencia de las operaciones), el legal, el fiscal y el del sector público.

Marcar unos estándares de rendimiento a nivel corporativo es esencial, ya que, si no, una empresa podría permitir un comportamiento que genere un riesgo para nuestros otros negocios o para Koch en su conjunto. Para ser claros, el grupo de empresas no le dice a los negocios cómo cumplir con los problemas que les afecten directamente, pero sí que evita que se marquen un estándar inferior al necesario para Koch. Así es como hacemos determinaciones relativas a los estándares de medioambiente, salud y seguridad (MASS), el ámbito del cumplimiento comercial, cómo se vetan las implicaciones impositivas de los proyectos y cómo deberían funcionar los sistemas y los controles de contabilidad.

Tal y como se ha comentado en el anterior capítulo, empleamos los mercados internos como mecanismo para optimizar las decisiones sobre los servicios de apoyo. Koch Business Solutions (KBS) es la organización interna que proporciona servicios de apoyo a las empresas de Koch que ellas mismas no emprenden, como la infraestructura de las TI, los servicios transaccionales de recursos humanos y la gestión de instalaciones. Las empresas dentro de Koch son libres de elegir a KBS o no.

Vale la pena formular la pregunta: si a ti o a tus empleados se os permitiera aceptar o rechazar servicios como éstos, proporcionados por un grupo distinto en vuestra propia compañía, ¿qué haríais?

El hecho de que los servicios de KBS no sean obligatorios ha sido esencial para su éxito. Mientras puede que una empresa elija a KBS para obtener sus servicios con los impuestos a la propiedad, otras empresas son libres de gestionar esos asuntos por su cuenta. Para justificar sus servicios, KBS debe demostrar a todos sus clientes internos que es competitiva tanto en términos de coste como de calidad. La mayor ventaja de KBS sobre los proveedores internos son sus empleados, que están alineados con los valores centrales de KII (Koch Industries, Inc.) y tienen un fuerte incentivo para generar valor para los consumidores.

Las circunstancias cambiantes pueden conducir a un cambio en el que deberían tomarse decisiones. Un ejemplo es nuestra reciente decisión relativa a si ser propietarios de vagones o arrendarlos. De los más de diez mil vagones necesarios para desplazar productos hacia y desde nuestras instalaciones, casi un 80 % solían arrendarse. La comprensión de que agencias de calificación de riesgos nos estaban atribuyendo estos arrendamientos como una deuda de alto coste, en combinación con nuestra liquidez mejorada y unos índices de interés más bajos, nos animó a replantearnos la propiedad.

Como resultado de ello, los derechos de decisión sobre el arrendamiento en cada empresa (es decir, la decisión sobre si arrendar o comprar) se trasladaron al departamento de finanzas. Gracias a los procesos de conocimiento que tienen en cuenta las responsabilidades en curso, nuestro porcentaje de arrendamiento de vagones ha caído por debajo del 30 %, con un buen rendimiento de la inversión adicional.

Otra situación que motivó un cambio en los derechos de decisión fue el incremento de los fraudes internos tras nuestro rápido crecimiento a principios de la década de 2000. A medida que adquirimos compañías y expandimos las originales, experimentamos una gran etapa de crecimiento, pasando de tener unos quince mil empleados en 2004 a tener ochenta mil, dos años después. Para entonces ya no éramos una pequeña compañía con una cultura y una confianza compartidas. Empezamos a encontrarnos con un comportamiento inaceptable por parte de los empleados, que se estaban estableciendo como vendedores, robando existencias, dando unos reembolsos inadecuados a los clientes y aceptando mordidas.

Nuestras empresas heredadas no disponían de verdaderas herramientas para abordar este tipo de riesgo en sus respectivas compañías: esto no había supuesto un gran problema cuando Koch era más pequeña. Las compañías que adquirimos estaban usando listas de comprobación y preceptos estrictos que se remontaban a la Ley Sarbanes-Oxley de 2002, que habían aplicado a muchas compañías que cotizaban en la bolsa como ellas.

Enfrentados a esta inquietante tendencia, tuvimos que hacer algo. Desde nuestro punto de vista, las normas Sarbanes-Oxley tendían hacia la forma por encima de la sustancia. Como resulta típico en tanto programas gubernamentales, la regulación tenía más que ver con marcar casillas en un listado que con usar los mejores conocimientos, seguido esto de una cara auditoría externa. Ésta era la antítesis de la MBM. Koch necesitaba una tercera vía.

Nuestra dimensión de los derechos de decisión de la MBM nos proporcionó la respuesta. Experimentamos haciendo que fuera responsabilidad de cada empresa determinar qué controles específicos eran necesarios para gestionar sus riesgos, asegurándose de que no hubiese violaciones de las leyes. Como cada una de nuestras compañías es singular, esto les permitió decidir cuál era el foco adecuado, en lugar de darles alguna orden desde arriba.

En muchos casos (pero no en todos), los derechos de decisión se usaron de forma eficaz. En la mayoría de las empresas vimos un descenso constante en el nivel de fraude y abuso.

Sin embargo, algunas de nuestras empresas no respondieron de forma eficaz. O no abordaban los riesgos adecuadamente o llevaban los derechos de decisión demasiado lejos, confiándoselos a gente sin los conocimientos necesarios. En esas empresas, experimentamos un nivel todavía más elevado de fraude y tuvimos que devolver algunos derechos de decisión al nivel corporativo.

Decidir dónde deberían ubicarse los derechos de decisión es tan importante al nivel de la planta como al de la empresa. Tal y como se ha descrito aquí y en el capítulo 6, los sistemas de trabajo basados en la propiedad en nuestras instalaciones han proporcionado grandes beneficios en las eficiencias operativas y en los costes de mantenimiento. En la estructura operativa típica, las operaciones y el mantenimiento tienen unos derechos de decisión distintos y a veces opuestos.

En un sistema basado en la propiedad, los operadores tienen la responsabilidad principal no sólo de la eficiencia operativa de sus unidades, sino también de su salud a largo plazo. Esto los motiva a desarrollar habilidades adicionales, como el mantenimiento rutinario, que mejora la productividad y la fiabilidad. Lo mismo se aplica para para cualquier papel en cualquier tipo de negocio.

Las iniciativas desarrolladas por los empleados, si se aprueban y son exitosas, consiguen unos mayores derechos de decisión. Cada empleado debe demostrar las habilidades de buen juicio, responsabilidad, iniciativa, económicas y de pensamiento crítico, y la diligencia necesaria para generar la mayor contribución a la compañía que sean congruentes con la filosofía relativa al riesgo de la compañía. Hacer esto de forma honrada es lo que significa practicar el cuarto Principio Rector de la MBM: el Espíritu Empresarial Honesto.

Independientemente del tamaño o del tipo de empresa que tengas, la creación de valor generalizada requiere: (1) que los derechos de decisión sean ganados continuamente, y no concedidos ni otorgados; y (2) que la falta de autoridad nunca se considere una excusa para la inacción, especialmente cuando la compañía se enfrente a un problema que necesite corregirse o a una oportunidad que debiera perseguirse.

Todos tiene la autoridad y la obligación de identificar y tomar la iniciativa para abordar los problemas. Todos los empleados, independientemente de su puesto en la organización, deben despertar conciencia, proponer soluciones y ganarse la aprobación para los recursos necesarios para abordar cualquier problema u oportunidad.

No lograr emprender una acción crítica ni compartir conocimientos importantes (lo que sucede más frecuentemente en áreas de responsabilidad compartida) puede tener unas consecuencias graves, tal y como mostró el desastre de la plataforma petrolífera de BP.

Imagina las consecuencias si un informe necesario para el Gobierno no se presenta a tiempo o si no se rellena adecuadamente porque el director de la empresa, el supervisor de operaciones y el especialista de cumplimiento asumen, todos ellos, que otra persona es la responsable. En caso de duda, los empleados a cualquier nivel de la organización deberían pararse, pensar y preguntar.

Aquéllos sin la autoridad para tomar ciertas decisiones no deberían estar exentos de la necesidad de ejercitar una iniciativa empresarial. Los empresarios más exitosos son aquellos que no se ven desalentados por una falta de autoridad para controlar los recursos. En lugar de ello, después de identificar una oportunidad, persuaden a los inversores para que financien sus nuevos emprendimientos. Si un empresario no puede convencer a un inversor, debe intentar reconfigurar el emprendimiento para que adquiera una forma ganadora. Si no puede, probablemente esté viéndose salvado de un fracaso final.

Al igual que un empresario que busca capital, un empleado sin los derechos de decisión necesarios se beneficia con este mismo ejercicio. Los empleados a los que se garantizan derechos de decisión prematuramente se pierden la oportunidad de aprender de un riguroso proceso de investigación.

A medida que los empleados descubran oportunidades para innovaciones o mejoras, se debería esperar de ellos (al igual que de los empresarios) que busquen a otros que tengan autoridad para actuar con respecto esas ideas, y se beneficiarán con ese ejercicio.

El marco para la toma de decisiones

En Koch, esperamos de los empleados que usen juiciosamente no sólo la compartición de conocimientos, el proceso de desafío, la lógica y las pruebas, sino también nuestro Marco para la Toma de Decisiones para ganarse la aprobación por sus ideas.

Proporcionamos a los empleados varias herramientas para ayudarles a mejorar su toma de decisiones. De ellas, la más importante es nuestro Marco para la Toma de Decisiones (MTD). Este marco está diseñado para facilitar las mejores decisiones ajustadas al riesgo, ya sean grandes o pequeñas. Lo consigue fomentando el uso de los mejores conocimientos para explorar todo el abanico de resultados, identificar formas de optimizar el riesgo, descubrir la mejor alternativa y priorizar el camino a seguir.

El MTD incluye ocho elementos (bosquejados a continuación) que pueden aplicarse a decisiones de todo tipo. El momento y el esfuerzo adecuado dedicado a cada elemento deberían basarse en la naturaleza y la complejidad de la decisión; y no es necesario pasar por los ocho pasos. En algunos casos no todos los pasos añadirán valor. Sólo deberían usarse aquellos pasos que sean necesarios para tomar una decisión inteligente.

Los ocho pasos del Marco para la Toma de Decisiones son:

1. Describe brevemente la autoridad que se está solicitando.
2. Proporciona el trasfondo y un resumen de la propuesta de valor.
3. Bosqueja el objetivo con el encaje estratégico.
4. Prepara un resumen económico con un plan de negocio, además de otros escenarios plausibles que pudieran hacer el proyecto mucho mejor o peor.
5. Identifica los impulsores clave de valor.
6. Describe los riesgos clave y los atenuantes.
7. Enumera las alternativas consideradas y por qué la que se muestra es la mejor.
8. Proyecta el cronograma para los pasos futuros.

Pensemos en una decisión sencilla y obvia, como reemplazar un intercambiador de calor de 1 millón de dólares necesario para mantener una planta en funcionamiento. Si esa decisión se trata de la misma forma que una adquisición de 1000 millones de dólares, el marco se está usando incorrectamente. El proceso de la toma de decisión para un intercambiador de calor requiere sólo de los pasos 1 y 2 y no necesita nada más que una justificación de un párrafo para los fondos solicitados y una explicación de los beneficios. No emplees más pasos ni complejidad de la necesaria para tomar una decisión sensata.

La complejidad innecesaria no sólo hace perder el tiempo a los implicados, sino que coloca obstáculos improductivos en el camino de las decisiones rentables, desalentando la iniciativa y la innovación. Ralentizar la decisión y hacerla más farragosa puede hacer que se pierdan oportunidades.

Precaución: La perfección es la enemiga del progreso. El tiempo y los recursos no deberían malgastarse buscando un consenso universal o intentando prever y abordar cada posible cuestión. La cantidad de detalle y el grado de análisis en un MTD no debería extenderse más allá de lo que sea necesario para tomar una decisión informada. El foco debería encontrarse sobre los impulsores y riesgos clave que podrían suponer una diferencia con respecto a la decisión. Los críticos del MTD deberían limitarse a aquéllos con los conocimientos, la perspectiva y la experiencia (y la *valentía)* necesarios para asegurarse de que las suposiciones y los impulsores clave se hayan identificado y retado adecuadamente.

Las trampas de decisión

La implementación eficaz del MTD (y de toda la toma de decisiones en general) requiere de evitar las trampas de decisión. Éstas consisten en errores predecibles y sistemáticos en el buen juicio que afectan a todos los seres humanos. Aquí tenemos algunos de los errores más frecuentes que hemos experimentado:

▶ Una *confianza excesiva* en nuestra capacidad de hacer predicciones y estimaciones. Por no tener en cuenta una amplia gama de resultados, hemos hecho malas inversiones porque infravaloramos los aspectos negativos o pasamos por alto oportunidades atractivas porque subestimamos los aspectos positivos, como unos movimientos espectaculares (en cualquier dirección) de los precios de las materias primas. Otra forma de confianza excesiva es la convicción de que podemos hacer mejoras importantes en un negocio, especialmente en uno en el que tengamos poca o ninguna experiencia.

▶ *Plantear* la cuestión de una forma que sesgue nuestro pensamiento hacia una conclusión errónea. Una causa frecuente de este fracaso es no lograr optimizar el plan de negocio con el que se está comparado la inversión. En una ocasión invertimos 100 millones de dólares para mejorar una planta de INVISTA en Singapur que estaba perdiendo 10 millones de dólares anuales. Ciertamente, mejoró. La planta empezó a tener unos beneficios netos de 5 millones de dólares anuales. Pero ¿evaluamos cerrar la planta en lugar de invertir los 100 millones de dólares en ella? No, pero deberíamos haberlo hecho. En esta situación, nos comportamos como muchas compañías al no lograr optimizar el plan de negocio (acabamos teniendo que cerrar esta planta, de todas formas, perdiendo así nuestra inversión de 100 millones de dólares).

▶ *El anclaje* se da cuando una información relevante o las primeras impresiones tienen una influencia exagerada sobre nuestra decisión. Esto incluye que el líder exprese una opinión firme al principio de las conversaciones. Las ideas preconcebidas, como la suposición de que el gas natural no puede bajar de cinco dólares por millón de unidades térmicas británicas, pueden provocar que no veamos al elefante en la habitación.

▶ La trampa del *statu quo* sesga las decisiones en favor de no hacer nada distinto, fomentando una negativa a cambiar o innovar. IBM fue víctima de esto al casarse con los ordenadores centrales en lugar de dedicarse agresivamente a los ordenadores personales.

▶ Contar los *costes irrecuperables* fomenta las decisiones basadas más en gastos pasados que en perspectivas futuras, dando lugar a decisiones que no reflejan la realidad económica. «Dado todo el tiempo y el dinero que hemos gastado en este proyecto de investigación infructuoso, deberíamos intentar una cosa más» es un ejemplo de un pensamiento de costes irrecuperables.

▶ El *sesgo de información o confirmación* se da cuando buscamos preferentemente pruebas que respalden lo que queremos creer, ignorando las pruebas de lo contrario. Esta trampa concreta condujo a nuestra desastrosa adquisición de Purina Mills durante nuestro esfuerzo por la «extensión que va del gas al pan» de mediados de la década de 1990, en la que se ignoraron unas pérdidas graves e inevitables procedentes de importantes contratos de compra de cerdos.

▶ Al estar excesivamente influido por eventos espectaculares, memorables o recientes, como unos márgenes insostenibles, se lo llama *sesgo de lo más reciente*. Esto nos ciega con respecto a las expectativas futuras y a la conciencia de dónde nos encontramos en el ciclo a largo plazo. Como ejemplo tenemos los taladros de perforación que compramos en la década de 1980, creyendo que el *boom* del crudo duraría, y que se quedaron sin valor cuando los precios del crudo se derrumbaron.

▶ *Confundir eventos aleatorios con patrones* nos lleva a creer que podemos predecir eventos futuros que, de hecho, son impredecibles. Un ejemplo consistiría en asumir que la demanda de gas natural aumentará de forma similar cada invierno, ignorando la variabilidad climatológica.

▶ Permitir que *los rechazos pasados de un directivo* detengan la consideración de unas buenas oportunidades futuras. Después de echar el cierre de nuestro negocio de fletamento de barcos en la década de 1970 debido a unas grandes pérdidas, mi dura crítica de nuestro enfoque con respecto a ese negocio tuvo un efecto de congelación en nuestros empleados en relación con la búsqueda de oportunidades futuras de transporte por barco.

▶ La trampa del *conservadurismo:* Cuando los empleados permiten que su aversión personal al riesgo se interponga en el camino de asumir riesgos adecuados para Koch Industries, no están maximizando el valor.

Al igual que sucede con todos los obstáculos, el primer paso para evitarlos es la conciencia. Por lo tanto, examina cuáles han provocado los mayores problemas a tu organización en el pasado, y luego convierte en una prioridad examinar todas las decisiones para evitar caer en estas trampas en el futuro.

El reparto del trabajo

Un factor fundamental que conduce al bienestar humano en las sociedades es el reparto del trabajo y su equivalente: la cooperación humana. La especialización y el intercambio son mucho más eficaces a la hora de satisfacer las necesidades humanas que las personas autosuficientes que trabajan aisladas. El reparto del trabajo es responsable del nivel de vida enormemente mejorado en el mundo, a pesar del inmenso crecimiento de la población.

El poder del reparto del trabajo fluye a partir de nuestra diversidad como humanos y la interminable variedad de la naturaleza, y se hace posible mediante la propiedad privada y los mercados. Los beneficios de la especialización y el intercambio proceden no sólo de las curvas de aprendizaje y las economías de escala, sino de las variaciones en cuanto a las habilidades, el conocimiento, la cultura, la infraestructura, la geografía, los recursos naturales, la tierra y el clima. Si cada persona y parte de la Tierra fueran iguales en todos los aspectos, habría un beneficio mucho menor del reparto del trabajo.

Sin embargo, como no hay dos personas iguales en cuanto sus valores, conocimientos, habilidades o circunstancias, por consiguiente, dos empleados que tengan un papel similar en una organización deberían tener distintos tipos y grados de derechos de decisión. También deberíamos esperar que los derechos de decisión cambien con el tiempo, mientras nuestras ventajas comparativas evolucionan y tomamos buenas o malas decisiones.

Los derechos de decisión son un proceso dinámico destinado a asegurar que aquéllos mejor dotados para hacerlo sean los que tomen las decisiones. Demasiadas empresas insisten en que las decisiones debería tomarlas la persona con el mayor rango en la jerarquía de la empresa. Sin embargo, esto sólo debería ser así cuando esa persona sea la que posea la ventaja comparativa para tomar la decisión. Hemos visto que modificar esta mentalidad es especialmente difícil para las compañías que han desarrollado una cultura abrumadoramente de arriba abajo.

Funciones, responsabilidades y expectativas

Los equipos de la Liga Nacional Estadounidense de Fútbol Americano (NFL) hacen un mejor trabajo diseñando a medida para las personas los derechos de decisión que muchas compañías (en el campo de juego, por lo menos). Comienza cuando el entrenador diseña planes de juego basados en las habilidades concretas de sus jugadores.

Si dispone de un gran pasador como mariscal de campo, una buena línea ofensiva y unos receptores superiores, elegirá hacer pases la mayor parte del tiempo. Si dispone de grandes cortadores de pases, empleará una defensa más agresiva. Si consigue un nuevo mariscal de campo que sea más rápido y escurridizo, rediseñará ese papel para incluir más opciones para correr con el balón en las manos. Si un defensa es mejor bloqueando pases que abriendo pasillos para que sus compañeros avancen, puede que le cambien de posición para hacer placajes en el ángulo ciego del mariscal de campo. Como las alineaciones en la NFL cambian constantemente debido a las lesiones, los intercambios de jugadores y otros factores, los entrenadores deben reevaluar frecuentemente los papeles individuales.

226

Sin embargo, toma buena nota: *un papel no es un cargo*. Es una descripción de un puesto y sus funciones que debe llevar a cabo una persona. Los papeles deberían determinarse de acuerdo con la naturaleza de la empresa, la visión de la organización, sus estrategias y las ventajas comparativas de las personas responsables de ejecutar esas estrategias. Un papel debería estar diseñado para encajar con las ventajas comparativas de un empleado de modo que puedan generar el máximo valor.

En muchas compañías, se determina un papel mediante un agrupamiento tradicional de tareas que deben ser desempeñadas por la persona más apta para la mayoría de ellas. Esto da generalmente como resultado que dos terceras partes del papel encajen con las capacidades de una persona y que una tercera parte no.

Si trabajara para una compañía de ópera y me dieran el papel de gerente de la empresa, podría hacerlo bastante bien. Sin embargo, si el tenor se fuera y también me diesen su papel, sería un desastre, ya que desafino. Cientos de horas de lecciones de canto y docenas se sesiones de *coaching* no supondrían ninguna diferencia, ya que tengo una inteligencia musical muy baja. Esos esfuerzos no harían sino desmoralizarme y quizás amargarme, e incluso podría correr el riesgo de que me tirasen tomates podridos, por no mencionar el riesgo de que la compañía se fuera a la bancarrota. Pese a esto, ésta es, lamentablemente, la forma en la que los papeles se asignan a veces: intentando hacer encajar una pieza cuadrada en un agujero redondo.

Un enfoque de «cortar por el mismo patrón» con respecto a los papeles de los empleados, las responsabilidades y las expectativas es inaceptable, ya que ignora las ventajas comparativas individuales. Las funciones, responsabilidades y expectativas (FRyE) son bastante distintas de las descripciones de los puestos tradicionales, que tienden ser resúmenes genéricos de las tareas y los deberes. En lugar de ello, las FRyE de cada empleado deberían centrarse en maximizar la generación de valor y en reflejar las ventajas comparativas y las oportunidades de esa persona.

Se debe dedicar un gran cuidado para asegurarse de que cada papel esté diseñado para encajar de verdad con las capacidades de cada persona. Tal y como explicó Maslow, la gente tiene un mejor desempeño cuando su rol implica un reto, pero no tanto como para que se sienta agobiada y derrotada. Los supervisores a todos los niveles deben asegurarse regularmente de que cada papel se adecúe a las capacidades de la persona que lo ocupe.

Si hay una necesidad de un papel que ningún empleado actual tenga la capacidad de satisfacer (incluso después de rediseñar los roles), debería contratarse a un nuevo empleado para que lo ocupe. Sin embargo, siempre que alguien se marche o que una nueva persona entre, los roles deberían reoptimizarse para que encajen en la nueva mezcla de ventajas comparativas.

Algunos de nuestros peores problemas han sido generados por líderes que ignoraron el concepto de la ventaja comparativa a la hora de ocupar un puesto. Hace algunas décadas, cuando Koch poseía sólo una refinería, casi todo su suministro de crudo venía de Canadá. El jefe de suministro y transporte (SyT) de nuestra compañía de refinado tenía tres subordinados directos: uno responsable de la compra de crudo, otro de recoger el crudo en camiones y otro de recoger crudo mediante oleoductos.

Los tres estaban teniendo un buen desempeño, y la refinería recibía su suministro plena y eficientemente, pero tras un desacuerdo con ellos, el jefe de SyT hizo que el gerente de compras y el líder del transporte por camión intercambiaran sus puestos, colocándolos en cargos para los que no estaban preparados.

El gerente de compras renunció de inmediato, fundó su propia compañía y empezó a adquirir veinte mil barriles diarios del crudo que nosotros habíamos estado comprando. Para hacer que regresara, tuvimos que comprar su compañía por 7 millones de dólares. Después de ese fiasco, el jefe de SyT abandonó Koch. Ésas son las consecuencias de ignorar el concepto de la ventaja comparativa. En la actualidad, no se permitiría que se desarrollara una situación así.

Koch emplea las FRyE para definir áreas generales de responsabilidad. Las expectativas específicas acompañan a las responsabilidades de un papel o puesto dado. Dos personas con unas FRyE similares podrían, de hecho, tener una autoridad distinta en cuanto a la toma de decisiones. Las autoridades son decididamente independientes de las FRyE, porque puede que una persona demuestre ser mejor en la toma de decisiones o ser mejor en distintos tipos de decisiones.

La rendición de cuentas se da cuando una persona carga con las consecuencias (buenas o malas) de una decisión o acción. En Koch, la persona que toma la decisión y la persona que delega son consideradas responsables. Esta política asegura que se desarrolle una cultura de responsabilidad, de rendición de cuentas y de delegación adecuada para evitar la inacción, la renuncia o el señalamiento. Para que una organización sea eficaz, cada iniciativa necesita un dueño con una responsabilidad clara y al que se le pidan cuentas de sus logros.

Las FRyE requieren de un diálogo interno que implique al empleado, al supervisor y a otras partes interesadas. Cada empleado debería ser responsable de asegurarse de que sus FRyE estén actualizadas y sean precisas y eficaces. Tanto los empleados como los supervisores son responsables de asegurarse de que las FRyE hagan que los empleados se centren en maximizar su contribución para potenciar la visión de su empresa o grupo. Los supervisores deben proporcionar a los empleados un *feedback* honesto y frecuente y usar revisiones del rendimiento para ayudar a los empleados a comprender y mejorar su rendimiento en relación con las expectativas.

Como los rendimientos individuales varían ampliamente, también lo hacen los niveles de autoridad individual. Los derechos de decisión tienden a ser menores en el caso de los empleados nuevos y no probados, ya sean recién licenciados o veteranos de una compañía comprada. El ser fijo, las credenciales o los títulos no son indicadores fiables de una buena capacidad para tomar decisiones. El éxito probado en la capacidad de la toma de decisiones es lo que cuenta, e incluso entonces, sólo para ese tipo de decisión.

Cuando se hace bien, el proceso de definir y actualizar continuamente las FRyE de todos y las autoridades correspondientes genera unos enormes beneficios para las empresas y sus empleados. Unas FRyE adecuadas establecen unas prioridades claras, una solvencia individual, responsabilidad y una base firme para la rendición de cuentas, y tarjetas de resultados para una remuneración basada en los frutos.

El proceso fomenta la conciencia de las ventajas comparativas cambiantes entre los muchos miembros de una organización. Este proceso también es un paso esencial para conectar a los empleados individuales con la visión y las estrategias de su empresa concreta. Los centra en las actividades que conseguirán más rentablemente los objetivos de sus capacidades o unidades de negocio.

Lo más importante es que mejora continuamente la capacidad de la compañía para tomar decisiones sensatas y que añadan valor. El proceso también anima a los empleados a usar el análisis marginal y el coste de oportunidad para monitorizar cómo usan su tiempo. A medida que los empleados identifiquen sus actividades más y menos valiosas, pueden centrarse en las más rentables y hacer que otros con un menor coste de oportunidad lleven a cabo las tareas menos rentables.

Un papel, rol o puesto tiende a tener un conjunto asociado de responsabilidades. Éstas definen claramente los productos, servicios, activos, actividades y empleados asignados a la persona que ocupa ese puesto. Lo que debe lograrse con esas responsabilidades se articula en el tercer factor de las FRyE: nuestras expectativas.

Las expectativas son declaraciones escritas que especifican los resultados que se le piden a un empleado si se quiere que la empresa alcance sus objetivos. Las expectativas siempre deberían ser claras, específicas y, siempre que sea posible, mensurables. Deberían centrarse en los resultados deseados más que en las actividades que podrían requerirse para generar estos resultados.

Las expectativas también deben de ser abiertas y lo suficientemente desafiantes para expandir la visión del empleado sobre qué se puede aportar. Esto fomenta la experimentación y la innovación.

Un entendimiento claro entre un empleado y un supervisor (y cualquier otra persona afectada) con respecto a las prioridades y las expectativas es crucial. Las expectativas son más significativas cuando son mensurables, incluso aunque las medidas sean subjetivas y aproximadas.

Existe la tentación de que las expectativas sean cerradas (como comunicar que deben llenarse sesenta y siete vagones cada día), en lugar de abiertas (apoyo para maximizar el número de vagones llenados, hasta el punto en que hacerlo sea seguro, cumpla con las normas y sea rentable).

La forma cerrada desalienta la innovación, mientras que la forma abierta lleva a una generación de valor cada vez mayor mediante la estimulación de la creatividad. El siguiente capítulo («Incentivos») demostrará la importancia de la motivación a ese respecto.

CAPÍTULO 10

Incentivos

Motivar el comportamiento correcto

«Cada vez más gente hoy dispone de los medios para vivir,
pero de ningún sentido por el que vivir».

Viktor Frankl[1]

¿Por qué, con setenta y nueve años, paso nueve horas en la oficina y luego regreso a casa para trabajar después de haber hecho ejercicio y cenado con Liz? No es por las hipotecas ni los costos de las matrículas de estudios (por lo menos ya no), ya que nuestros hijos ya están crecidos, educados y casados.

Ciertamente, no me jacto de llevar una vida ascética, pero acumular bienes materiales y amasar un gran montón de dinero nunca han sido un incentivo para que trabajara.

Mi motivación para trabajar siempre ha sido mi necesidad de llevar una vida con sentido, una vida satisfactoria. Quiero hacerlo lo mejor posible para marcar una diferencia en el mundo. Preferiría

1. Frankl, V.: *The unheard cry for meaning: Psychotherapy and humanism.* Simon and Schuster, Nueva York, 1978, pág. 21. (Trad. cast.: *Psicoterapia y humanismo: ¿Tiene un sentido la vida?*. Fondo de Cultura Económica: Ciudad de México, 2021).

morir por algo que vivir por nada. Generar un buen beneficio (conseguido mediante medios económicos, en lugar de políticos) es una medida que me dice que la gente valora mi contribución. No es de extrañar, pues, que ése sea uno de mis incentivos.

Hay muchas personas que argumentan que a muchos directores ejecutivos se les paga demasiado. Estoy de acuerdo en el caso de los directores ejecutivos que le deben sus beneficios al bienestar corporativo. Pero, ¿por qué querría alguien limitar un buen beneficio cuando favorece a todos? Si el beneficio se genera mediante el Espíritu Empresarial Honesto (generando valor a largo plazo mediate medios económicos), entonces los intereses de la compañía están en armonía con los intereses de sus clientes, proveedores, comunidades, empleados y la sociedad en su conjunto.

Cada compañía debería esforzarse por aprovechar los incentivos para motivar a todos los empleados a desarrollar plenamente y aplicar sus capacidades para maximizar el valor a largo plazo para la compañía de una forma honrada. Al igual que la MBM no pone unos límites arbitrarios a las funciones, responsabilidades y expectativas de los empleados, la MBM evita los límites relativos a lo que puede ganar un empleado. El único límite es el valor que un empleado genere mediante el Espíritu Empresarial Honesto.

La quinta dimensión de la MBM se centra en cómo alinear los incentivos de una forma beneficiosa, y no contraproducente. Al igual que hay una diferencia entre un buen beneficio y un mal beneficio, hay incentivos beneficiosos e incentivos perversos. Cuando los empleados de Koch generan un valor superior para la compañía, los recompensamos en proporción a ese valor.

Los relatos de mi padre sobre sus experiencias en la Unión Soviética, que me explicaba cuando yo era un muchacho, siguen siendo vívidos en la actualidad. A través de esas historias capté la importancia de los incentivos al principio de mi vida, especialmente mientras veía como esa nación se deterioraba con el paso de las décadas.

Irónicamente, incluso Vladimir Lenin (que afirmaba que el beneficio era un robo) recurrió, sin embargo, a los incentivos para conseguir unos resultados deseados. Después de la Revolución Rusa,

Lenin forzó a los campesinos a vender su cereal al Estado a un precio fijado bajo. Cuando los campesinos empezaron a oponerse, envió al Ejército Rojo para que incautara su cereal. Esto generó mucha resistencia, pero muy poco cereal.

Incluso Lenin vio que la coerción no estaba funcionando. «Sólo el acuerdo con el campesinado puede salvar a la revolución socialista en Rusia», dijo en una conferencia del Partido Comunista en 1921. Lenin introdujo su Nueva Política Económica, que permitió a los campesinos vender su cereal a precio de mercado: una política que continuó hasta el régimen de Stalin.

Las sociedades con unos incentivos beneficiosos (aquellas que recompensan la generación de la mayor cantidad de valor en la sociedad) han tendido a disfrutar del mayor bienestar y el más extendido. Las sociedades con unos incentivos perversos han sufrido el despilfarro y la corrupción, y la amplia mayoría de sus ciudadanos han languidecido en la pobreza.

En *La tragedia de la liberación: una historia de la revolución china*, Frank Dikötter escribe sobre los esfuerzos de Mao por controlar la población de ratas en la China de la década de 1950. «Cuando a la gente se le asignó una cuota de colas de rata a entregar a las autoridades, empezaron a criar a los roedores».[2]

En lugar de replicar los incentivos empresariales beneficiosos de una sociedad libre, muchas compañías se basan en los sistemas de puntos o las categorías salariales, las fórmulas detalladas, la compartición de beneficios y los ajustes propios del coste de la vida burocráticos e iguales para todos, a pesar del hecho de que éstos, al igual que la cuota de colas de rata de Mao, suelen motivar a los empleados a hacer lo incorrecto.

Por ejemplo, cuando una compañía recompensa el puesto de gerente más que el acto de generar valor, los empleados se esfuerzan

---

2. DIKÖTTER, F.: *The tragedy of liberation: A history of the Chinese Revolution 1945-1957.* Bloomsbury, Nueva York, 2013, pág. 270. (Trad. cast.: *La tragedia de la liberación: una historia de la revolución china.* Acantilado: Barcelona, 2019).

por convertirse en gerentes (y por incrementar el número de personas a las que dirigen), incluso cuando dirigir a la gente no sea su fuerte. Con nuestro enfoque, cuando empleados concretos generan más valor que sus líderes, se los compensa más que a éstos, independientemente de su puesto. Ésta es la misma filosofía usada por los equipos deportivos profesionales en los que a los jugadores con un mejor rendimiento se les paga más que al entrenador.

Para los líderes acostumbrados a las culturas jerárquicas, ésta puede ser una cosa muy difícil de asimilar. Además, provoca una gran incomodidad en aquellos que esperan que la categoría del puesto o el ser fijo determine su remuneración en lugar de los resultados. En nuestra experiencia, las mismas culturas corporativas que tienen dificultades con nuestra filosofía de remuneración suelen pasarlo mal a la hora de abrazar los retos. Ambos conceptos amenazan su *statu quo*.

La mayoría de los empleados de Koch quieren hacer una contribución positiva y lo hacen lo mejor que pueden por sí mismos, la compañía, sus clientes y la sociedad. Tal y como se ha comentado en el capítulo 7, ésta es la razón por la cual filtramos y seleccionamos específicamente basándonos en un conjunto de valores y convicciones bien definidos. Muchas compañías no han establecido la claridad necesaria sobre los valores y las convicciones, y el rigor en la selección, para contratar eficazmente basándose en ellos.

Lo peor es que muchos tienen incentivos que, de hecho, recompensan a los empleados que *socavan* el valor a largo plazo. Entre éstos tenemos los aumentos de sueldo automáticos (como los ajustes por costo de vida) y las fórmulas de pago basadas en los títulos académicos, los certificados, los diplomas, la antigüedad o la experiencia. Estas cosas no son sólo burocráticas, sino destructivas para la motivación y la generación de valor. Lo mismo pasa con las primas basadas en si todo un grupo o compañía ha cumplido con su presupuesto, en lugar de estar basadas en el valor generado por personas concretas. Sólo una persona que supondría una excepción podría soportar estos incentivos perversos durante mucho tiempo.

En las compañías que Koch ha adquirido, los planes de remuneración basados en un presupuesto llevaron a los empleados a unas acciones tan contraproducentes como diferir oportunidades rentables hasta el siguiente ciclo presupuestario. Muchos de estos sistemas recompensan a los puestos, en lugar de a las personas, e imponen unas estructuras salariales rígidas a lo largo de puestos similares. Combinan factores tales como el número de informes directos, las credenciales de formación y educativas, la complejidad del trabajo y los niveles de autoridad en una fórmula que da como resultado un rango recomendado de remuneraciones para un puesto dado.

Esto tiende a desalentar la verdadera generación de valor mediante la innovación, el descubrimiento y el comportamiento emprendedor. En lugar de ello, fomenta la expansión de la autoridad, una mentalidad de privilegios, un comportamiento burocrático o político, y evitar los riesgos más que aprovechar las oportunidades.

En Koch Industries, no recompensamos los roles o los puestos. Recompensamos a las personas por contribuciones y resultados concretos, y no por algún resultado generalizado o promediado. El comunismo se ha resumido, como es bien sabido, como un sistema que toma «de cada uno de acuerdo con su capacidad» y lo redistribuye «a cada uno de acuerdo con sus necesidades». En contraste, la MBM dice: «De cada uno de acuerdo con su capacidad y a cada uno de acuerdo con su contribución».

Motivar a la gente autorrealizada

El psicólogo Abraham Maslow nos enseñaba: «Todos los seres humanos prefieren un trabajo significativo a uno no significativo».

Pese a ello, «El problema para la gerencia [es] cómo asentar unas condiciones sociales en cualquier organización de modo que los objetivos de las personas encajen con los objetivos de la organización». Prosigue diciendo: «Esto incluye la necesidad de un trabajo significativo, de responsabilidad, de creatividad, de ser imparcial y justo, de hacer lo que vale la pena, y de preferir hacerlo bien».[3]

Maslow define la autorrealización como el nivel más alto de satisfacción y felicidad que una persona puede alcanzar. De acuerdo con la teoría de Maslow, para que la gente se autorrealice, primero deben verse satisfechas sus necesidades más básicas: las fisiológicas (sed y hambre), la seguridad (estar a salvo, estabilidad, protección, orden), el sentido de pertenencia y el amor (familia, amigos, aceptación) y la estima (amor propio y consideración por parte de los demás). Sólo cuando estas cosas se ven satisfechas puede la gente consumar su potencial.

Para aquellos que se están autorrealizando, el trabajo se convierte en parte de cómo se definen a sí mismos. Necesitan sentir que están trabajando para una causa que valga la pena o para una buena compañía y que están beneficiando a los demás, además de a sí mismos.

«Incluso aunque todas estas necesidades [básicas] se vean satisfechas, puede que frecuentemente (por no decir siempre) esperemos que un nuevo descontento e inquietud se desarrollen pronto, a no ser que la persona esté haciendo aquello para lo que está hecha», decía Maslow.

«Un músico debe hacer música, un artista debe pintar, un poeta debe escribir si quiere, en último término, ser feliz». Lo que un hombre *puede* ser *debe* serlo. A esta necesidad podemos llamarla autorrealización. [...] Se refiere al deseo de autosatisfacción: es decir, la tendencia a que se actualice en lo que potencialmente es. Esta tendencia puede expresarse como el deseo de convertirse más y más en lo que uno es, de convertirse en aquello en lo que uno es capaz de convertirse».

La teoría de Maslow sobre las condiciones para la autorrealización nos ha resultado muy útil mientras hemos desarrollado nuestro enfoque para motivar a los empleados. Tal y como Maslow define el término, la gente que se está autorrealizando es esencial para el éxito

---

3. Maslow, A. H.: *Eupsychian management: A journal.* R. D. Irwin, Homewood (Illinois), 1965, pág. 28.

de cualquier organización, porque no sólo materializa su potencial, sino que comprende y acepta su propia naturaleza, además de la de otros. Se enfrentan a la realidad, tienen unas reacciones emocionales positivas y son personas creativas y autónomas que resuelven problemas y que tienen unas buenas relaciones interpersonales.

La MBM se esfuerza por crear un orden espontáneo de personas que se están autorrealizando mediante la contratación y reteniendo y motivando a aquellos que interiorizan y ejemplifican los diez Principios Rectores: aquéllos con integridad y humildad que quieren generar verdadero valor. Con este fin, es importante que los directivos comprendan el potencial y los valores subjetivos de sus empleados. Esto es imposible sin establecer una comunicación abierta y honesta para conocer a los empleados lo suficientemente bien a un nivel personal para así hacerlo.

Para algunos empleados, los incentivos no financieros (como ser halagado por un trabajo bien hecho) pueden ser tan importantes como los incentivos económicos; pero debe tenerse cuidado para asegurarse de que estos elogios sean merecidos de verdad. Tal y como lo expresaba Maslow: «Ser elogiado por lo que uno no merece o que se exagere excesivamente el logro de alguien puede, de hecho, ser un generador de culpa».[4]

Los falsos elogios también tienden a socavar el respeto y la confianza. Éste es un problema creciente en la sociedad en su conjunto, especialmente cuando se ha condicionado a los niños para que esperen elogios y recompensas simplemente por participar, en lugar de por la calidad o el resultado de su participación. Nunca me he encontrado con que el *feedback* deshonesto sea un incentivo eficaz, aunque muchos líderes se han visto tentados a evitar una conversación difícil de esta forma.

---

4. MASLOW, A. H.: *Maslow on Management*. Wiley, Nueva York, 1998, pág. 40. (Trad. cast.: *El management según Maslow: una visión humanista para la empresa de hoy*. Paidós Ibérica: Barcelona, 2005).

Los incentivos en Koch

Todos los incentivos, ya sean económicos o no, deberían motivar a cada empleado a desarrollar plenamente su aptitud para generar valor, para innovar y para impulsar la destrucción creativa. Incluso aunque una compensación óptima nunca puede determinarse con precisión, el valor que el empleado ha aportado debería determinarse de la forma más precisa posible. Entonces podrá llevarse a cabo una valoración sobre el mejor tipo y la cantidad de la retribución.

En Koch, empleamos incentivos para intentar alinear los intereses de cada empleado con los intereses de la compañía, de nuestros clientes y de la sociedad. Como nos esforzamos por obtener beneficios mediante la generación de valor para nuestros clientes, nuestra filosofía es pagarles a los empleados una porción del valor que generan para la compañía. Creemos que este enfoque nos ayuda a atraer y conservar a las personas adecuadas y que las motiva a ser empresarios honrados.

Mediante la generación de valor «para la compañía», me refiero a *toda* la compañía Koch, y no a un grupo o una empresa concreta dentro de ella, ni en una tarjeta de resultados personales de un individuo que éste lleve en su cabeza. Si un equipo de la NBA recompensase a los jugadores sólo según los puntos que anotasen, eso daría como resultado una mentalidad de «cada uno por su lado», y el trabajo en equipo se deterioraría.

Recompensar a un jugador por su contribución general al equipo en su conjunto es lo que es necesario para tener unos incentivos beneficiosos, en lugar de perversos. Esto puede medirse comparando el rendimiento del equipo cuando un jugador está en la pista con sus resultados cuando no está en la pista.

Todas las grandes adquisiciones que hemos hecho vinieron con un programa de incentivos que estaban en conflicto con los principios de la MBM. Éstos incluían unos sistemas altamente estructurados y poco originales que basaban la remuneración en cumplir con presupuestos, que proporcionaban una diferenciación insuficiente y que mostraban una negativa a reducir significativamente la compensación en forma de incentivos cuando las ganancias o las perspectivas futuras descendían.

En GP, por ejemplo, los incentivos iban ligados a cumplir con el presupuesto, incluso aunque se hubiese negociado un beneficio presupuestado muy bajo entre la dirección de la empresa y la gerencia. La paga venía principalmente determinada por el rango y la categoría salarial en lugar de por la contribución individual. Los premios en forma de incentivos estaban limitados independientemente del nivel de contribución y casi nunca eran iguales a cero, incluso en el caso de un mal rendimiento.

Los incentivos de GP, al igual que los de todo el resto de las compañías de Koch, se basan ahora en las contribuciones individuales y los resultados de la empresa. Esto ha potenciado enormemente el rendimiento de los empleados de GP y, así pues, el rendimiento de los negocios de GP.

Las primas se pagan ahora de acuerdo con la contribución a los márgenes en lugar de según el puesto o el hecho de ser fijo, con una diferenciación mucho mayor (incluso para algunos empleados con acuerdos sindicales). Todos los incentivos tienen completamente en cuenta la contribución al valor a largo plazo. El salario base se trata ahora como un adelanto del pago total por la contribución en lugar de algo a lo que se tiene derecho.

Estructurar los incentivos para dar lugar a un comportamiento productivo sin unas consecuencias adversas involuntarias supone un reto. Los incentivos deben no sólo señalar lo que más se valora, sino que motivan a los empleados para que generen valor de una forma honrada.

Una vez más, lo que cualquier empleado particular valora es enormemente subjetivo y combina tanto componentes económicos como no económicos. Los incentivos no económicos incluyen el creer en lo que estamos haciendo, desafío, competición, orgullo, reconocimiento, satisfacción, disfrute, ayudar a otros a triunfar, formar parte de un equipo exitoso y el desarrollo personal que conduce a futuras oportunidades.

Las compañías deberían esforzarse por motivar a sus empleados mediante incentivos que sean una mezcla de económicos y no económicos. Nuestra explotación ganadera Beaverhead Ranch en Montana es un buen ejemplo. La mayoría de los vaqueros no se dedican a la ganadería sólo por el dinero. Valoran el estilo de vida, del que buena parte consiste en trabajar con su familia. Ésa es la razón por la cual no aplicamos nuestra política contra el nepotismo en el rancho. Fuimos incluso más allá y construimos casas en el terreno del rancho para cada familia. Cuando implementamos estos incentivos, el rancho atrajo una mano de obra más competente y motivada.

En la MBM, los incentivos ideales son aquellos que motivan mejor a cada empleado para maximizar el valor para la compañía a lo largo de su trayectoria profesional. Siempre que sea factible, la remuneración debería diseñarse a medida del valor subjetivo de cada empleado, proporcionando el mayor valor al empleado por un coste dado para la compañía.

En Koch, nuestra teoría de la remuneración no es una fórmula fácil de aplicar. Sin embargo, su impulso general consiste en determinar primero la contribución de un empleado estimando cuánto del valor de Koch como compañía ha aumentado en un año: no sólo de las ganancias de ese año, sino de los cambios en sus expectativas futuras. Si pudiéramos hacer eso con un cierto grado de precisión, entonces estimaríamos cuánto contribuyó el empleado a ese incremento del valor, y le pagaríamos un porcentaje de ello (teniendo en cuenta la dificultad de su contribución y la escasez de los talentos necesarios para ello). Esto nos permitiría determinar su remuneración total, de la que restaríamos el salario base para calcular su remuneración en forma de incentivos.

Dado el tamaño y la complejidad de Koch, es imposible determinar con precisión nada de esto. Por lo tanto, trabajamos duro para aproximarnos empleando los siguientes pequeños pasos:

▶ Determinamos el valor generado por la unidad de negocio, la instalación o el grupo de servicios de Koch al que pertenece el empleado, teniendo en cuenta los ingresos actuales y el rendimiento del capital invertido, el cambio de las capacidades, la posición competitiva y el valor ajustado al riesgo de las innovaciones y las iniciativas para el crecimiento: es decir, las expectativas de ganancias futuras.

▶ Después de valorar exhaustivamente todas las contribuciones del empleado al valor que la unidad ha creado (positivo y negativo), comparamos esto con la contribución necesaria para su salario base. Según el grado en el que su contribución supere esta cantidad, le damos una prima u otra remuneración en forma de incentivos basada en esa diferencia.

▶ Se hacen deducciones por cualquier problema relativo al cumplimiento de las normas o al medioambiente, salud y seguridad (MASS) a los que el empleado haya contribuido (si tales problemas son lo suficientemente graves, podrían llevarse por delante todo el premio del empleado). También se harán adiciones (o sustracciones) a la remuneración del empleado si ha tenido un efecto positivo (o negativo) significativo en la cultura de la unidad.

La remuneración en forma de incentivos se confecciona a medida para asegurar que sea congruente con (y que refuerce) el mensaje que queremos enviar al empleado sobre sus contribuciones y sus necesarias mejoras. Para que esta remuneración le motive de forma eficaz, su supervisor debe comunicarle claramente su lógica.

Una remuneración en forma de incentivos direccionalmente correcta (nunca puede ser perfecta) es crucial para llevar a cabo el trabajo de la MBM. Cuando nos desviamos significativamente, eso envía un mensaje erróneo y es desmoralizante. Ésta es la razón por la cual los líderes a lo largo y ancho de la compañía hacen un esfuerzo considerable no sólo para que los números cuadren, sino para comunicar la lógica de forma eficaz.

La insatisfacción como motivador

Las recompensas monetarias son unos incentivos potentes, pero muchos otros factores son críticos para la generación de incentivos que mejoren el bienestar de la sociedad. Ludwig von Mises creía que hay tres requisitos para que la gente actúe: (1) la insatisfacción con el estado actual de las cosas, (2) una visión de un mejor estado, y (3) la convicción de que podemos alcanzar ese mejor estado. Cuando falte uno solo de estos requisitos, la gente no actuará.

Nuestra implementación de este modelo dio lugar a una reestructuración en muchas de las instalaciones manufactureras de GP. La insatisfacción procedió de darse cuenta de que los márgenes de GP se estaban viendo reducidos debido a la forma en la que estaba gestionando y dotando de personal a sus plantas. Una vez que reconocimos que las prácticas de GP la estaban llevando hacia el destino de las principales compañías acereras y automovilísticas de EE. UU., empezamos a buscar un mejor estado tomando como referencia los costes y las prácticas de sus competidores con una mejor relación costo-eficacia (que no eran necesariamente los mayores). Esto nos permitió identificar diferencias de coste específicas y sus impulsores. El camino hacia un mejor estado incluía cambiar la organización de la planta y reconsiderar las contrataciones, la dotación de personal y las prácticas de remuneración de GP.

Compartiendo los datos de nuestra falta de competitividad con los empleados, los directivos de GP pudieron hacer que muchos trabajadores de la empresa reconocieran la necesidad de cambios en la dotación de personal y la estructura de pagos.

Si el objetivo consiste en desarrollar una cultura que sea competitiva a largo plazo, es crucial que una compañía proporcione a su gente la cantidad adecuada de responsabilidad para buscar un mejor estado. Si se les da demasiado, los empleados fracasarán y se desmoralizarán. Si no se les da suficiente, no tendrán los retos necesarios para aprender, desarrollarse, crecer y verse energizados. Como consecuencia de ello, la empresa sufrirá por no disponer de todo el beneficio de las capacidades de cada empleado.

Esperamos de los líderes que proporcionen orientación y fomenten los desafíos, de modo que los empleados se sientan libres de pensar y usar espontáneamente sus ideas y sus conocimientos para alcanzar un mejor estado. En nuestra experiencia, un modelo de aprendiz es eficaz para que los empleados se desarrollen. En Koch, este modelo implica cuatro fases: yo hago, tú miras; yo hago, tú ayudas; tú haces, yo ayudo; tú haces, yo miro.

La aplicación de los tres requisitos del modelo de acción humana de Mises es esencial para la empresa. Las compañías que no logran proporcionar estas condiciones generan una cultura de inacción (y muchas buenas oportunidades que pasan de largo). Las compañías que impulsan la destrucción creativa mediante una cultura de Espíritu Empresarial Honesto lo hacen proporcionando una visión de cómo generar valor, facilitando la toma de decisiones en el momento apropiado y recompensando adecuadamente a los empleados.

Alinear los incentivos

Los incentivos beneficiosos motivan a la mayoría de la gente a trabajar más duro, ser más creativa y producir más valor para los demás. Al hacerlo, se beneficia a sí misma.

Sin embargo, éstas no son las únicas razones para usar incentivos. Incluso cuando la gente bienintencionada y motivada tiene ganas de triunfar, sigue enfrentándose al reto de comprender dónde y cómo enfocar su tiempo y esfuerzo. Los empresarios exitosos usan los incentivos del mercado para determinar el rumbo más productivo. Del mismo modo, los empleadores deberían usar incentivos para orientar a los empleados hacia áreas en las que sus capacidades, su atención y su esfuerzo puedan generar el mayor valor posible, mientras les permiten una mayor autorrealización.

Un sistema de incentivos exitoso debe alinear los intereses individuales del empleado con los intereses generales de la compañía. Si un resultado va a ser bueno para el empleado, también debe ser bueno para la compañía. Contrariamente, si el resultado va a ser malo para la compañía, también debe ser malo para el empleado.

Esto es especialmente cierto en todas las áreas de cumplimiento. Dirigir una empresa de otra forma es una invitación al desastre. La eficacia de nuestro programa de cumplimiento de las normas aumentó espectacularmente una vez que empezamos a hacer a todos (especialmente a los que se encontraban en la cadena de gestión) responsables por un área en la que se dé un problema con el cumplimiento, y adaptamos su remuneración de acuerdo con ello.

Hace algunos años, incluso después de que hubiera estado predicando sobre la importancia del cumplimiento de las normas en charla tras charla, el gerente de una de nuestras instalaciones más pequeñas decidió que no era necesario llevar a cabo las pruebas necesarias al asfalto que estábamos suministrando a un Gobierno estatal (tenía décadas de experiencia en este trabajo concreto, pero a veces, una larga experiencia puede ser más peligrosa que la inexperiencia si da lugar a la complacencia y la arrogancia). Cuando lo averiguamos, despedimos al gerente, revelamos el problema al estado y dimos con formas más eficaces de monitorizar el cumplimiento de las normas.

Pese a ello, lo que esta experiencia me dijo fue que mis grandes esfuerzos por convencer a los demás del cumplimiento de las normas se habían quedado cortas. Eso me preocupó profundamente. Por lo tanto, llamé al líder de ese grupo para determinar cómo había sucedido eso y cómo podía evitarse en el futuro. Este líder sostenía que no podía haberlo evitado porque ni siquiera conocía al gerente en cuestión. Pregunté: «Si no podemos hacerte responsable, ¿entonces a quién? Tú controlas y eres responsable de a quién se contrata y despide, y de los sistemas y de la cultura de tu grupo».

Tras ese intercambio dejamos claro, recortando (o eliminando) las primas de los líderes según su grado de responsabilidad, que todos ellos eran plenamente responsables de cualquier problema con el cumplimiento de las normas, la seguridad o los asuntos medioambientales en su organización, y que cualquier problema de ese tipo daría, como mínimo, como resultado una importante reducción de su remuneración en forma de incentivos. El grado de la reducción dependería de la gravedad real y potencial del problema.

Una vez que nuestros líderes se dieron cuenta de que su retribución se reduciría espectacularmente o que su puesto cambiaría, se centraron rápidamente mucho más en el cumplimiento de las normas y el medioambiente, la salud y la seguridad (MASS), y nuestro rendimiento mejoró notablemente. Si no hacemos responsables a los empleados (especialmente a los líderes) de los resultados y, en lugar de ello seguimos remunerándolos igual independientemente de su rendimiento, socavaremos todo el sistema.

Tanto si el objetivo es mejorar el cumplimiento de las normas, incrementar la rentabilidad del capital invertido o cualquier otra cosa, el primer objetivo de los incentivos consiste, pues, en armonizar los intereses del individuo con los de la compañía. Esto refuerza el deseo de nuestro empleado particular para hacer lo correcto y ayudar a la compañía a prosperar.

En segundo lugar, la remuneración debe ser congruente con la idea de que no hay dos empleados iguales. Así pues, su remuneración puede variar considerablemente dependiendo del valor de sus contribuciones. Como resultado de las diferencias en la visión, el deseo, los valores y la capacidad, la gente varía en cuanto al aprovechamiento de las oportunidades casi ilimitadas para generar valor. Ésta es la razón por la cual dos empleados que lleven a cabo unos papeles similares puede que sean remunerados de forma distinta.

En tercer lugar, no se debería poner ningún límite a la remuneración del empleado, de modo que los empleados no pongan un límite al valor que pueden generar. Por último, los incentivos deberían estar estructurados de tal forma que la compañía pueda atraer, motivar y retener a emprendedores honestos de forma eficaz.

Estos objetivos se logran recompensando las contribuciones al valor de la compañía a largo plazo, que incluyen contribuir no sólo a las ganancias actuales, sino captar oportunidades que no sean rentables de inmediato, como los proyectos de investigación a lo largo de varios años, desarrollar capacidades y mejorar nuestra cultura. Del mismo modo, rehusar recompensar actividades que no den lugar a resultados genera un proceso que orienta el comportamiento beneficiosamente y motiva a las personas a hacer lo correcto.

Para alinear los intereses, la compensación general debe ser superior cuando los márgenes y los beneficios generales sean mayores, e inferior cuando no sea así. En general, si los beneficios de este año aumentan un 20 % (sin ningún deterioro en las expectativas futuras) y la contribución de un empleado es la misma que la del año anterior, aumentaríamos la compensación en forma de incentivos de ese empleado más o menos un 20 %. Si su contribución fuera mayor o inferior a la del año anterior, su retribución variaría, por consiguiente, con respecto a esta cantidad.

Independientemente del nivel, la retribución debe reflejar las contribuciones de cada persona. Incluso aunque una empresa no tenga ganancias actuales, se debería pagar alguna remuneración en forma de incentivos a aquellos pocos que reduzcan las pérdidas significativamente o mejoren las expectativas para el futuro. Si una empresa fuera a perder 10 millones de dólares pero alguien diera con una forma de reducir esas pérdidas a 6 millones, sería recompensado por ahorrar esos 4 millones.

Los directivos eficaces piensan en la generación de valor de forma amplia. Son conscientes de que los empleados generan valor no sólo innovando o captando una única oportunidad, sino ayudando a mantener todo el proceso de generación de valor (el negocio) funcionando fluidamente.

Por ejemplo, proporcionar una información financiera útil para orientar las decisiones empresariales de una forma oportuna y con una buena relación costo-eficacia puede ser igual de importante para la rentabilidad a largo plazo que mantener una planta funcionando correctamente. Esa capacidad debería ser reconocida y recompensada correspondientemente.

Los incentivos y el fracaso

Después de casi diez mil experimentos fallidos para desarrollar una nueva batería, le preguntaron en una ocasión a Thomas Edison:

—¿No es una pena que no haya logrado obtener ningún resultado?

—¡He obtenido muchos resultados! –contestó–. ¡Conozco varios miles de cosas que no funcionan![5]

Por confuso que pueda parecer, el fracaso y el obtener resultados no son cosas mutuamente excluyentes. Al impulsar el descubrimiento experimental en una compañía, el fracaso no es deseable, pero debería ser esperable. A veces, los resultados positivos de hoy sólo pueden derivar de las lecciones de los experimentos fallidos del pasado. Como señaló Einstein: «El fracaso es éxito en progreso».[6]

Para ser claro, no estoy sugiriendo que una organización recompense el fracaso. Aunque deberíamos esperarlo de vez en cuando, deberíamos, no obstante, esforzarnos por evitarlo; y además de aprender de nuestros fracasos, debemos aprender del *tipo* de fracaso. Debemos reconocer si un fracaso vino como resultado de una acción poco razonada o impulsiva o si pertenece a ese porcentaje de fracasos que deben esperarse de una toma de riesgos prudente, como en los experimentos o las apuestas bien diseñados.

Estos diferentes tipos de fracasos deberían tratarse de forma muy distinta cuando una compañía esté diseñando los incentivos. No penalizando indebidamente unos experimentos bien planificados que fracasen, alimentamos un motor de apuestas pequeñas y frecuentes que pueden generar unos descubrimientos y un aprendizaje potentes. Esto es vital para la innovación, el crecimiento y la rentabilidad a largo plazo.

Al fomentar una experimentación adecuada, debemos reconocer que los beneficios rara vez llegan de inmediato. Por consiguiente, los

---

5. Citado en Hughes, J.: *The vital few: The entrepreneur and American economic progress.* Oxford University Press, Nueva York, 1973, pág. 149.

6. Citado en Cutler, Z.: «Failure is the seed of growth and success», publicado en entrepreneur.com

incentivos deben estar diseñados para recompensar el progreso hacia la comercialización final, además del conocimiento valioso generado para otras partes de Koch.

La filosofía básica debería consistir en pagar por el valor a medida que se genere, y el avance hacia la comercialización genera valor. Las compañías, como Enron, que pagaban primas por los beneficios previstos de un trato tan pronto como se cerraba (en lugar de al hacer efectivos los beneficios), promovía un comportamiento desastroso. Los empleados de Enron se peleaban para hacer tratos dudosos simplemente porque podían proyectar un gran beneficio. En cambio, en Koch sólo pagamos una cantidad modesta al consumarse un acuerdo, como adelanto basado en su atractivo aparente. Se abona una posterior remuneración cuando el valor se hace efectivo. Esto incluye recompensar a aquellos que desde entonces han pasado a otros puestos.

Es especialmente difícil (pero muy importante) alinear los incentivos a través de los límites de la organización. En Koch, esto puede implicar transacciones dentro de una compañía de Koch o a través de compañías, como las transferencias de los combustibles a los productos químicos en la refinería de Corpus Christi, o una venta de crudo de Koch Supply & Trading a Flint Hills Resources. Las transferencias deberían llevarse a cabo de una forma que nos ayude a maximizar el valor a largo plazo para Koch Industries en su conjunto, y no sólo para una unidad de negocio concreta. Los factores incluyen el precio de mercado por una cierta calidad y volumen, y el coste de oportunidad tanto para el comprador como para el vendedor. La remuneración para los empleados implicados en tales transacciones se ajusta de acuerdo con lo bien que maximicen ese valor general.

Contribución marginal

Para conseguir un buen beneficio, las compañías deberían pagar a la gente de una forma que la motive a generar el máximo valor a largo plazo, mientras seguimos fielmente nuestros Principios Rectores.

Una de las mejores formas de hacer esto consiste en pagarles una parte del valor que generan para la empresa, del mismo modo en que un empresario recibe una parte del valor que crea en la sociedad. La compensación total debería reflejar esa contribución.

Valorar la contribución total (la generación de valor) de un empleado constituye la base de las decisiones relativas a los incentivos. Un líder debe preguntar: ¿qué resultado o valor concretos son atribuibles a las acciones o decisiones del empleado? ¿Inició el empleado la idea o la acción? ¿Ha materializado el valor la empresa? ¿Qué efecto tuvo esta persona sobre la generación de valor de otros? ¿La contribución del empleado a la cultura fue positiva o negativa?

El conocimiento adicional sobre la contribución de un empleado puede provenir de la aplicación de la herramienta del análisis marginal. Ser capaz de estimar la contribución marginal de un empleado (es decir, la parte de valor generada que puede asignarse a un cambio concreto, un factor o una persona) es un elemento importante en un sistema de remuneración eficaz.

El proceso de Planificación del Talento de Koch *(véase* el capítulo 7), que usa el análisis marginal, exige retener a los empleados que contribuyan al nivel de la media o por encima de ella con respecto a todos sus colegas que realicen un trabajo similar (especialmente para nuestros principales competidores). Podemos referirnos a este contribuyente medio como un contribuyente típico.

Con el plan de negocio definido, la contribución de un empleado se estima como la contribución por encima o por debajo de la esperada de un contribuyente típico. Los empleados que crean más valor que un contribuyente típico generan una ventaja competitiva para la empresa y producen una contribución marginal. Los empleados que contribuyen menos ponen a la empresa en una desventaja competitiva y puede que incluso se considere que producen una contribución marginal negativa. Si hay suficientes de estos empleados en una compañía, ésta quebrará.

Los líderes deberían monitorizar el rendimiento del empleado a lo largo del año, y no sólo al final de éste. Usamos el análisis económico y un *feedback* a todos los niveles (lo que significa que un empleado es valorado por aquellos que han trabajado más de cerca con él, y no sólo por su supervisor inmediato) para comprender la contribución de una persona a los resultados a largo plazo.

A los empleados también se les pide que completen una autovaloración destacando lo que crean que constituyen sus contribuciones marginales. Esto es para asegurarse de que se use adecuadamente la mejor información disponible para reconocer tanto las contribuciones positivas como las negativas. La evaluación debería incluir contribuciones pasadas que no se hayan retribuido plenamente, como una contribución a una adquisición en un año anterior que esté dando sus frutos ahora. Los remanentes positivos y negativos como éstos suelen ser resultado de proyectos puestos en marcha hace mucho tiempo.

En Koch, se considera el salario base como un adelanto por el valor que se espera que genere un empleado para la compañía. Por lo tanto, ¿qué sucede cuando un empleado añade más valor que el originalmente reflejado en ese salario base? El empleado se beneficia de ese valor extra, igual que un empresario en el mercado.

Hay varias herramientas para conseguir esto, incluyendo los ajustes del salario base, la remuneración anual en forma de incentivos, las primas inmediatas, la remuneración diferida y otros incentivos. Un papel clave de los gerentes consiste en retener y motivar a los empleados que están añadiendo un valor superior. Mediante el pago por el valor generado, ayudamos a asegurar la competitividad de la empresa.

Incluso los empleados que generan beneficios pueden mejorar todavía más. No considero que ningún trabajo que hago sea «lo suficientemente bueno», ya que la complacencia y el declive futuro están insertados en ese modelo mental. Independientemente de lo alta que sea la contribución marginal de un empleado, su supervisor debería seguir comunicando cómo la compañía y el empleado se beneficiarían de una generación de valor aumentada. Los empleados que abracen e interioricen este *feedback* incrementarán su contribución marginal y, por lo tanto, su remuneración.

Por el contrario, los empleados que no sean rentables –aquellos que generen menos valor que su remuneración y otros costes (o incluso menos que la media de sus colegas en las empresas de la competencia)– están malgastando los recursos de la organización y destruyendo valor. A no ser que su rendimiento mejore o se identifique un puesto para que el puedan proporcionar suficiente valor, deben marcharse de la compañía.

Reconocemos que nuestro sistema de incentivos es más exigente en cuanto a su administración que los sistemas basados en un presupuesto, fórmulas o la jerarquía. Sin embargo, por nuestra experiencia, el esfuerzo que Koch hace conectando a los empleados con cómo pueden generar más valor (y recompensándolos por ello) provoca que incrementen enormemente su contribución.

Incentivos perversos

Muchos planes de primas comunes generan unos incentivos perversos. Éstos incluyen unos planes de compartición de beneficios homogeneizada, y primas que suponen un porcentaje fijo o modestamente variable del sueldo base (independientemente de la contribución) si la empresa alcanza ciertos objetivos financieros.

Un problema con estos enfoques es que como las principales personas productivas obtienen poco más o nada más que las personas con un mal rendimiento, tienen pocos incentivos para hacer una mayor contribución (en las sociedades libres, los empresarios que generan más valor reciben una mayor recompensa, y eso es un importante factor motivador. La MBM reconoce esto).

Otro problema es que los empleados sacrificarán actividades que conduzcan a una creación de valor a largo plazo para satisfacer estos objetivos a corto plazo, como no ir tras una oportunidad que no será rentable durante bastantes años.

Algunas compañías instituyen unos presupuestos fijos como forma de controlar los costes. Bajo este sistema, las oportunidades rentables suelen pasarse por alto porque los gerentes rechazan propuestas que superarían sus presupuestos. También es frecuente que una compañía intente reducir costes ordenando una reducción general del 10 % de los presupuestos o del personal. Esta práctica suele dar como resultado eliminar gastos y a personas rentables junto con las no rentables, dejando a la compañía siendo menos rentable en general. Estos dos errores generan unos incentivos perversos.

Los incentivos perversos son demasiado comunes en las relaciones entre las compañías y los empleados. Uno de los más frecuentes se conoce como un problema del principal-agente. Este problema tiende a generarse siempre que un principal (propietario) contrata a un agente (consultor, bróker o empleado). El principal desea que el agente actúe de la forma más beneficiosa posible para el principal, mientras que el agente suele querer lo que es mejor para sí mismo.

Estos intereses en conflicto se ponen de manifiesto de diferentes formas. En los casos en los que el principal y el agente tienen unos perfiles de riesgo distintos, el problema suele adoptar una o dos formas. En la primera, los agentes son extremadamente reacios al riesgo, generalmente debido a la falta de recompensas por la toma de riesgos rentables y las penalizaciones excesivas por una toma prudente de riesgos. El resultado es una cultura de jugar sobre seguro.

Recuerda la cuestión en la que nos hemos fijado en el capítulo 7: ¿debería un empleado trabajar en una inversión con un 90 % de probabilidades de ganar cien mil dólares en lugar de en una con una probabilidad del 50 % de ganar un millón de dólares? Al igual que en ese caso, las oportunidades más arriesgadas suelen ir en el interés de la compañía, por lo que la estructura de incentivos de una compañía debe fomentar el asumir riesgos de forma prudente.

Para desalentar una aversión excesiva al riesgo, recompensamos la generación de valor total y sólo llevamos a cabo una deducción extra de la remuneración en forma de incentivos por una pérdida cuando fue poco meditada o mal gestionada. Además, los beneficios no conseguidos debido a una oportunidad perdida se consideran similares a las pérdidas por un negocio infructuoso, aunque en menor grado.

El valor de las oportunidades perdidas y de otras deficiencias podría estimarse e incluirse al determinar la remuneración de un empleado (y comunicárselo al empleado junto con su retribución). Durante la década de 1990, se desarrolló una aversión al riesgo relacionado con hacer adquisiciones, y algunos líderes dejaron pasar oportunidades para adquirir activos con un alto valor. El coste de oportunidad de estas oportunidades perdidas se calculó y se incluyó en sus evaluaciones, que modificaron rápidamente su comportamiento.

De forma similar, la consideración de los costes de oportunidad ayuda a eliminar el despilfarro y los retrasos en nuestro proceso de aprobación de proyectos. Cuando los participantes en el proceso de aprobación buscan comprender y mitigar el riesgo más allá del punto de unos rendimientos menguantes, los pasos excesivos y el análisis ralentizan las cosas. Esto puede poner en peligro las oportunidades haciendo que resulte imposible obtener aprobaciones rápida y eficientemente. Tener en cuenta las oportunidades perdidas alinea mejor los intereses de aquellos implicados en el proceso de aprobación con los intereses de la compañía.

Piensa, por otro lado, en el empleado que asume unos riesgos imprudentes o incluso no autorizados como en otro tipo de problema de agencia. Estas personas esperan ganar una gran cantidad de dinero para sí mismas arriesgándose, incluso aunque esto ponga en peligro a la compañía. Unos empleados deshonestos así, operando a partir de su interés personal a expensas del interés general, han destruido compañías enteras, tal y como hemos visto una y otra vez a lo largo de la historia.

Este comportamiento destructivo puede minimizarse seleccionando y conservando a los empleados basándose, principalmente, en los valores y las convicciones (*véase* el capítulo 7), y luego asentando adecuadamente unos derechos de decisión con unos controles eficaces (*véase* el capítulo 9), y alineando el éxito del empleado con el éxito de la compañía a largo plazo.

Otro tipo de incentivo perverso es endémico en las compañías que cotizan en la bolsa: el informe de beneficios trimestrales. La gerencia de una compañía que cotiza en la bolsa se encuentra bajo una gran presión para satisfacer las previsiones de los beneficios trimestrales, ya que quedarse ligeramente cortos puede provocar una bajada importante en el precio de las acciones. Como consecuencia de ello, la gerencia se ve motivada a tomar decisiones que optimicen los beneficios a corto plazo a expensas de maximizar el valor real a largo plazo.

Tales decisiones pueden incluir invertir insuficientemente en oportunidades cíclicas o a largo plazo atractivas, ignorar las depreciaciones o incluso manipular los libros de contabilidad. Los incentivos perversos como éstos hacen que la gestión de una compañía que cotiza en la bolsa sea extremadamente difícil. También dejan claro por qué Koch Industries valora su estatus como compañía privada, y por qué aconsejaría a cualquier emprendedor que haga todo lo posible por hacer que su compañía siga siendo privada, independientemente de cuánto crezca.

Alinear los incentivos externamente

Aunque este capítulo se centra en los incentivos para los empleados, los incentivos también son importantes para alinear o armonizar los otros constituyentes de una compañía, como los clientes, los proveedores, los contratistas, los accionistas, los distribuidores, los agentes, las comunidades y los Gobiernos. Alineando adecuadamente los incentivos de todos estos constituyentes mediante una comprensión de sus valores subjetivos mejoramos enormemente nuestra capacidad de tener éxito.

Imagina, por ejemplo, que quieres animar a los minoristas a que promocionen preferentemente tus productos. Comprendiendo sus incentivos y sus valores subjetivos, puedes motivarlos para que promocionen tus productos y te proporcionen un espacio de primera en las estanterías, mostrándoles que hacerlo mejorará el tráfico en su tienda.

Motivar a partes externas para que respalden a la compañía también requiere que nuestros empleados traten con ellos de una forma que obre en favor de los intereses de la compañía en su conjunto. Si incluso sólo una de nuestras empresas desarrolla una mala relación con un proveedor, cliente, agencia gubernamental u otro constituyente, probablemente dañará a otras partes de Koch.

Nos hemos encontrado con que alinear los incentivos con el rendimiento casi siempre mejora los resultados. Ésta es la razón por la cual intentamos alinear los incentivos con nuestros asesores externos, además de con nuestros empleados, aunque no siempre es fácil. Los banqueros de inversión, los brókeres de bienes inmuebles y otros asesores suelen afirmar que aportan ventajas comparativas a un proyecto, pero la mayoría duda a la hora de aceptar una estructura de remuneración basada en el rendimiento. Su postura es normalmente que los incentivos ya están alineados porque si un cliente no completa la transacción, no se prevé ningún pago. No aceptamos este argumento.

Desde nuestro punto de vista, para que un asesor sea beneficioso, debe conseguir un mejor valor que el que habríamos conseguido por nuestra cuenta. Así pues, queremos un acuerdo de remuneración en el que el asesor se beneficie de esa ganancia. Y como vendedor, cuando una transacción tiene un valor inferior al esperado, queremos que ese pago sea inferior a los honorarios típicos del mercado. Incorporamos este marco en nuestros contratos con asesores, ya estemos comprando o vendiendo.

En una transacción estábamos convencidos de que habíamos identificado al único posible comprador de una pequeña empresa propiedad del Koch Chemical Technology Group, pero cuando un banquero nos convenció de que podría añadirle valor ampliando el potencial grupo de compradores, acordamos que su remuneración se ajustaría hacia arriba o hacia abajo, dependiendo de si esto resultaba ser verdad. Resultó ser verdad, con un resultado muy superior al que podríamos haber conseguido por nuestra cuenta. El banquero con espíritu empresarial fue compensado correspondientemente.

Los banqueros normalmente buscan unos honorarios de entre un 1 y un 2% de una transacción, dependiendo de su volumen. Piensa en un ejemplo en el que un banquero cobrase un 1% por vender una empresa que valoramos en 100 millones de dólares y qué él confía en que podemos vender por nuestros 100 millones de valor estimado. Si el precio final de la venta es de 120 millones de dólares, el banquero recibirá 1,2 millones de dólares.

Aunque esto es mejor que un millón de dólares, la mayoría de los asesores no se arriesgarían a una transacción fallida (incluso aunque las probabilidades sean relativamente bajas) buscando la valoración más alta en el mercado. Sólo ganaría 200 000 dólares más si vendiera la empresa por 120 millones de dólares, pero el riesgo de que el acuerdo se vaya al traste a ese precio podría aumentar un 30 %.

Por lo tanto, para recompensar que asuma riesgos, podemos ofrecer una comisión del 5 % por los primeros 10 millones por encima de los 100 millones de dólares, y una comisión del 10 % sobre los siguientes 10 millones. En este escenario, la probabilidad de fracasar del 30 % se ve mitigada por la oportunidad de ganar 2,5 millones de dólares en comisiones, en lugar de sólo 1,2 millones. Los incentivos se ven entonces alineados porque tenemos un 70 % de probabilidades de incrementar nuestro valor en 20 millones de dólares, menos las comisiones.

Es igual de crucial para una empresa alinear los incentivos con las comunidades en las que trabaja. En Koch intentamos hacer esto comprendiendo lo que valoran. La mayoría de las comunidades quieren buenos vecinos que se esfuercen por hacer que la comunidad sea un mejor lugar trabajando de forma segura, protegiendo el medioambiente y proporcionando buenos empleos. Ésa es la razón por la cual esperamos que nuestros empleados no sólo alcancen la excelencia en asuntos del medioambiente, salud y seguridad, sino que sean buenos ciudadanos que contribuyan a la comunidad, y ésa es la razón por la cual la compañía también respalda a organizaciones de beneficencia locales que son congruentes con nuestros valores.

Empleamos el mismo enfoque con todos los niveles gubernamentales que tiene autoridad sobre nuestras operaciones. En nuestros tratos con representantes gubernamentales, hacemos todo lo que podemos para actuar con la máxima integridad y cumplir siempre nuestras promesas. Cuando tenemos un problema o cometemos un error, asumimos la responsabilidad reconociendo y corrigiendo rápidamente la situación, y luego intentando evitar que vuelva a producirse.

Hacemos esto no sólo porque sea lo correcto, sino porque es más probable que las comunidades y los ayuntamientos permitan que las compañías crezcan y prosperen cuando esas empresas actúan con integridad y son líderes en los asuntos medioambientales, de seguridad y en el cumplimiento de las normas. Todos, excepto los competidores con un peor rendimiento, se benefician cuando se crean empleos nuevos y mejores mediante el Espíritu Emprendedor Honesto.

Los sistemas de incentivos beneficiosos hacen más que alinear nuestros intereses y señalar lo que se valora. Ayudan a los empleados a comprender la verdadera creación de valor. Llevar a cabo un trabajo significativo consiste en contribuir: a generar un buen beneficio mediante la generación de valor en la sociedad. Los incentivos beneficiosos fomentan que todos nosotros no sólo llevemos una vida productiva, sino que nos demos cuenta de todo nuestro potencial y encontremos satisfacción y realización personal en nuestro trabajo, lo que es, ciertamente, mi incentivo para trabajar duro.

PARTE III

CAPÍTULO 11

El orden espontáneo en acción

Cuatro casos prácticos de la Gestión Basada en el Mercado (Market-Based Management®, MBM)

«El orden espontáneo proporciona "una distribución más eficiente de los recursos sociales que la que podría conseguir cualquier diseño"».

F. A. HAYEK[1]

«Yfinalmente, *monsieur,* una finísima chocolatina».
Cualquier fan de los Monty Python recordará esta frase de John Cleese en *El sentido de la vida,* en la que Cleese, como profesional *maître,* hace ingerir a un comensal grotescamente sobrealimentado, una última porción que acaba por hacerle explotar.

Las películas de los Monty Python suelen ser exposiciones brillantes de las desastrosas consecuencias cuando la gente no usa modelos mentales basados en la realidad para que orienten sus acciones. Tal y como se apunta en el capítulo 3, cualquier empresa con

---

1. HAYEK, F.: *New studies in philosophy, politics, economics and the history of ideas.* Routledge & Kegan Paul, Londres, 1978, págs. 63-64. (Trad. cast.: *Nuevos estudios de filosofía, política, economía e historia de las ideas.* Unión Editorial: Madrid, 2007).

un comportamiento basado en unos modelos mentales erróneos acabará por fracasar. El simple hecho de que creamos (al igual que el comensal, que pensaba que podría tomar un bocado más) o queramos que una cosa sea verdad, no hace que eso sea así. «Todos tienen derecho a tener sus propias opiniones, pero no sus propias realidades», decía en broma el ya fallecido senador Daniel Patrick Moynihan.[2]

Otra clásicamente absurda escena de los Monty Python que habla de esta tendencia es la del juicio a las brujas en *Los caballeros de la mesa cuadrada,* en el que un aspirante a caballero tonto imparte la lógica medieval a una muchedumbre de ciudadanos empecinados en encontrar una bruja a la que quemar. Las brujas se queman porque son de madera, razona. Otra propiedad de la madera es que flota en el agua. ¿Qué más flota?: los patos. Por lo tanto, concluye, triunfante, que si pesa lo mismo que un pato es una bruja, y que los ciudadanos tienen permiso para quemarla.

No hace falta ser un genio de la comedia para exponer las consecuencias de no usar un marco basado en la realidad para resolver los problemas, pero es de ayuda.

Tal y como hemos visto, la MBM es una herramienta basada en la realidad que permite que cada empleado innove y resuelva problemas sin que le digan cómo, precisamente. Su objetivo es el de generar un orden espontáneo proporcionando a los empleados un conjunto simplificado de principios y modelos mentales basados en la realidad que orienten sus acciones y decisiones. Los modelos se organizan entonces en forma de una caja de herramientas para hacerlas utilizables como proceso para la resolución de problemas. En los capítulos anteriores, he expuesto las herramientas individuales. Piensa en este capítulo como en la caja de herramientas.

---

2. Moynihan, D. P.: *Daniel Patrick Moynihan: A portrait in letters of an American visionary.* Ed. Steven R. Weisman. PublicAffairs, Nueva York, 2010, pág. 2.

El marco de la MBM y el Proceso de Resolución de Problemas

Einstein vio lo divino en «la ordenada armonía de lo que existe».[3] Si uno piensa en la naturaleza como algo que funciona armoniosamente sin una orquestación ni una planificación central, puede visualizar fácilmente un orden espontáneo: un orden que conduce a los milagros de la naturaleza. La intención de la MBM es la de asentar las condiciones de una organización (un marco consistente en una estructura, una forma de pensar y una cultura) para generar un orden espontáneo que dé lugar a sus propios milagros.

Una organización puede crear este orden cuando sus miembros están dedicados a una visión sólida y las personas adecuadas ocupan los puestos adecuados con los valores, el conocimiento, las autoridades y los incentivos correctos.

La aplicación de las cinco dimensiones del marco de la MBM para ocasionar este orden espontáneo es una de nuestras innovaciones más importantes en Koch. Al igual que sucede con todas las innovaciones, se desarrolló y refinó con el tiempo mediante el descubrimiento experimental.

Cuando se usan para resolver un problema, las cinco dimensiones nos permiten identificar más fácilmente sus causas y sus soluciones. Al aplicarse como una lente para visualizar un nuevo modelo para un negocio, la aplicación del marco puede ser transformadora. Como su evolución empezó en la década de 1960, hemos descubierto que los casos prácticos son la mejor forma de ilustrar cómo obtener resultados de la MBM. A continuación, tenemos cuatro casos reales relacionados con Koch. En cada ejemplo se ilustra la aplicación de las cinco dimensiones.

---

3. SCHILPP, P. A.: *Albert Einstein: Philosopher-scientist*, 3.ª ed., Library of Living Philosophers, Open Court Publishing, Peru (Illinois), 1970, vol. 7, pág. 659-660.

Nótese que estos casos ilustran cómo el marco de la MBM puede funcionar para cualquier tipo de empresa, función en la empresa o tipo de problema.

Caso práctico n.º 1: Consumer Products, de Georgia-Pacific

En 2005, Koch hizo su mayor adquisición en la historia de la compañía. Para comprar Georgia-Pacific, la llevamos a tener una gran deuda, hasta el punto en que a no ser que el rendimiento mejorara, Georgia-Pacific violaría las cláusulas de su préstamo (compromisos con los prestamistas relativos al estado financiero de la compañía), que se endurecían con el tiempo.

En aquella época, Consumer Products (la mayor división de Georgia-Pacific, con casi el 40 % de su negocio) estaba sufriendo. Algunas de sus marcas estaban perdiendo cuota de mercado y corrían el peligro de ser abandonadas por los principales clientes. En 2007, Consumer Products fue clasificada en última posición por sus clientes como socio estratégico en comparación con sus mayores competidores. La estrategia expresada por Georgia-Pacific de ser una «seguidora rápida» (no invertir en investigación, sino, en lugar de ello, imitar productos exitosos y venderlos a un precio inferior) no le estaba permitiendo seguir siendo competitiva.

Adquirimos Georgia-Pacific porque creíamos que la MBM y nuestras capacidades centrales relacionadas generarían valor en su negocio. Nuestra adquisición de su empresa de pulpa de celulosa el año anterior no sólo había validado esa suposición, sino que nos había convencido de que GP disponía de gente talentosa, muchos buenos activos y una cultura con algunos aspectos muy beneficiosos.

Para revitalizar y transformar la empresa, aplicamos las cinco dimensiones de la MBM, empezando por un cambio en la visión.

Visión

Antes de la adquisición, la visión de GP era la de ser un transformador de bajo coste de pino en productos valorados. Mantener los costes bajos dio como resultado que GP actuara como una seguidora del mercado en lugar de ser una innovadora y líder.

Lamentablemente, un ritmo constantemente creciente de innovación por parte de los competidores (incluyendo nuevos productos, un *marketing* mejorado a través de una mejor analítica, nuevas tecnologías de fabricación y estrategias logísticas) estaba provocando que Consumer Products quedara mucho más atrás en cuanto a la calidad del producto, además del *marketing* y la capacidad de ventas. Esto llevó a la pérdida de cuota de mercado y a una posición con los minoristas que estaba empeorando.

Para transformar la empresa creíamos que teníamos que cambiar su visión de la de una «seguidora rápida» a una «líder innovadora». Esto y sólo esto permitiría a Consumer Products proporcionar a su cliente final, el consumidor, unos productos preferibles a los de los competidores de GP.

Como la visión anterior no dedicaba dinero a la innovación, GP necesitaba empezar a invertir cantidades importantes para compensar el déficit. En otras palabras, necesitaba desarrollar la capacidad de identificar y comprender las necesidades no satisfechas de los consumidores, y luego desarrollar productos y servicios que los satisficiesen.

Otro tipo de innovación consistía en imaginar cómo llevar múltiples productos de GP podría generar valor para los minoristas. Esto requirió del desarrollo de varias capacidades importantes nuevas, incluyendo la capacidad de demostrar a los minoristas que comprar toda la gama de productos de GP haría que incrementase su tráfico. Ésta fue una de las formas en las que entrarían las otras cuatro dimensiones de la MBM.

Virtud y talentos

GP en general, y su empresa Consumer Products en particular, disponían de muchos empleados talentosos y muy trabajadores; pero una vez que la visión cambió, se volvió claro que eran necesarios unos líderes distintos y talento adicional para distintos puestos.

También se hizo aparente que los muchos valores positivos que habíamos observado en la cultura de GP debían ampliarse para incluir la innovación, el espíritu empresarial y la compartición de conocimiento. Al igual que GP en su conjunto, Consumer Products necesitaba abrazar nuestra cultura del desafío.

De acuerdo con los conceptos y las prácticas de la MBM que has aprendido en el capítulo 9, muchos empleados ya existentes de GP fueron recolocados en distintos puestos que encajaban con sus ventajas competitivas, permitiéndoles ejecutar mejor la nueva visión. Sin embargo, dadas todas las capacidades necesarias para hacer realidad la nueva visión, tuvieron que traerse muchas habilidades de fuera.

Por su parte, GP necesitaba un equipo de ventas que pudiera vender a los minoristas y colaborar con ellos y que no estuviera sólo consolidando, sino también centralizando, la toma de decisiones y volviéndose mucho más sofisticado en cuanto a su enfoque con la gestión de sus categorías de tiendas (categorías relacionadas de marcas). Otra necesidad era la de un equipo de planificación empresarial conjunto que pudiera conectar nuestra marca y los productos de marca blanca con el valor que cada uno de ellos genera para los consumidores y los minoristas.

Además, existía la necesidad de una capacidad que ayudara todavía más a los minoristas a comprender y satisfacer los valores de sus compradores individuales y que mostrara a los minoristas cómo los productos de GP los atraerían mejor. Por último, Consumer Products necesitaba una capacidad analítica de modo que pudiera comprender mejor los mercados y a la competencia, y medir y mejorar la fijación de precios, además de otros aspectos del *marketing,* incluyendo la promoción, la publicidad en televisión, la prensa escrita y el *marketing* digital. En otras palabras, necesitaba muchos más y mejores procesos de conocimiento.

Procesos de conocimiento

Cuando adquirimos GP, Consumer Products se había quedado atrás en cuanto a sus productos y su tecnología, además de en lo relativo a comprender a sus clientes y sus mercados. Había una falta de experimentación y de compartición de conocimiento a lo largo y ancho de la organización y una aversión a los retos a todos los niveles.

La toma de decisiones era jerárquica. Había numerosas medidas financieras, pero muy pocas de ellas eran realmente indicadoras de la generación de valor a largo plazo.

Después de la adquisición, Consumer Products empezó a invertir fuertemente para generar un conocimiento superior en áreas como el *marketing* y la eficacia de las ventas. También mejoró las estrategias de fijación de precios y las operaciones. En lugar de desarrollar estas capacidades por separado en cada categoría, GP las desarrolló a nivel de la empresa para mejorar la compartición de conocimiento sobre las mejores prácticas y la experimentación que beneficiarían a toda la empresa y que serían escalables con el crecimiento.

En el pasado, Consumer Products había tenido éxito creciendo con los hipermercados y minoristas en los que había que ser socio para comprar con un crecimiento elevado. Compartiendo y aplicando el conocimiento procedente de todo GP y de fuera de la compañía, Consumer Products empezó a crecer con los supermercados, con los minoristas de bricolaje sin explotar y con los canales de comercio electrónico emergentes.

Como nuestro enfoque en relación con la compartición de conocimiento era nuevo para GP, llevó algo de tiempo y esfuerzo hacer que funcionara. La introducción del proceso de planificación empresarial conjunto es un buen ejemplo. Se centró en aportar a los minoristas el mejor conocimiento sobre cómo comprender el comportamiento de los consumidores; conseguir resultados positivos a partir de la selección del producto, la promoción y las inversiones en *marketing;* y mejorar los beneficios tanto para el minorista como para GP: no era una tarea fácil. Sin embargo, una vez que se eliminaron los baches, estos sistemas de conocimientos ayudaron a Consumer Products a cambiar la conversación y mejorar la percepción de la división entre sus clientes minoristas importantes, como Costco, Walmart (y Sam's Club), Kroger, Dollar General, Publix, Target y Family Dollar, por nombrar a algunos.

Como resultado de ello, la imagen de GP pasó de ser la del «peor» socio a ser un colaborador valorado con un conocimiento significativo sobre cómo mejorar el negocio de un minorista.

Derechos de decisión

Mientras trabajábamos para implementar las dimensiones de la MBM en el negocio de Consumer Products, quedó claro que muchos empleados de GP ocupaban puestos que no encajaban con sus ventajas comparativas. No se delegaban niveles de autoridad a aquellos que poseían los mejores conocimientos y, frecuentemente, las decisiones se tomaban de acuerdo con lo que estaba presupuestado en lugar de mediante una buena evaluación del valor marginal del gasto. Los ítems no presupuestados eran sometidos a un mayor escrutinio para su aprobación a pesar de ser, frecuentemente, menos importantes.

Las funciones, responsabilidades y expectativas (FRyE) no estaban claras, dando lugar a una tragedia de la comuna. Se estaban tomando demasiadas decisiones en compartimentos estancos basándose en lo que era mejor para cada parte, en lugar de en lo que era mejor para toda la compañía.

Hasta que estos problemas fueron corregidos, no había forma de que los empleados pudieran contribuir espontáneamente de una forma que fuera mejor para el conjunto. Para corregir esto, Consumer Products empezó a trabajar para asegurar que sus puestos fueran ocupados por las personas adecuadas. Aclaró las responsabilidades y cambió las autoridades, de forma que las decisiones pudieran ser tomadas por aquéllos con los mejores conocimientos.

Esto incluía asentar los derechos de decisión para los líderes de categoría (los que supervisan múltiples marcas) y los gerentes de marca, empoderándolos para que tomaran decisiones que pudieran maximizar a la empresa en su conjunto. A los líderes de categoría se les asignó la responsabilidad de mejorar el conocimiento del mercado y compartirlo con los gerentes de marca, los departamentos de operaciones, ventas, *marketing*, distribución, I+D y todos los grupos de apoyo.

Puede que todo esto suene sencillo y sensato, pero en realidad necesitó de una transformación completa en los modelos mentales de los líderes de mayor categoría, que habían estado tomando la mayoría de las decisiones. Aprendieron que podían generar un mayor valor y tomar mejores decisiones adquiriendo el talento adecuado, formulando las preguntas correctas, fomentando un entorno con desafíos y luego empoderando y recompensando a su gente.

Incentivos

Antes de la MBM, GP tendía a recompensar a la gente por cumplir con las proyecciones presupuestarias y trimestrales, en lugar de por contribuir a la generación de valor a largo plazo. A la gente se le pagaba según las categorías salariales, y las primas se basaban en fórmulas y estaban limitadas.

A los empleados se los penalizaba cuando no lograban cumplir con el presupuesto, y las recompensas eran limitadas cuando tenían éxito. Los incentivos a corto plazo los desalentaban de la experimentación y la innovación.

Ahora los empleados son recompensados de acuerdo con su contribución al valor a largo plazo de la empresa. Esto incluye no sólo las ganancias actuales y el rendimiento del capital invertido, sino su contribución para desarrollar capacidades para el largo plazo. Los líderes, en particular, son recompensados por mejorar la cultura mediante la implementación de los Principios Rectores de la MBM. Las categorías salariales han sido eliminadas, y las primas (que ya no están limitadas) se determinan usando factores objetivos y subjetivos. Antes, los incentivos para el equipo de ventas se basaban en el volumen. Ahora se basan en la rentabilidad a largo plazo, unas relaciones mejoradas con los clientes y el valor generado para esos clientes.

Gracias a los empleados que adoptaron la MBM, implementar este proceso de transformación ha hecho que el negocio de Consumer Products sea más productivo y dinámico. La empresa tiene un futuro más brillante ahora que la gente a lo largo y ancho de la organización está haciendo lo correcto sin que se lo digan.

Esta transformación es una lección valiosa para todos nosotros. La complacencia y la defensa del *statu quo* son recetas infalibles para el fracaso del negocio, ya que la destrucción creativa siempre está con nosotros. Incluso después de transformar su enfoque, GP Consumer Products sigue teniendo mucho que hacer, porque nuevos competidores con una buena calidad y costes inferiores están entrando constantemente en el mercado.

Por supuesto, la innovación generadora de valor requiere no sólo de buenas ideas, sino de una ejecución oportuna que necesita de las cinco dimensiones de la MBM funcionando en sintonía.

Las empresas con buenas ideas pero una mala ejecución acaban por fracasar. Como siempre, o innovamos rápidamente para igualar o superar el rendimiento de nuestros competidores o nos acabaremos yendo a la quiebra. Tal y como se muestra en este caso práctico, emplear el poder transformador de las cinco dimensiones del marco de la MBM es un método probado para asegurar que nos encontramos en el lado correcto de ese proceso inexorable.

Quilted Northern Ultra Plush (un papel higiénico), de GP, fue designado como el mejor lanzamiento de un producto no alimentario de 2008, generando más de 135 millones de dólares en su primer año de ventas. En 2009, Angel Soft Bathroom Tissue (otro papel higiénico), se convirtió en la primera marca de GP en alcanzar los 1000 millones de dólares en ingresos netos en un período de 52 semanas. Ese mismo año, las ganancias netas de Consumer Products (antes de restar los intereses, los impuestos, la depreciación y la amortización) fueron un 85 % superiores que en 2005, superando enormemente los objetivos que GP se había marcado antes de la adquisición.

La empresa Consumer Products de Georgia-Pacific se encuentra hoy en un lugar mucho mejor como resultado de la aplicación de la MBM. Ahora es más rentable, y sus líderes y empleados comprenden mucho mejor qué debe hacerse para generar valor a largo plazo para los clientes, la compañía y la sociedad.

Caso práctico n.º 2: Seguros en Koch

Desde principios de la década de 2000, el Proceso de Resolución de Problemas de la MBM se ha aplicado a nuestras actividades de seguros con un gran beneficio, con ahorros de varios cientos de millones de dólares en primas (valor neto de las pérdidas no aseguradas).

Los seguros son valiosos para las compañías, ya que proporcionan una red de seguridad en forma de capital contra sucesos con una baja probabilidad, pero costosos. Por lo tanto, son de lo más beneficiosos para las compañías con unos perfiles de riesgos concentrados, un capital limitado, obligaciones de deuda importantes u otras necesidades de una volatilidad reducida de las ganancias. Sin embargo, los seguros rara vez son una inversión rentable a largo plazo.

En parte, esto se debe a que las compañías de seguros ponen precio a los seguros para cubrir sus pérdidas previstas, además de los gastos generales, los costes de transacción y el margen de beneficio. De media, estimamos que las primas de los seguros superan el coste de las pérdidas en un 40 % (un porcentaje que incluye el hecho de que las primas normalmente se invierten varios años antes de una reclamación). Así pues, ¿cómo aplicamos la MBM en Koch para hacer que nuestro enfoque con respecto a los seguros sea congruente con nuestra filosofía relativa al riesgo: convertir algo que podría considerarse un mal necesario en un excelente generador de buen beneficio?

Visión

Cambiando nuestra visión desde la compra de niveles estándar de seguros de terceras partes a comprarlos sólo cuando benefician a largo plazo o son requeridos por la ley (o un cliente o un proveedor), Koch ha generado un programa de seguros rentable que es muy distinto a la práctica común en el sector.

En primer lugar, centrarse en prevenir las pérdidas mediante nuestra filosofía de gestión del riesgo también ha ayudado a reforzar la necesidad de la excelencia en las operaciones, conduciendo a un mejor rendimiento en cuanto a la seguridad, medioambiental y operativo en nuestras instalaciones. Gracias al rendimiento operativo mejorado, nuestras tasas de incidentes han descendido significativamente por debajo de las de la compañía media del conjunto del consorcio de seguros, haciendo que un enfoque tradicional con respecto a los seguros resulte incluso menos atractivo.

También hemos aplicado la misma visión para identificar y evaluar formas de seguros «integrados» (la mitigación oculta del riesgo económico que procede de la modificación de las actividades generales de una empresa), que son ubicuas en muchas compañías. Los seguros «integrados» incluyen el llevar piezas de repuesto extra, un inventario adicional u otras redundancias para protegerse contra los apagones, además de compensar a las contrapartes por compartir nuestros riesgos.

En cualquier momento en el que incurrimos en un coste o renunciamos a un beneficio para reducir la probabilidad y las consecuencias de ciertos riesgos, estamos tomando una decisión que, desde una perspectiva económica, es similar a contratar un seguro. En algunos casos, este seguro integrado puede que sea rentable, y en otro no. Nuestra visión relativa a los seguros fomenta que los empleados hagan ese análisis.

Virtud y talentos
Fueron necesarios años de un importante trabajo para captar el valor de nuestra visión revisada relativa a los seguros. Alinear a un conjunto diverso de empleados alrededor de una visión y una filosofía del riesgo común era necesario, pero no fue fácil.

Nuestra visión revisada es, en gran medida, una apuesta por la excelencia del negocio y las capacidades de optimización del riesgo de nuestros líderes.

Como participamos en tantos proyectos que implican un gran capital, es especialmente importante que identifiquemos y evaluemos la rentabilidad de los costes de los seguros integrados de los acuerdos con contratistas. Hemos visto que la forma más eficaz de minimizar estos costes consiste en no seleccionar a los contratistas basándose en cuánto riesgo asumirán.

En lugar de eso, nos centramos en contratar al contratista más capaz de llevar a cabo un proyecto de calidad a tiempo y cumpliendo con un presupuesto. Cuando hemos elegido a contratistas basándonos en quién está dispuesto a asumir la mayor parte de riesgo en el contrato, generalmente hemos pagado un «doble coste» al hacerlo: una vez en el precio cobrado para compensar el riesgo extra que están asumiendo, y una vez más en las pérdidas que sufrimos por los retrasos y los sobrecostes que no pueden permitirse compensarnos.

Por lo tanto, nos va mejor aceptando el riesgo con un contratista de calidad que suponiendo que estamos protegidos empleando a un contratista menos eficaz que acuerde integrar el seguro en el contrato.

Procesos de conocimiento
Comprender de verdad los riesgos de Koch y saber en qué casos un seguro externo puede ser valioso ayudó a optimizar nuestros programas de seguros. Usando el análisis marginal pudimos comprender los aspectos económicos relacionados con distintos programas de seguros e identificar las estructuras que generaban valor a largo plazo para Koch.

Nos encontramos con que el valor de los seguros se ve reducido por el hecho de que (a) las pérdidas no aseguradas suelen ser desgravables; (b) sólo está disponible una cantidad limitada de cobertura; (c) las indemnizaciones por parte de las aseguradoras suelen producirse años después del pago de la prima; y (d) las grandes reclamaciones al seguro suelen estar sujetas a negociaciones y litigios. Debido a estos factores, el valor obtenido del seguro puede que sólo sea del 50 % del valor nominal de la póliza.

Incluso aunque hemos dejado de utilizar todos los programas de seguros de terceras partes, excepto aquellos que creemos que son rentables dados los riesgos reales, seguimos manteniendo redes externas de conocimiento para reevaluar los méritos de nuestro enfoque con respecto a los seguros. Esto nos ayuda a identificar incidentes y tendencias en el sector y a aprender de ellos, de modo que podamos mejorar continuamente nuestro perfil de riesgo.

Derechos de decisión
Como los líderes de las empresas de Koch disponen de los mejores conocimientos sobre los riesgos en su empresa y son los que están mejor posicionados para comprender los pros y contras del coste/beneficio, son responsables de optimizar adecuadamente el riesgo.

Sin embargo, los derechos de decisión para contratar seguros tradicionales suelen poseerlos el nivel corporativo o las juntas de las compañías de Koch. Esto garantiza que cualquier contratación de seguros se basa en consideraciones sobre el perfil de riesgo de Koch en su conjunto. Los seguros son por el beneficio de Koch, y no para la empresa operadora concreta, por lo que alineamos esos derechos de decisión correspondientemente.

Con respecto a los seguros integrados, los derechos de decisión están repartidos por toda la empresa. Esto intensifica la necesidad de una educación y comprensión más amplias, ya que, de otro modo, no podremos identificar ni evaluar situaciones de una forma que asegure constantemente una toma de decisiones rentable.

Incentivos

Como los empleados y líderes concretos suelen tener tolerancias al riesgo distintas a las de Koch Industries en su conjunto, hacemos hincapié en educar a todos sobre la filosofía relativa al riesgo de la compañía. Esta disciplina es importante porque, aunque las decisiones concretas que son incongruentes con la filosofía relativa al riesgo de la compañía puedan parecer irrelevantes, en su conjunto no lo son.

Cualquier pérdida económica fruto de un incidente, como un incendio, es responsabilidad de la compañía de Koch concreta, por lo que la compensación en forma de incentivos de sus líderes se reduce correspondientemente. Esto alinea los incentivos, asegurando que cada compañía comprenda sus riesgos y los gestione adecuadamente. Por otro lado, que cada compañía soporte el coste de un incidente es más rentable con el tiempo, por lo que los empleados también se benefician a largo plazo de la mayor rentabilidad.

Hemos aprendido que contratar seguros puede proporcionar una falsa sensación de seguridad que reduce la evaluación y mitigación de riesgos adecuadas. Eliminar ese elemento de seguridad mientras se hace responsable a los líderes de los resultados genera el incentivo para conseguir una buena comprensión del riesgo y una mitigación rentable.

Nuestra filosofía relativa a los seguros es beneficiosa no sólo para Koch, sino para nuestros clientes, empleados y comunidades. Trabajando activamente para prevenir un evento adverso (como un fuego o un accidente), en lugar de confiar en un instrumento financiero que no reduce la probabilidad del incidente, mejoramos el bienestar de todos y obtenemos un mayor buen beneficio.

Caso práctico n.º 3: El complejo de Corpus Christi

El complejo de refinado y químico de Flint Hills Resources en Corpus Christi proporciona un caso práctico especialmente instructivo de la MBM, habiendo sido transformado no sólo una vez, sino tres, desde que Koch lo adquirió en 1981. En la actualidad, sus ventas son diez veces mayores y sus ganancias son veinte veces superiores que en los años inmediatamente posteriores a nuestra adquisición. Corpus Christi ha experimentado, ciertamente, una transformación notable que implicó la aplicación de las cinco dimensiones para impulsar el cambio frente a tres retos distintos.

El escenario no fue siempre de color de rosa. Durante un tiempo en la década de 1990, nos planteamos vender Corpus Christi, porque no era rentable después de que los márgenes de refinado cayeran hasta (o quedaran por debajo de) el punto en el que sólo se cubren gastos para las refinerías marginales.

Afortunadamente, los líderes de la instalación adoptaron un nuevo enfoque que permitió que la refinería siguiera siendo rentable incluso bajo las peores condiciones del mercado, y ahora está posicionada para beneficiarse del campo petrolífero cercano de Eagle Ford, que está creciendo rápidamente y cuya producción es más rentable para el funcionamiento de Corpus Christi.

Visión

La visión de Koch para expandir las operaciones de refinado y para asentar una plataforma para el crecimiento en el sector petroquímico fue lo que impulsó el comprarle, en 1981, la planta de Corpus Christi a la Sun Company. Creíamos que disponíamos de las capacidades para mejorar y expandir enormemente las partes del refinado y las químicas de la planta. Durante los siguientes diecisiete años tuvimos mucho éxito en convertir esta visión en una realidad, añadiendo unas instalaciones importantes en 1982 y una segunda refinería en 1995.

Sin embargo, cuando los márgenes del refinado se hundieron en 1998, el complejo de Corpus Christi empezó a sufrir pérdidas. Esto motivó que nuestro equipo creara una nueva visión que implicaba cambiar la forma en la que estaba configurada: incrementar el rendimiento de productos de mayor valor, mejorar la fiabilidad y reducir costes.

Todo esto se logró. El complejo volvió a ser rentable, pero todavía estaba en desventaja en comparación con otras refinerías de Gulf Coast que habían hecho las inversiones necesarias para procesar crudos pesados y agrios.

Entonces, en 2008, el rápido progreso de un gran campo petrolífero nuevo en el sur de Texas (que fue posible gracias a la perforación y fracturado horizontal), hizo pasar la configuración de Corpus Christi de una desventaja a una ventaja. Eso se debió a que el nuevo petróleo crudo que llegaba al mercado era ligero y dulce: más adecuado para nuestra planta que para las de nuestros competidores.

Actualizamos rápidamente la visión para el complejo. El primer paso para alcanzar esta visión fue desarrollar la organización y la infraestructura necesarias para comprar y transportar este petróleo crudo preferido. El segundo paso consistió en maximizar el volumen que estábamos comprando desarrollando la capacidad de transportar cualquier exceso a refinerías ubicadas en otras partes de Estados Unidos. El tercer paso consistió en modificar la refinería, de forma que pudiera procesar incluso más crudo de Eagle Ford, en lugar de alternativas extranjeras menos rentables.

Virtud y talentos

Cuando Flint Hills Resources (FHR) adquirió el Complejo de Sun en 1981, nos aseguramos de disponer de líderes preparados en la refinería que estuvieran comprometidos con la dirección hacia la

278

que nos estábamos encaminando. Con ese fin, cuando adquirimos la planta de Corpus Christi volvimos a entrevistar a todos sus empleados, como si fueran a una nueva instalación o empresa.

También mantuvimos reuniones regulares con la dirección de la planta para hacer una lluvia de ideas sobre cómo mejorar y expandirnos. Cuando empezamos a preguntar por ideas, obtuvimos pocas o ninguna repuesta. Finalmente, un antiguo empleado de Sun explicó que los anteriores propietarios no sólo habían rechazado financiar ninguna mejora, sino que ni siquiera respondieron a las solicitudes. Como resultado de ello, los empleados llegaron a creer que solicitar fondos para mejoras era fútil.

Por lo tanto, a lo largo de las siguientes reuniones, siempre que alguien recomendaba una inversión atractiva, la aprobaba al momento, para así acelerar el cambio cultural necesario. Esto sirvió a modo de catalizador que empezó a vigorizar a la organización alrededor de la mejora y el crecimiento.

En 1998, para hacer que nuestros esfuerzos de reconfiguración fuesen eficaces, tuvimos que asegurarnos de que los líderes a todos los niveles comprendieran la nueva visión y se comprometieran con ella, y que tenían la capacidad de hacer que sucediera. Como resultado de ello se dieron cambios importantes en el liderazgo.

Más adelante, a medida que el tamaño de Eagle Ford se hizo evidente, empezamos a añadir inmediatamente el talento necesario para comprar ese crudo y construir y operar las instalaciones necesarias para transportarlo. Hacer recortes de plantilla debido a la difícil década de 1990 nos había dejado demasiado escuálidos como para aprovechar esta oportunidad sin hacer esto.

Procesos de conocimiento

En 1981, supimos, mientras llevábamos a cabo la diligencia debida, que Sun no había desarrollado sistemas de conocimiento para monitorizar la rentabilidad de las unidades del complejo, las materias primas y los productos. Para que Corpus Christi mejorara y creciera, tuvimos que corregir esto. Entonces tuvimos que comunicar continuamente esta información a los líderes, ingenieros y operadores, de modo que pudieran empezar a tomar decisiones informadas y que se les ocurrieran ideas.

Estos sistemas de conocimiento resultaron cruciales al ocuparse del colapso del mercado de 1998, y para generar la transformación necesaria del complejo. Para orientarnos en este cometido, empezamos no sólo a evaluar la rentabilidad de cada unidad, materia prima y productos con los precios vigentes, sino que también lo hicimos usando unos precios imaginando el peor de los casos posibles. Estas medidas nos orientaron en el diseño de la reestructuración, de modo que la empresa fuera rentable bajo cualquier condición del mercado.

Como recordarás del capítulo 8, generar unos buenos sistemas de conocimiento suele requerir del desarrollo de relaciones con socios externos con el fin de obtener y compartir información valiosa. Cuando se descubrió el campo petrolífero Eagle Ford, no sabíamos cómo valorar los informes optimistas de los productores con respecto a su abundancia. Para estar preparados para una producción futura realista, contratamos a una tercera parte experta para que verificara esas proyecciones.

Los informes optimistas resultaron ser acertados. Habíamos esperado que Eagle Ford produjera hasta un millón de barriles diarios, pero, de hecho, podía producir el doble de esa cantidad. Saber esto nos ayudó a prepararnos para ese volumen antes de que lo hicieran nuestros competidores.

Otro problema principal en esa época fue la extremada ligereza del crudo de Eagle Ford. Mientras Corpus Christi estaba diseñada para crudos ligeros, el de Eagle Ford era *demasiado* ligero como para que la planta funcionara sin mezclarlo con crudos más pesados. Si no se manejan adecuadamente, estas mezclas pueden afectar adversamente el proceso de refinado.

Para ayudar a evitar esto, los empleados de nuestra refinería Pine Bend compartieron sus conocimientos y su experiencia en el manejo de problemas similares que implicaban a otras mezclas. Después de descubrir que los métodos analíticos para detectar el potencial para la formación de sólidos eran inapropiados, nuestros laboratorios desarrollaron métodos patentados que sí los detectarían.

Derechos de decisión

Sun había estructurado Corpus Christi de modo que la gerencia tomara todas las decisiones sin demasiado *input* por parte de los empleados. Modificar la estructura de los derechos de decisión para emplear los mejores conocimientos procedentes de cada fuente fue uno de nuestros primeros pasos. Para hacer que esto fuera posible, nos esforzamos por asegurarnos de que la persona adecuada ocupara el cargo adecuado a lo largo y ancho de toda la organización.

Cuando el mercado de productos refinados colapsó en 1998, repetimos todo el ejercicio de evaluación de la idoneidad de los empleados en sus puestos, ya que las necesidades de la empresa cambiaron significativamente. Actualizamos las funciones, responsabilidades y expectativas (FRyE) a lo largo y ancho de la planta para alinearlas con la nueva visión. También redujimos las autorizaciones para los gastos de capital, dada la pobre rentabilidad en el sector.

Una década después, mientras Eagle Ford se desarrollaba, nuestra principal prioridad fue la de identificar a un líder bien cualificado cuya única responsabilidad fuese la de maximizar nuestras compras de crudo de Eagle Ford y que se asegurase de que las instalaciones estuvieran listas para transportarlo a Corpus Christi. Dada la importancia de este esfuerzo, elegimos a la persona que estaba liderando el suministro de crudo y las ventas de producto para todo FHR. Entonces asentamos unos derechos de decisión claros para él y para cualquier otra persona implicada en aprovechar esta oportunidad.

Incentivos

La pieza final en la transformación de la cultura heredada de Sun implicó asentar unas recompensas económicas para aquellos que habían ayudado a alcanzar nuestra visión de mejorar y ampliar el complejo significativamente, y usarlo como plataforma para desarrollar un negocio petroquímico importante.

Estructuramos rápidamente las pagas relacionadas con los incentivos y el rendimiento para recompensar a aquellos que nos ayudaron a hacer realidad la nueva visión. Como resultado de ello, cuando la crisis golpeó en 1998, todos estaban dispuestos a hacer lo que fuese necesario para que el complejo fuese viable bajo condiciones del mercado adversas.

En la actualidad, los empleados de toda la organización comprenden la magnitud de la oportunidad que representa Eagle Ford y lo que puede hacer por el futuro a largo plazo se su empresa, por lo que todos trabajan duro para captar completamente el beneficio procedente de él.

Recuerda que el propósito de nuestro sistema de incentivos en Koch es el de motivar a los empleados para que tengan un espíritu empresarial, para que generen valor para los clientes, la sociedad y la compañía, y para que comprendan que generar el mayor buen beneficio a largo plazo para Koch los beneficiará a ellos como personas. Cuando el sistema de incentivos ayuda a alcanzar estas metas, todo el marco de las MBM genera resultados.

Gracias a la implementación de la MBM (repetida por tres) y al desarrollo del campo petrolífero Eagle Ford, esta instalación es ahora mucho menos dependiente del crudo extranjero (actualmente se ha reducido hasta ser menos del 15 % con respecto al 65 % hace cinco años). Esto, junto con todas las otras mejoras, ha incrementado enormemente la rentabilidad de la empresa.

Caso práctico n.º 4: Fábrica de celulosa Green Bay Broadway Mill de Georgia-Pacific

«Oh, muchacho, ahí viene otra».

Así es como los empleados del Green Bay Broadway Mill reaccionaron cuando se introdujo la MBM en 2008. Desde su fundación en 1919, con el nombre de Fort Howard Mill, esta instalación situada en Wisconsin había soportado varios cambios de titularidad (cada una de ellas con su propio enfoque y cultura de la gestión) antes de convertirse en el Green Bay Broadway Mill de GP en 2000.

Desde nuestra adquisición de GP, el equipo del Broadway Mill había dedicado considerable tiempo, al igual que habían hecho todas las instalaciones de GP, a trabajar para reducir los accidentes en el puesto de trabajo. Aunque había habido una mejora constante, el equipo no estaba feliz con el ritmo de mejora de su nivel de desempeño general.

Después de convertirse en parte de Koch Industries, el equipo directivo dedicó tiempo a aprender sobre la MBM y acerca de cómo implementarla. Dos años después, en otoño de 2008, un empleado de la planta de celulosa sufrió un accidente grave, destacando esto que cualquier avance hecho hasta esa fecha no era suficiente ni aceptable. Trágicamente, un estudiante universitario que estaba trabajando en la panta perdió la punta de uno de sus dedos. Su madre también trabajaba en la planta de celulosa, y toda la fuerza laboral se solidarizó con la familia.

Tras el accidente, el equipo llegó a la conclusión de que la seguridad sería el mejor lugar para empezar a aplicar la MBM, y en concreto el Proceso de Resolución de Problemas. Empezaron identificando los peligros y luego convirtiendo en una prioridad prevenir los accidentes antes de que se produjesen. Los resultados fueron notables. Desde 2007 hasta 2010, el número de accidentes anuales registrables se redujo de treinta y siete a nueve.

Pese a que esto fue impresionante, hubo beneficios adicionales procedentes de las habilidades que aprendieron gracias a la implementación de este Proceso de Resolución de Problemas. Los fallos del equipamiento se redujeron un 50 %, y la cantidad de tejido de celulosa producido por empleado aumentó un 20 %. Esto no debería suponer una sorpresa, ya que mantener a la gente a salvo está correlacionado con otros aspectos de la generación de valor.

A medida que los empleados vieron los beneficios relativos a la seguridad de los Principios Rectores de la MBM y sus cinco dimensiones, empezaron a aplicar estos conceptos de otras formas. Vieron cómo aplicar la MBM se podía usar para mejorar también la calidad, la fiabilidad, el coste y la productividad.

Asumieron la responsabilidad de sus áreas de trabajo y de su rendimiento personal mientras ellos mismos y sus colegas rendían cuentas. Los beneficios de esto se hicieron palpables rápidamente. Para ellos, ésta era una prueba positiva de que la MBM era verdaderamente diferente, y no simplemente un mantra de gestión de moda.

Visión

Fue un cambió en la visión de Green Bay relativa a la seguridad la que cambió todo esto.

El equipo de Green Bay decidió aspirar a un entorno en el que nadie sufriera acccidentes nunca. Esto supuso un cambio radical. Bajo la visión antigua, los empleados simplemente aceptaban que trabajaban en un entorno peligroso. Asumían que los accidentes podían suceder, por lo que su objetivo era ser los mejores en el sector en lugar de estar libres de accidentes; pero tras el percance, quedó claro que «los mejores del sector» no suponía, sencillamente, un estándar suficiente para proteger a sus empleados.

Ya desde un buen principio se dieron cuenta de que una clave para llevar a cabo este cambio desde «mejor que los demás» a «libre de accidentes» no sólo consistía en permitir, sino en *exigir* a los empleados que dejaran de intentar reparar una máquina mientras estaba en funcionamiento. Antes de la implementación de esta visión, el parar una máquina se criticaba en ocasiones, debido a los costes implicados por la pérdida de producción. A partir de ahí, la producción ya no fue lo más importante, sino que lo fue la seguridad. Por lo tanto, los empleados podían confiar en que detener las operaciones era lo correcto.

El cambio en nuestra visión relativa a la seguridad condujo no sólo a una seguridad mejorada, sino a un cambio en la visión general que ayudó a mejorarlo todo.

Virtud y talentos

Los directivos de la planta de celulosa reconocieron el reto para que todos interiorizaran la MBM, pero el proceso resultó ser todavía más difícil y demandante de lo que habían previsto. Parte de lo que intentaron no funcionó, y se cometieron errores.

Una de las lecciones clave fue la necesidad de asegurar que todos los empleados actuaran de acuerdo con los Principios Rectores en todo momento. Por lo tanto, los directivos de más alto rango mantenían reuniones regulares con los supervisores que estaban en primera línea para recalcarles esta responsabilidad. A su vez, los supervisores llevaron la MBM al terreno de la fábrica en forma de aplicaciones cotidianas. Reconocieron que era necesario marcar un ejemplo y expectativas para sus empleados.

Siendo fieles a la verdad, este proceso se vio complicado por el hecho de que a algunos gerentes no les importaba tener un sistema de mando y control implementado en el que el gerente siempre era el que más sabía y se esperaba del empleado que hiciera lo que le mandasen.

Para cambiar esto, se solicitaron aportaciones por parte de todos los empleados. Los informes directos finalmente hicieron que el jefe supiera exactamente qué pensaban. Ésta fue una parte importante de la transformación de la cultura, aunque fue una parte difícil.

A medida que los supervisores mejoraron, los empleados adquirieron el compromiso los unos con los otros de que emplearían y practicarían la MBM cada día y se proporcionarían *feedback* los unos a los otros sobre cómo les estaba yendo.

Procesos de conocimiento

A medida que los empleados asumieron una mayor responsabilidad en relación con sus operaciones, se pusieron a disposición otras herramientas para impulsar el desarrollo. Éstas incluían el análisis comparativo interno, para saber qué había funcionado y qué no en otras plantas de GP a lo largo y ancho de Koch. Entonces, los empleados empezaron a monitorizar su progreso para asegurarse de que estaban mejorando tan rápidamente como los otros.

Otra fuente de progreso fue la de generar una cultura que fomentara el desafío, al igual que implementar el proceso de desafío. Anteriormente, los empleados no osaban retar a nadie con una autoridad superior a la suya. Lo que el jefe decía era la ley, tanto si tenía sentido como si no.

Modificar esta forma de pensar no fue fácil. Requería que los líderes a todos los niveles no sólo toleraran los desafíos, sino que los agradecieran y solicitaran, y animar a otros a expresar más y mejores retos.

Los muros y las barreras empezaron a caer cuando los empleados se dieron cuenta de que podían, de buena fe, cuestionar libremente las decisiones y las prácticas no sólo relativas a la seguridad, sino a cualquier cosa.

Derechos de decisión

Otro avance fue cuando se aclararon las funciones, responsabilidades y expectativas (FRyE) para cada persona en la planta. A los empleados se les delegó entonces la autoridad adecuada para tomar decisiones relacionadas con la seguridad y de otro tipo.

Se animó a los empleados de Green Bay a tener un espíritu empresarial y a emprender acciones para mejorar los resultados en sus áreas de trabajo. Antes, cuando una máquina sufría una avería, el operario llamaba a un mecánico. Ahora, la mayoría de las veces los operarios disponen de la autoridad y son capaces de reparar las cosas por sí mismos.

Pasar los derechos de decisión a los operarios individuales dio como resultado un cambio de cultura que fue mucho más allá de que el operario reparara las averías más rápidamente. Los operarios empezaron a tomar la iniciativa para mejorar todos los aspectos de su empresa, incluyendo la seguridad, la fiabilidad, la calidad y el coste y, por tanto, la rentabilidad.

Incentivos

Como el rendimiento mejoró, también lo hicieron las recompensas económicas.

Sin embargo, los incentivos asentados en Green Bay implicaban mucho más que eso. En el caso de la seguridad, evitar sufrir accidentes o provocar daños a otros suele ser un incentivo suficiente. Más allá de la seguridad, la gente se volvió mucho más innovadora y productiva. Estaban haciendo algo que querían. Se ganaron unos mayores derechos de decisión y eran responsables de los resultados. Se les reconocieron sus logros y eran recompensados por ellos. En combinación, estos cambios proporcionaron unos potentes incentivos.

Los empleados se dan cuenta ahora de que se los respeta y escucha, y que son ellos los que han hecho las mejoras. No es de extrañar, pues, que su trabajo se haya vuelto mucho más satisfactorio.

Muchos se enorgullecen de compartir sus historias de mejoras con otros. Muchos incluso dicen que se divierten.

La nueva pasión en la planta de celulosa era evidente cuando hice hincapié en visitarla para comprender su excepcional progreso. Aparte de hacer un recorrido por la planta y de conocer a muchos de los empleados, pasé varias horas reuniéndome con los supervisores de primera línea.

Al final de la reunión, uno de ellos hizo referencia a los múltiples cambios de propiedad de la planta en el pasado, cada una de ellas dando lugar a una nueva filosofía que duraba poco. Dijo que la MBM era diferente y congruente con su filosofía, y que estaba dispuesto a dedicarse a ella, pero que antes debía saber si *yo* estaba realmente comprometido con ella.

«Debería darte un abrazo –le contesté, sonriendo–, porque le he dedicado la mayor parte de mi vida».

La historia de Green Bay es típica de la transformación que es posible cuando una organización adopta y aplica congruentemente la MBM. Requiere de concentración, disciplina e insistencia para dar lugar a una cultura dedicada a unos resultados superiores. Cuando se genera un orden espontáneo en el que todos quieren hacer lo correcto y saben en qué consiste, la MBM funciona igual de bien en una zona de producción y en una sala de juntas, y al hacerlo, hace que la vida de todos sea mejor: una condición necesaria para un buen beneficio.

CAPÍTULO 12

Conclusión

El verdadero balance

«Estar bien a través de hacer el bien».

El lema del Leather Apron Club de Ben Franklin[1]

L a conclusión de mi filosofía empresarial puede resumirse de la mejor forma de la siguiente manera: el buen beneficio sólo puede venir como resultado de la generación de valor para el cliente. Es la manifestación del respeto del empresario por lo que el cliente valora.

Espero que este libro haya dejado esta idea por lo menos la mitad de clara de lo que Sterling Varner lo hizo un día de la década de 1970 cuando se enfadó mucho durante una reunión de la dirección en Wichita. Su estallido (o más concretamente, su razón para su estallido) se ha convertido en parte del folklore de la compañía.

Un grupo de nosotros estábamos reunidos para revisar nuestro negocio de recogida de crudo. Resultó que íbamos a obtener más

---

1. www.washingtonpost.com/opinions/walter-isaacson-the-america-ben-franklin-saw/2012/11/21/8094bfca-3411-11e2-bfd5-e202b6d7b501_story.html

beneficios de lo normal con un trato concreto, y algunos empleados que estaban sentados a la mesa empezaron a hacer bromas y reírse sobre cómo habían sido más astutos que nuestro cliente.

Sterling, entonces presidente de Koch, estaba lívido. «¡Basta ya! ¡Muchachos, os habéis pasado mucho de la raya! Nuestros clientes son nuestros amigos. Son los que hacen que sigamos en el negocio, y no hacemos bromas de nuestros amigos ni nos reímos de ellos. No está bien. No está bien. Si seguimos haciéndolo, no tendremos ningún amigo ni tendremos un negocio. Si queremos tener amigos y un negocio debemos desarrollar confianza tratándolos con respeto».

En ese momento, cualquier cosa que yo hubiese dicho hubiera sido decepcionante. Por lo tanto, me quedé callado, con una admiración en silencio, aplaudiendo dentro de mi cabeza: «¡Adelante, Grandullón!». Sterling, como era usual, había dicho exactamente lo que tenía que decirse y *cuando* era necesario decirlo.

Sterling era el hombre adecuado para decirlo, debido a todo lo que había hecho para generar tantas maravillosas amistades para nosotros. Puede que hubiera iniciado su vida en una tienda de campaña en un campo petrolífero de Texas, como el hijo tartamudo de un pastor de burros, pero se jubiló siendo presidente de Koch Industries y falleció siendo miembro de la junta y accionista. Estaba profundamente agradecido a sus amigos en los negocios y por el buen beneficio que Koch había obtenido de ellos; y yo estaba profundamente agradecido a Sterling.

No había necesidad alguna de tener sentimientos encontrados sobre ese trato en sí mismo: Koch se había conducido honesta y abiertamente, y nuestro cliente se beneficiaba de la transacción porque podíamos proporcionarle el mejor servicio al menor precio. Por lo tanto, no eran los detalles del acuerdo lo que enfurecía a Sterling, sino que era la falta de respeto y gratitud, la idea errónea de que el trato era resultado de la brillantez de aquellos que lo habían hecho en lugar de las capacidades que habíamos desarrollado a lo largo de los años para generar valor para nuestros clientes.

Aquellos que creen que la riqueza se acumula sólo mediante la explotación, muestran una reacción extrema frente al buen beneficio, pero en realidad no hay razón alguna para tener sentimientos encontrados al respecto. Por definición, el buen beneficio se consigue no mediante la explotación, sino proporcionando valor a otros.

El buen beneficio se obtiene mediante el espíritu empresarial honesto: ayudando a la gente a mejorar su propia vida. No consiste en reducir el bienestar de alguien, sino en hacerlo aumentar mediante transacciones voluntarias mutuamente beneficiosas, basadas en respetar lo que el cliente valora. Con estas transacciones todos ganan, y no son de suma cero.

Algunas personas se centran en preguntas como: «¿Cuál es el valor de Koch Industries?». Sin embargo, esta línea de preguntas no logra abordar una cosa que importa: ¿está Koch generando valor para otros de una forma honesta? Nuestro mérito como compañía (y el mérito de *cualquier* compañía, si vamos al caso), debería venir determinado por la respuesta a esa pregunta.

Cuando los empleados han usado los mejores conocimientos para innovar y tomar buenas decisiones, y cuando Koch ha usado la MBM como filosofía y caja de herramientas para ayudarnos a generar un valor superior para nuestros clientes y la sociedad, los resultados y el buen beneficio han sido excepcionales.

Ponerse en medio del camino de los milagros

A lo largo de nuestras décadas de desarrollo y aplicación de la Gestión Basada en el Mercado, hemos rivalizado con Thomas Edison en el descubrimiento de «las cosas que no funcionan». Crear la MBM ha implicado muchos más callejones sin salida que autopistas.

Uno de esos callejones sin salida ha sido la incapacidad, por parte de algunos, a la hora de reconocer que la MBM es un sistema integral, de que su verdadero poder se encuentra en su filosofía subyacente y en su implementación integrada, y no en su forma o sus partes. Aquellos que sólo han alcanzado una comprensión conceptual o procedimental de la MBM tienden no sólo a malinterpretar este aspecto, sino a aplicarlo mal.

Debido a esto, antes de que una organización pueda aplicar la MBM con éxito, sus directivos deben desarrollar un conocimiento personal mediante un compromiso exclusivo para comprender y aplicar *integralmente* la MBM para conseguir resultados. Obtener este conocimiento personal empieza por comprender los conceptos subyacentes, y luego cambiar tus hábitos y tus procesos de pensamiento de acuerdo con ello.

Ésta es una tarea difícil. Dada la naturaleza humana, los líderes y los practicantes suelen fracasar a la hora de actuar congruentemente con sus filosofías declaradas. Este problema ha existido a lo largo de la historia en las organizaciones de todo tipo: gobiernos, religiones, organizaciones sin ánimo de lucro y empresas. Tales defectos dan lugar al cinismo, a las formas por encima del contenido, a la burocracia, al control y mando, o a un comportamiento destructivo y egoísta. La gente que intenta aplicar la MBM no está exenta de estos fracasos.

Otro error implica intentar aplicar la MBM mediante unos pasos prescritos y detallados, en lugar de enseñando y reforzando sus principios generales y proporcionando herramientas útiles (modelos). Las malas aplicaciones de este tipo nos sitúan en la misma trampa que el enfoque ineficiente del Gobierno ante la regulación, ordenando los métodos exactos que deben usarse, en lugar de asentar y ejecutar estándares basados en la ciencia, y dejando que sean las personas las que descubran formas crecientemente mejores de satisfacerlos.

En conflicto con nuestra filosofía, algunos líderes han tratado desviaciones relativamente inofensivas con respecto a un procedimiento interno de la misma forma que una violación de la conformidad. Esto es un error fatal, ya que la MBM es eficaz sólo cuando los líderes la comprenden y aplican como un conjunto de principios en lugar de como unas normas rígidas. Cuando lo hacen, la MBM puede servir como antídoto contra el crecimiento de la burocracia en una organización.

Debido a la influencia y la visibilidad generalizadas de los líderes, los fracasos son prácticamente inevitables siempre que una compañía tiene a la persona inadecuada como el líder de una empresa, de grupos de servicios o de un lugar. Algunos de nuestros mayores problemas en Koch han sido provocados por mantener a alguien en el liderazgo que no ejemplificaba los Principios Rectores de nuestra MBM.

Se genera un tipo distinto de problema cuando una empresa no desarrolla una visión que sea lo suficientemente concreta o que no se comprenda lo suficientemente bien como para ser una guía aceptada para la organización. Para crear una visión adecuada, el líder debe implicar a aquellos de dentro *y* de fuera de la organización que disponen de los conocimientos diversos necesarios para desarrollar un punto de vista constructivo, comprender lo que el cliente valora, y qué capacidades son necesarias para generar un valor superior.

Ésa es la razón por la cual nuestro proceso de análisis de procesos, el Marco para la Toma de Decisiones (MTD), está pensado para ser aplicado de una forma que sea lo más sencilla posible, pero no más sencilla. Lamentablemente, el MTD se ha hecho en ocasiones tan farragoso y complicado que ha desalentado buenos proyectos. Por lo tanto, aunque la recopilación de conocimiento y el análisis tienen una importancia crucial, ir más allá de lo que necesario para tomar una decisión certera y sensata supone un derroche y puede provocar que se pierdan oportunidades. Esto puede remediarlo fácilmente el líder, que debería asegurarse de la eliminación de todo el trabajo que no sea importante para la decisión.

Cuando la MBM se aplica de forma burocrática como una fórmula rígida o un proceso preceptivo, deja de ser la MBM. Para evitar esta trampa, debemos recordar que el objetivo de la MBM es provocar un orden espontáneo asentando y ejecutando sólo normas generales de modo que los empleados puedan innovar cuestionando los aspectos particulares.

Otras aplicaciones erróneas incluyen convertir la MBM en un conjunto de palabras de moda o, peor todavía, usarla para justificar lo que alguien ya está haciendo o quiere hacer. Otra distorsión consiste en convertir los conceptos proporcionados por la gerencia en fines en sí mismos en lugar de en herramientas para ayudar a mejorar los resultados, como en el caso de los «diagramas para Charles».

Para evitar estos inconvenientes, para hacer que la MBM funcione de verdad, llevamos a cabo cada esfuerzo posible para seleccionar a líderes que dispongan de la comprensión y los conocimientos necesarios para detectar y corregir estas malas aplicaciones desde un buen principio.

Cuando se expone a la gente por vez primera a la base y la filosofía generales de la MBM, su tendencia es la de centrarse demasiado en las palabras, la terminología y las definiciones. Lo que funciona mucho mejor (después de una introducción general) es persuadirla para que se tome el tiempo necesario para comprender algunos conceptos que sean especialmente relevantes para su puesto, y entonces hacer que apliquen esos conceptos a problemas reales, seguido esto de un *feedback* rápido.

Cuando empleados nuevos que son veteranos procedentes de otras compañías se ven expuestos por vez primera a la MBM, tienden a estar de acuerdo con los conceptos y llegan a la conclusión de que su forma de pensar y actuar ya es congruente con la MBM. Esta tendencia ralentiza la interiorización y la aplicación de la MBM. Su progreso es mucho más rápido que cuando se centran en lo diferente que es la MBM de su experiencia anterior.

Lo que funciona mejor es aprender mediante la práctica. Sí, la formación es importante, pero sólo para empezar. No puede ocupar el lugar de aprender mediante la prueba y el error y el *feedback*. No avanzaremos si tenemos miedo de cometer errores. La experiencia real es lo que genera un conocimiento profundo y tácito con respecto a la aplicación eficaz de la MBM.

Errores a evitar al introducir la MBM

Al implementar la Gestión Basada en el Mercado en las compañías que hemos adquirido, hemos aprendido muchas lecciones por las malas. Como otras compañías suelen tener una filosofía empresarial y un enfoque de la gestión muy distintos, hacer que una compañía pase a usar la MBM es un reto mayor que mejorar una empresa de Koch ya existente.

Cuando adquirimos una empresa, suele haber tantas grietas y oportunidades para la mejora (complicadas por nuestra necesidad de aprender sobre la empresa y conocer a los empleados) que la tendencia es la de intentar arreglarlo todo de golpe. Esto abruma a aquellos que ocupan puestos de liderazgo.

Aquí, como en cualquier lugar, debemos recordar que es igual de importante saber el orden en el que hacer las cosas que saber qué hacer. Si estás intentando implementar la MBM en tu organización (ya se trate de un equipo, una instalación, una unidad de negocio o toda una compañía), encuentro que una norma de tres pasos es muy útil: cuantificar, simplificar y priorizar.

En primer lugar, enmarca y cuantifica (por orden de magnitud o valor) todas las oportunidades y problemas con los que te encuentres. Luego usa esta cuantificación para reducir la lista a una cifra manejable. Por último, prioriza de acuerdo con la urgencia y la magnitud.

Después de haber hecho esto, piensa en el siguiente enfoque general al introducir la MBM:

▶ Lleva a cabo un seminario introductorio de la MBM para los directivos de mayor nivel.

▶ Reparte ejemplares de este libro por toda la organización para responder preguntas, estimular la discusión y preparar a los empleados para que se impliquen.

▶ Cuando sea factible, coloca a un líder con experiencia en la implementación de la MBM en negocios, capacidades y lugares en los que estés preparado para introducir la MBM, e incluye la adopción de la MBM en sus FRyE. Esto acelerará enormemente el progreso. Los departamentos de recursos humanos, de cumplimiento de las normas, el legal y el de desarrollo empresarial pueden ser particularmente útiles para la implementación de la MBM.

▶ Proporciona formación y *coaching* a los directivos de mayor nivel para permitirles obtener unos conocimientos suficientes para introducir la MBM, incluyendo la orientación de los empleados en cuanto a los Principios Rectores.

▶ Lleva a cabo una evaluación de la cultura para identificar grietas y marcar unas prioridades para cerrarlas.

▶ Refuerza constantemente la idea de que la generación de valor es el fin de la MBM. No olvides que el aprendizaje interminable de conceptos sin su aplicación no es beneficioso.

▶ Aplica la MBM a algunos retos y oportunidades crucialmente importantes. Los éxitos tempranos fomentan la confianza en la relevancia y el poder de los conceptos.

▶ Haz que los líderes del departamento de recursos humanos sean participantes activos en el desarrollo y la implementación de prácticas de desarrollo del rendimiento.

▶ Asegúrate de que la implementación de la filosofía de remuneraciones de la MBM se lleve a cabo de una forma que proporcione inspiración y el deseo de marcar una verdadera diferencia.

▶ Presenta modelos mentales de la MBM (como el desarrollo de la visión, la ventaja comparativa, la destrucción creativa, el desafío, el coste de oportunidad, el valor subjetivo y las FRyE) selectivamente a aquellos que, de hecho, puedan aplicarlos en su trabajo.

▶ Por difícil que pueda ser, elimina a los líderes que no tengan unos valores congruentes con los Principios Rectores de la MBM. La incapacidad de ocuparse rápidamente de estas personas no sólo es peligrosa, sino que generará confusión entre los empleados e impedirá el progreso en la implementación de la MBM.

▶ Haz ajustes de ritmo y enfoque constantemente a medida que se introduzca la MBM, reconoce el valor de la repetición.

Concluiré este libro abordando algunos desafíos típicos procedentes de los escépticos, como: «¿Es realmente la MBM un sistema de gestión que pueda exportarse?», y «¿Es realmente la MBM lo que hace que Koch sea exitosa o depende el rendimiento de la compañía del director ejecutivo?».

Y ésas son las preguntas educadas.

Como respuesta a la segunda pregunta, debería ser obvio que yo no estaba personalmente implicado en la resolución de todos los problemas descritos en el capítulo 11. De hecho, en varios de ellos sólo aparecí después y aplaudí los éxitos. Muchos ejemplos en este libro, especialmente los casos prácticos del capítulo 11, muestran que la MBM funciona independientemente de Charles Koch, de los nativos honestos del Medio Oeste de EE. UU., de la riqueza heredada o de cualquier otra teoría errónea que revolotea alrededor del éxito de Koch Industries.

Una persona no puede transformar la cultura de una compañía grande. Hacen falta muchas personas, y deben ser persistentes y estar dispuestas a estudiar y experimentar. Es esencial un compromiso generalizado con la integración de la teoría y la práctica (ésta es la esencia del lema de mi *alma mater: Mens et manus:* «Mente y mano»).

Como respuesta a la primera pregunta, simplemente diré que, aunque puede que yo haya sido el que ha armado la MBM (basándome en mis estudios, mis experiencias vitales y algunas categorías concretas de inteligencia), no hay duda de que los líderes completamente comprometidos en *cualquier* empresa pueden hacer que funcione. He visto a líderes en todo tipo de puestos y en todo tipo de compañías hacerlo cientos de veces, y me siento encantado y honrado cuando lo hacen.

Recibo muchos correos (incluyendo amenazas de muerte: 153 de ellas sólo en 2014). Lo que normalmente me alegra el día son las muchas cartas de antiguos empleados que me cuentan que su oportunidad de trabajar en Koch cambió su vida para mejor. Muchos me explican que ahí es donde aprendieron lo que hace falta no sólo para tener un trabajo satisfactorio, sino también una vida con sentido.

Entre las cartas más emocionantes que he recibido, tenemos una de Bud Snodgrass, de Wichita, que trabajó para Koch desde 1980 hasta 1998, principalmente en ventas y *marketing* para Koch Refining. Diecisiete años después, escribió para decir: «Gracias por compartir su filosofía del mercado y del cliente, que ha hecho mucho por moldear mis propios puntos de vista no sólo en los negocios sino… en mis pareceres sobre la vida en general».

Concluyó la carta revelando algo que sitúa bastante responsabilidad sobe mí: «Tuvo usted un impacto muy positivo sobre mí al principio de mi trayectoria profesional en Koch. Tal es así que Sue y yo le pusimos su nombre a nuestro primer hijo. Sé que nunca le dije eso a usted ni a nadie más en Koch».[2]

Para alguien como yo, al que le pusieron su nombre por una persona que le dio a mi padre una gran oportunidad, y que trabaja muy duro para hacer una verdadera contribución para tener una vida con sentido, esto fue profundamente emocionante.

Y a aquellos que siguen preocupándose por el buen beneficio que hemos conseguido mediante el Espíritu Empresarial Honesto, sólo diré una cosa: estoy seguro de que cada empresa debería obtener beneficios sólo mediante la generación de valor real para otros, y no hacerlo en absoluto intentando ralentizar «el perenne vendaval de la destrucción creativa».

La principal razón por la que nos esforzamos por incrementar nuestro capital y nuestra empresa es el permitirnos hacer una mayor contribución para nuestros clientes, comunidades, empleados y la sociedad en su conjunto. Ese mismo foco ayudará también a cualquier compañía a generar un buen beneficio.

El mayor regalo que podemos recibir o transmitir es la oportunidad de encontrar nuestra pasión e ir tras ella y, al hacerlo, marcar una diferencia ayudando a otros a mejor su vida. Ser verdaderamente rico consiste en tener una vida con sentido Esto me lo inculcaron a una tierna edad y es un legado que intento compartir. Tengo la esperanza de que todos dispongan de la oportunidad de experimentar la gloriosa sensación de logro.

---

2. Carta de Bud Snodgrass al autor, 8 de enero de 2015.

Apéndice A

Los principales grupos empresariales de Koch

Flint Hills Resources
Refinado de petróleo, sustancias químicas, polímeros, aceites base para lubricantes, asfalto, gas natural licuado, procesamiento de cereales, etanol y biocombustibles.

Koch Minerals
Comercio y distribución, exploración y producción de materias primas sólidas a granel, y servicios de campos petrolíferos y carbón limpio.

Koch Supply & Trading
Comercio de materias primas y servicios de gestión de riesgos.

Koch Pipeline
Crudo, productos refinados, etanol, líquidos de gas natural y tuberías para productos químicos.

Koch Ag and Energy Solutions
Fertilizantes nitrogenados, otros nutrientes para plantas, y fabricación, distribución y comercio de productos para una eficiencia mejorada. Servicios de gas natural y energía eléctrica.

Koch Chemical Technology Group
Equipos de transferencia de masas, quemadores y antorchas, intercambiadores de calor, equipos para el control de la contaminación, intercambiadores de calor, sistemas de separación por membranas y servicios de ingeniería/construcción.

INVISTA

Fibra de nailon, polímeros e intermedios, polímeros de ingeniería, fibras para *airbags,* elastano, sustancias químicas y materiales de especialidad y autorizaciones de tecnología de procesos.

Georgia-Pacific

Productos de consumo, telas no tejidas, cartón para contenedores, cartón blanqueado, lanilla de celulosa, pulpa de papel y pulpa soluble, paneles estructurales, productos de madera, productos de yeso, sustancias químicas y reciclaje.

Molex

Sistemas de interconexión electrónicos, eléctricos y de fibra óptica.

Apéndice B

Negocios de los que Koch ha salido

Ácido sulfúrico
Autopistas
Aviones comerciales
Camiones cisterna
Capital de riesgo
Carbón activado
Cemento de escoria
Comercio de banda ancha
Comercio de cereales
Comercio de platino
Consultoría de la calidad
   del aire
Cromatografía
Dióxido de carbono
Diseño de plantas de azufre
Equipamiento médico
Estaciones de servicio
Fabricación de dragas
Gasoductos
Instrumentos financieros,
   varios
Masa de pizza
Minería de carbón
Molinos de cereales
Pañuelos de papel europeos

Piensos para animales
Poliéster, materia prima
Préstamos comerciales
Procesado de carne
Procesamiento de gas
Productos reforzados
   con fibra de vidrio
Recogida de crudo
Recogida de líquidos
   de gases
Sistemas criogénicos
Superficies para pistas de tenis
Sustancias químicas para
   microelectrónica
Tableros de aglomerado
Taladros de perforación
Telecomunicaciones
Torres de refrigeración
Transmisión de imágenes
Transportes por camión
Tuberías para amoníaco
Tuberías/oleoductos/gasoductos
   canadienses
Unidades de engorde
Venta al por menor de propano

Apéndice C

Productos con los que Koch comercia

Agricultura
Algodón
Azúcar
Cacao
Cerdos
Maíz
Soja
Trigo
Vacuno

Energía
Créditos de emisiones
Energía eléctrica
Gas natural
Gas natural licuado

Fertilizantes
Amoníaco anhidro
Fosfato
Nitrato de urea y amonio
Potasa
Productos de eficiencia
   potenciada
Urea

Líquidos de gas natural
Butano
Etano
Gasolina natural
Propano

Materias primas intermedias
Etanol
Gasoil
Nafta

Metales
Acero
Aleación de aluminio
Aluminio
Cobre
Estaño
Mineral de hierro
Níquel
Oro
Plata
Plomo
Zinc

Minerales
Azufre
Carbón
Cemento
Coque de petróleo
Escoria
Exploración y propiedades
    de producción
Transporte

Petróleo
Condensado
Crudo

Productos financieros
Acciones
Bienes inmuebles
Bonos corporativos
Bonos municipales
Cambio de divisas
Índices de interés

Productos forestales
Astillas de madera
Fibra reciclada
Madera
Madera contrachapada
Papel desechado
Pulpa de celulosa y papel

**Productos para campos
petrolíferos**
Agentes de sostén
Goma guar
Sustancias químicas

Productos petroquímicos
Benceno
Cumeno
Etileno
Fibra de desecho y polímeros
Metanol
Metaxileno
Ortoxileno
Paraxileno
Propileno
Pseudocumeno
Tolueno

Productos refinados
Aceite residual
Combustible para aviones a
    reacción
Fueloil
Gasóleo
Gasolina

Apéndice D

La Gestión Basada en el Mercado se aplica a través de las cinco dimensiones

Visión
Centrarse en dónde y cómo puede la organización aplicar mejor sus capacidades para generar el mayor valor posible para otros. Ser un líder en la innovación, permitiendo que la compañía siga siendo una contraparte preferida.

Virtud y talentos
Contratar y conservar a la gente basándose en los valores antes que en el talento, de modo que todo lo que haga la organización refleje los Principios Rectores de la MBM.

Procesos de conocimiento
Generar, adquirir, compartir e implementar los conocimientos relevantes, al tiempo que se mide y monitoriza cómo la organización crea valor.

Derechos de decisión
Asegurarse de que la gente adecuada esté en los puestos adecuados con unas responsabilidades claras por las que deberá rendir cuentas, y disponer de procesos para la toma de decisiones que generen valor.

Incentivos
Recompensar a la gente de acuerdo con el valor a largo plazo que genere para la organización, en armonía con los Principios Rectores.

Apéndice E

Principios Rectores de la Gestión Basada en el Mercado

Integridad
Lleva a cabo todos los asuntos con integridad, para lo cual la valentía es la base.

Cumplimiento de las normas
Esfuérzate por un cumplimiento de las normas, leyes y reglamentos al 10 000 %, lo que requiere que el 100 % de los empleados cumplan el 100 % del tiempo. Párate, piensa y pregunta.

Generación de valor
Crea valor a largo plazo mediante medios económicos para los clientes, la compañía y la sociedad. Aplica la MBM para conseguir unos resultados superiores tomando mejores decisiones, persiguiendo la excelencia en la seguridad y medioambiental, eliminando los residuos, optimizando e innovando.

Espíritu Empresarial Honesto (Principled Entrepreneurship™)
Aplica el buen juicio, la responsabilidad, la iniciativa, las habilidades de pensamiento económico y crítico y la sensación de urgencia necesarios para generar la mayor contribución posible, congruente con la filosofía de la compañía con respecto al riesgo.

El foco puesto en el cliente
Comprende y desarrolla relaciones con los clientes para anticiparte a sus necesidades y satisfacerlas.

El conocimiento

Busca y usa los mejores conocimientos y comparte proactivamente tus conocimientos mientras adoptas un proceso de cuestionamiento. Desarrolla medidas que conduzcan a una acción rentable.

El cambio

Anticípate al cambio y abrázalo. Imagina en qué podría consistir, cuestiona el *statu quo* e impulsa la destrucción creativa mediante el descubrimiento experimental.

La humildad

Ejemplifica la humildad y la honestidad intelectual. Busca constantemente comprender y lidiar constructivamente con la realidad para generar valor y conseguir la mejora personal. Asume tu responsabilidad y que los demás hagan lo mismo.

El respeto

Trata a los demás con honestidad, dignidad, respeto y sensibilidad. Agradece el valor de la diversidad. Fomenta y practica el trabajo en equipo.

La satisfacción

Encuentra satisfacción y sentido en tu trabajo desarrollando plenamente tus capacidades para generar resultados que creen el mayor valor posible.

Agradecimientos

Quiero dar las gracias a nuestros empleados que, a lo largo de los últimos setenta y cinco años, han hecho crecer a Koch Industries para convertirla en lo que es en la actualidad. Doy en especial las gracias a los que, durante los últimos cincuenta años, han ayudado a desarrollar la Gestión Basada en el Mercado para que se convierta en el marco eficaz que ha hecho que Koch tenga éxito. También debo mostrar mi agradecimiento a mi hermano David y a la familia Marshall, sin cuyas contribuciones, lealtad y apoyo nada de esto habría sucedido.

Además, agradezco las inestimables contribuciones de docenas de personas de dentro y fuera de Koch que han hecho posible este libro. La ayuda con la edición de Bernadette Serton y Rod Learned, que han hecho tantísimo para que este libro sea legible y digerible, fue especialmente importante. No obstante, cualquier error u omisión es únicamente atribuible a mí.

Índice analítico

Todas las ganancias de Koch Industries por la venta de *El beneficio que importa* se están donando a la Youth Entrepreneurs Foundation (Fundación de Jóvenes Empresarios). Conforme al Espíritu Empresarial Honesto, Youth Entrepreneurs® enseña a alumnos de instituto desfavorecidos los valores y las habilidades necesarios para el éxito. También proporciona becas y subvenciones procedentes del capital de riesgo, y organiza la orientación por parte de directivos de empresas locales. Fundada en 1991 por Liz y Charles Koch, los cursos de Youth Entrepreneurs se imparten actualmente en Kansas, Misuri y Georgia. Hay planes de expansión a otros estados.

Índice